陇上学人文存

LONGSHANG XUEREN WENCUN

陇上学人文存

丁汉儒　卷

丁汉儒 著　虎有泽 编选

甘肃人民出版社

图书在版编目（ＣＩＰ）数据

陇上学人文存. 丁汉儒卷 ／ 范鹏，王福生总主编 ；
丁汉儒著 ；虎有泽编选. -- 兰州 ： 甘肃人民出版社，
2016.12
　ISBN 978-7-226-05064-4

Ⅰ.①陇… Ⅱ.①范… ②王… ③丁… ④虎… Ⅲ.
①社会科学－文集②民族学－文集 Ⅳ.①C53②C95-53

中国版本图书馆CIP数据核字（2016）第297347号

出 版 人：王永生
责任编辑：马　强
封面设计：王林强

陇上学人文存·丁汉儒卷

范鹏　王福生　总主编

丁汉儒　著　虎有泽　编选

甘肃人民出版社出版发行

（730030　兰州市读者大道568号）

兰州新华印刷厂印刷

开本 890 毫米 × 1240 毫米　1/32　印张 12.00　插页 7　字数 313 千
2016 年 12 月第 1 版　　2016 年 12 月第 1 次印刷
印数：1~1000 册

ISBN 978-7-226-05064-4　定价：60.00 元

（图书若有破损、缺页可随时与印厂联系）

《陇上学人文存》第二辑

编辑委员会

学术指导委员会

《陇上学人文存》第三辑

编辑委员会

《陇上学人文存》第五辑

编辑委员会

总 序

陇者甘肃，历史悠久，文化醇厚。陇上学人，或生于斯长于斯的本地学者，或外来而其学术成就多产于甘肃者。学人是学术活动的主体，就《陇上学人文存》（以下简称《文存》）的选编范围而言，我们这里所说的学术主要指人文社会科学研究。《文存》精选中华人民共和国成立以来，甘肃人文社会科学领域成就卓著的专家学者的代表性著作，每人辑为一卷，或标时代之识，或为学问之精，或开风气之先，或补学科之白，均编者以为足以存当代而传后世之作。《文存》力求以此丛集荟萃的方式，全面立体地展示新中国为甘肃学术文化发展提供的良好环境和陇上学人不负新时代期望而为我国人文社会科学事业做出的新贡献，也力求呈现陇上学人所接续的先秦以来颇具地域特色的学根文脉。

陇原乃中华文明发祥地之一，人文学脉悠远隆盛，纯朴百姓崇文达理，文化氛围日渐浓厚，学术土壤积久而沃，在科学文化特别是人文学术领域的探索可远溯至伏羲时代，大地湾文化遗存、举世无双的甘肃彩陶、陇东早期周文化对农耕文明的贡献、秦先祖扫六合以统一中国，奠定了甘肃在中国文化史上始源性和奠基性的重要地位；汉唐盛世，甘肃作为中西交通的要道，内承中华主体文化熏陶，外接经中亚而来的异域文明，风云际会，相摩相荡，得天独厚而人才辈出，学术思想繁荣发达，为中华文明做出了重要贡献。

近代以来，甘肃相对于逐渐开放的东南沿海而言成为偏远之地，反而少受战乱影响，学术得以继续繁荣。抗日战争期间作为大后方，接纳了不少内地著名学府和学者，使陇上学术空前活跃。新中国成立之后，人文社会科学领域的专家学者更是为国家民族的新生而欢欣鼓舞，全力投入到祖国新的学术事业之中，取得了一大批重要的研究成果，涌现出众多知名专家，在历史、文献、文学、民族、考古、美学、宗教等领域的研究均居全国前列，影响广泛而深远。新中国成立之后，人文社会科学几次对当代学术具有重大影响的争鸣，不仅都有甘肃学者的声音，而且在美学三大学派（客观派、主观派、关系派）、史学"五朵金花"（史学在新中国成立之后重点研究的历史分期、土地制度史、农民战争史等五个方面的重点问题）等领域，陇上学人成为十分引人注目的代表性人物。改革开放以来，甘肃学者更是如鱼得水，继承并发扬了关陇学人既注重学理求索又崇尚经世致用的优良传统，形成了甘肃学者新的风范。宋代西北学者张载有言："为天地立心，为生民立命，为往圣继绝学，为万世开太平"，此乃中华学人贯通古今、一脉相承的文化使命，其本质正是发源于陇原的《易》之生生不已的刚健精神，《文存》乃此一精神在现代陇上得到了大力弘扬与传承的最佳证明。

《文存》启动于中华人民共和国成立六十周年之际，在选择入编对象时，我们首先注重了两个代表性：一是代表性的学者，二是代表性的成果，欲以此构成一部个案式的甘肃当代学术史，亦以此传先贤学术命脉，为后进立治学标杆。此议为我甘肃省社会科学院首倡，随之得到政界主要领导、学界精英与社会各界广泛认同与政府大力支持，此宏愿因此而得以付诸实施。

为保证选编的权威性，编委会专门成立了由十几位省内人文社会科学领域著名学者组成的专家指导委员会，并通过召开专题会议研讨、发放推荐表格和学术机构、个人举荐等多种方式确定入选者。为使读者对作者的学术成就、治学特色和重要贡献有比较准确和全面的了解，在出版社选配业务精良的责任编辑的同时，编委会为每一卷配备了一位学术编辑，负责选编并撰写前言。由于我院已经完成《甘肃省志·社会科学志》（古代至 1990 年卷，1990 至

2000 年卷）的编辑出版工作，为《文存》的选编提供了坚实的基础和基本依据，加之同行专家对这一时期甘肃人文社会科学发展的研究，使《文存》能够比较充分地反映同期内甘肃人文社会科学的基本状况。

我们的愿望是坚持十年，《文存》年出十卷，到 2019 年中华人民共和国成立七十周年之际达至百卷规模。若经努力此百卷终能完整问世，则从 1949 至 2009 年六十年间陇上学人以"人一之、我十之，人十之、我百之"的甘肃精神献身学术、追求真理的轨迹和脉络或可大体清晰。如此长卷宏图实为新中国六十年间甘肃人文社会科学全部成果的一个缩影，亦为此期间甘肃人文社会科学学术业绩的一次全面检阅，堪作后辈学者学习先贤的范本，是陇上学人献给祖国母亲的一份厚礼。此一理想若能实现，百卷巨著蔚为大观，《文存》和它所承载的学术精神必可存于当代，传之后世，陇上学人和学术亦可因此而无愧于我们所处的伟大时代，并有所报于生养我们的淳厚故土。

因我们眼界和学术水平的局限，选编过程中必定会出现未曾意料的问题，我们衷心期望读者能够及时教正，以使《文存》的后续选编工作日臻完善。

是为序。

2009 年 12 月 26 日

目 录

专著类

编选前言

砥砺前行　奋进不息
——记民族教育的先行者丁汉儒教授

　　丁汉儒,汉族,1926年11月生,湖南桃江县人。1951年毕业于西北大学民族学系,其后任教于西北民族学院(现西北民族大学),长期致力于民族理论及宗教学方面的教学与研究。曾任西北民族学院民族理论教研室主任、政治系主任、学院副院长,甘肃省民族宗教学会会长、中国宗教学会理事、中国民族理论学会理事、甘肃省高等教育发展战略研究会常务理事、甘肃省老教授协会副会长等职,享受国务院政府特殊津贴。在数十年的教学及研究工作中,丁汉儒孜孜以求、诲人不倦,不仅培养了大批服务于民族地方建设的优秀人才,也参与编撰了多部在全国有较大影响力的教材与著作,如《民族理论与民族政策》教材(统稿修订、主要编写人之一)、《宗教词典》(主要编写人之一)、《藏传佛教源流及社会影响》(合著)、《中国宗教理论和政策纲要》(编著)、《兰州市志·民族宗教志》(主编)、《中华各民族谁也离不开谁的故事》(副主编)等,另撰有《论"民族问题"的实质是阶级问题》、《对"民族问题"的一点理解》、《民族和社会——兼及民族问题方法论》、《从苏联解体谈民族问题》、《喇嘛教形成的特点问题》、《宗喀巴宗教思想探讨》等代表性论文多篇,在民族理论及宗教学教学与研究方面有突出贡献,其业绩被《中国当代名人录》、《中国优秀专门人才事略大典》、《当代湘籍著作家大辞典》、《甘肃省志·教育志》、《甘肃专家》、《西北民族学院名流风采录》等多部出版物收录。

一、砥砺前行:动荡乱世中的求学之路

湖南省桃江县灰山港九甲湾,楠竹掩映,林园葱翠,民尚朴素,勤于衣桑。解放前,九甲湾人口稠密,居民以丁姓为主。丁汉儒就出生在九甲湾一户普通农民之家,于兄弟五人中排行第三。其父亲深知教育的重要,只要条件允许,便想尽一切办法让孩子读书。在父亲的坚持下,汉儒五兄弟中,除大哥务农,小弟年龄尚小,其余兄弟皆被送去读书,学费、生活费等用度则全靠父兄等人耕种的21亩薄田勉强维持。

当时丁汉儒就读的湖南益阳县立第五区高等小学需要住校,如今已过耄耋之年的丁汉儒仍清晰记得当年父亲用扁担挑着沉重的行李与书笼,送他前往小学的情景。时光飞逝,在琅琅书声中,丁汉儒小学毕业后考取了离家90多里地的、位于益阳的育才中学。该校原本在长沙,由于抗战原因,不得已迁至异地的益阳箴言书院。益阳是湖南的文化之乡,箴言书院即由晚清益阳名臣胡林翼所创。育才中学是私立学校,上学除去学费,还要交纳稻米做伙食之用。世道艰辛,家境困难,使丁汉儒格外珍惜读书学习的机会。汉儒敏而好学,博闻强记,善于思考,第一学期便名列前茅,此后的学习成绩也一直居班级前两名。由于成绩优异,学校就将丁汉儒的学费全免了。汉儒将全部精力投入到学业之中,加之书院文化的良好熏陶,为其以后的人文社科研究打下了良好的传统文化基础。初中毕业后汉儒想继续读书,但又不得不考虑学费的来源问题,而唯有考取公办的省立中学,才有可能减免学费。于是便报考了当时非常出名的湖南省立第一中学。由于日军进攻长沙及衡阳大会战，一中被迫迁往湘西北的安化。时局虽乱，但汉儒求学之心从未改变。经过努力，顺利考取了湖南省立第一中学，成绩优异的他被直接插班至高中二年级就读。当时，一中的学费仍为稻米，一路须用独轮车推着稻米，徒步行走 3 天方从九甲湾行至安化。可以说，为了求学，真是费尽了周折。抗战胜利后，一中又从安化迁回了长沙。1946 年冬汉儒中学毕业，为减轻家里的负担，便在益阳私立高等小学谋得了一份教员的工作。

1947 年上半年，全国性的大学招考恢复，这是抗战胜利后第一次大学统考招生。由于自小喜欢文史，加之受古代英雄人物投笔从戎思想的影响，年轻的丁汉儒怀揣梦想，报考了位于西安的西北大学边政系（即边疆政治系，解放后改为民族学系），一心希望学成以后报效国家，做出一番事业。离家参加招考的那个夏日，天气晴朗，父亲黎明即起，帮儿子准备远赴长沙参加考试的用具，一直到目送汉儒离家。可以说，家人的期望，为丁汉儒增加了考取的信心。统考结束后，丁汉儒回家一边帮助家里干农活，一边等候消息，录取通知送达时，已是当年的八九月份。大学倒是考上，且学费食宿等费全免，但抗战刚刚结束，家中生活艰难，加之物价飞涨，路费问题实在令人发愁。汉儒父亲东拼西借，花很大力气才凑齐路费。然此去西安，路途遥远，且世难时荒，交通十分困难，丁汉儒经过艰难跋涉，辗转劳顿，费时近两个月才到达了西安。谈及父亲，丁汉儒总是跪乳情深，称兄弟几人的教育全靠父亲支持，而父亲由于过度操劳，年仅 57 岁便离开了人世。

刚进西北大学时，来自江南鱼米之乡的丁汉儒，多少有点不习惯北方的饮食，一段时间后，也就慢慢适应了。大学期间，汉儒博览群书，开阔眼界，系统学习了社会学、人类学、民族学等方面的理论知识，并修习了维吾尔语，这为其以后从事民族教育及民族理论方面的研究打下了坚实的基础。从 1947 年秋季入学到 1949 年解放，汉儒的许多同学相继放弃学业,或是参军,或是直接参加工作。汉儒的想法却很简单,就是要坚持到大学毕业,不能半途而废。最终,丁汉儒于1951年顺利完成了学业,从西北大学毕业。

二、筚路蓝缕:曲折年代里的簧墙坚守

"独步幽林识路赊,乘风我欲觅天涯。十年一觉簧墙梦,还向园丁学种瓜。"这是1961年,丁汉儒工作十年后,游览青岛中山公园时即兴所赋诗句,颇能反映汉儒坚持服务西部边疆的决心与其坚守园丁之业的梦想。1951年,丁汉儒大学毕业后,适逢位于兰州的西北民族学院成立,急需大量教师为民族地区培养各类人才。于此,西北行政委员会民族事务委员会便分配丁汉儒到西北民族学院工作,自此汉儒一家西行兰州,汇入了支援大西北的人潮之中,六十余载再未离开,兰州成为了他们的第二故乡。初至西北民族学院,由于学习过维吾尔语,懂得双语,学院便派丁汉儒在民族班里教授汉语。由于扎实的专业基础、缜密的逻辑思维、较强的工作能力,没过两年学校便将丁汉儒调至民族研究室,在做研究工作的同时开始向各民族学生讲授民族问题相关课程。这对于丁汉儒来说,是一项新的任务,作为一门新开设的课程,既无现成范式可循,又极缺乏资料的创举。从此他开始进入一个筚路蓝缕,边教边学,不断研究探索实践的过程。根据时代发展要求,伴随着民族工作的需要,丁汉儒自己创设教学内容,不断更新。1952年、1953年主要讲授"民族情况",1954年后增讲"共同纲领民族政策",以后随着教学内容不断充实完善,课程名称也渐次改为"民族情况与民族问题","民族问题与民族政策"(改革开放后改名"民族理论与政策"),并编写出供本科各系和干训班使用的《民族问题与民族政策》讲义。1958年至1960年与教研室同仁又编纂出《民族问题与民族政策学习参考资料汇编》一套(两辑四册),由西北

民族学院印刷厂印行,在各民族学院和有关单位内部交流,还编印了《毛泽东同志论民族问题》。"民族问题与民族政策"课的开设与教学,对于民族学院的各族学生进行民族团结和爱国主义教育具有特殊的重要意义。在"民族问题与民族政策"课程的建设发展过程中,丁汉儒做出了重要贡献。西北民族学院民族问题相关课程开设较早,积累了一定的教学经验,中央教育部于 1956 年给西北民族学院发函,让学校组织人员编写《民族问题与民族政策教学大纲》。大纲由民族史与民族问题教研室编写,开始是由丁汉儒、吴耀堃负责,教研室其他两三位教师共同参与。后来,由于各种政治因素的影响,吴耀堃被迫离开了编写组,大纲的编写便由丁汉儒独自负责。1958 年《民族问题与民族政策教学大纲》编成,报送教育部并发与全国其他民族学院交流。《民族问题与民族政策教学大纲》是新中国成立以来最早编写的和民族理论与政策相关的教学大纲,虽然它没有正式出版,但其在中国民族理论发展史中具有重要意义。

除完成教学任务、宣传党的民族政策外,民族院校教师的一项重要任务就是参与各级部门在民族地区开展的调查研究工作,有时某些临时性的民族工作也会抽调他们前去,如协调民族地区草山纠纷等。1952 年民族研究室成立伊始,甘肃省委统战部、民工委组织抽调西北民族学院丁汉儒、侯广济、李波等人参加甘南夏河桑科工作队。从 1953 年冬起,一待便是 8 个月。工作队白天深入牧区协助民主建政工作,晚上还要站岗放哨。生活条件简陋,帐篷单薄,也无床褥,队员只能席地而眠。入冬后,早上醒来,嘴巴周围全是冰霜,被面上也都是冰。当时的甘南草原,公路交通尚不发达,工作队日常行走主要靠骑马。遇山翻山,遇河涉水。有时河流湍急,一不小心,马蹄踏空,人便跌入冰冷的河水之中,棉裤棉袄湿透,只能用身体焐干。如此这般,丁汉儒落下了严重的关节炎。20 世纪 50 年代中后期,丁汉儒与侯广济等西北民族学院的部分教师共同参与了少数民族社会历史调查,并参与了三套丛书(《少数民族简史》《少数民族简志》《自治地方概况》)中甘肃省特有少数民族及自治地方概况的编写。由于工作成绩突出,丁汉儒很快就在中青年教师中脱颖而出,被评为"先进工作者"。

1958年以后特别是从1963年开始,政治领域形势复杂,阶级斗争之势加剧,民族院校的办学方向有了很大改变,轮训少数民族政治干部的任务被放在了首位,不久又开始大办"社教运动"积极分子班,民族院校的本专科专业开始停招或撤并。这期间,教学中的政治性任务不断突出,系统性的学术研究根本无法开展。1960年,西北民族学院组织丁汉儒等人到阿克塞、肃南、肃北等地调查。这次调查中丁汉儒不慎从马背摔落碰到大石,腰部受伤,落下了腰疼的毛病。1963年以后,中央和地方各级机关派出大量工作队,分赴部分县、社开展大规模的"社教"运动,丁汉儒等教职员工也被抽调参与其间。1964年冬,丁汉儒被抽调前往甘南夏河牙利吉乡参加第一期社教,一直到1965年8月方才结束。1966年元月,丁汉儒又被抽调参加第二期社教工作,具体地址是在青海省刚察县牙秀玛公社。牙秀玛公社地处高海拔地区,工作人员白天到处奔波,晚上却又因高原反应无法入眠。1966年秋,丁汉儒结束青海的社教工作回到兰州。此时,大门口、办公楼前贴满了声讨丁汉儒的大字报,原来"文化大革命"开始后中央统战部被打成了"修正主义司令部",全国统战、民族、宗教工作部门都被扣上了"执行投降主义路线"的帽子,民族宗教事务管理干部陆续遭到迫害,各级民族、宗教工作机构逐步被取消。丁汉儒为人低调,宽厚无争,既无所谓的"右派"言论,也无得罪他人。但由于丁汉儒在西北民族学院专业领域已小有名气,还是被冠之以"资产阶级反动学术权威"之名,其早先参观塔尔寺期间所写《塔尔寺观灯记》也被作为罪状之一受到批判。此时,西北民族学院正常的教学秩序受到冲击,学校教学陷入全面瘫痪,教书育人、科学研究、服务民族社会均被抛之九霄云外。1968年8月,丁汉儒、唐景福等人被下放至陇东泾川农村进行改造,劳动至1969年元月,丁汉儒因病被允许返回兰州休养。1970年初西北民族学院被撤销,有的教职工返乡回家,有的被分配到甘南,也有一些被下放到干校。丁汉儒及其他分配不出去的所谓"反动学术权威"、"牛鬼蛇神"、"走资派"等则归省学习班管理。不久,兰州市街道、派出所发起了"清三史"运动,试图从家史、个人史等方面的历史清理中进一步清理阶级队伍。由于个人历史清白,丁汉儒就被从省学习班抽调至白银路街道清三史办公室(由街道办事处和派出所联合组成,办公地点设在白银路派出所),跑居委会调查,整理誊写材料。1971年前后,清三史工作即将结束,街道办事处党委书记找到省学习班、人事厅,要求将丁汉儒留在街道办工作,于是丁汉儒就成为了白银路街道办事处的办事员。1973年,在周恩来总理的亲切关怀下,西北民族学院各项工作开始恢复,但复办工作受社会环境影响进展缓慢,举步维艰。到1976年底,西北民族学院全院仅有在校学生六百余人,教师一百余人。学校复办期间,丁汉儒被调回西北民族学院,开始在图书馆清理图书,协助追讨学校停办时被分掉的公共财物。不久,学院成立了政治课教研室,丁汉儒被任命为教研组组长,给干训班学生授课。1974年,全国上下掀起了"评法批儒"运动,刚刚有了起色的教学工作又受到影响。此时已是"文化大革命"后期,人们对全民性的社会运动已无激情,迫切希望社会生活恢复常态。西北民族学院的教师们也在想如何能够多做点与教学、民族研究相关的事情,以更好地发挥民族院校的社会服务功能。1976年3、4月间,在向学校党委申请后,丁汉儒、唐景福、温华、孙尔康等人邀请王沂暖先生同行,开始在甘肃、青海、四川、西藏等省区开展民族宗教问题方面的调研。白天他们走访寺院乡村,访谈藏民,收集大量第一手资料,晚上回到驻地,整理白天调研所得材料,一直持续到1976年10月结束。这次调研为以后宗教学教学与研究做了一件基础性的事。

三、开拓创新:新时期下的民族理论与宗教学探研

"文化大革命"结束,百废待兴,民族工作开始恢复常态,西北民族学院各项工作得到快速发展。1978年,丁汉儒与省内学者共同研究制订"甘肃省关于少数民族的科学研究工作8年规划纲要(1978—1985)"。同年4月规划纲要草案制定完成,确立要继承和发扬少数民族的优良文化传统,对少数民族的语言、历史、民族、宗教以及民族理论和民族政策等方面进行系统研究,如甘肃民族源流、藏传佛教历史及思想、西北伊斯兰教教派门宦制度、民族宗教理论及政策、少数民族文献汉译、甘肃少数民族历史文献资料汇编、少数民族语言等,力争在8年内写出一批少数民族相关的人文社会科学论著。由于种种原因,这份纲要后来没有形成最终定稿,但其规划内容却成为后来学者努力的方向。1978年12月,党的十一届三中全会胜利召开,科学研究也迎来了生机盎然的春天。1979年2月,全国宗教学研究规划会议在云南昆明召开,中国宗教学学会正式成立;同年5月,中国民族理论研究会成立大会也在北京召开。上述两次对民族宗教研究有重要影响的大会,丁汉儒都参与其间,为学科恢复与发展建言献策。此期,各类学术期刊开始出现,其中《西北民族学院学报》于1979年正式发刊,成为民族宗教研究者发表自己独立学术见解的重要园地。自1979年起,丁汉儒在各类刊物上连续发表了一些民族理论及宗教学研究方面的论文,并参与编写了一些教材、著作,成为改革开放后甘肃省内较早从事民族理论、宗教学研究的学者之一。

1. 率先探讨民族理论基本问题

民族问题的实质与内涵向来是民族理论界探讨的基本问题。但民族问题也是一个十分敏感的话题,"文化大革命"前除了有关机关和官员的发言或报告之外,几乎无人在媒体上置一词,更不要说发表论著了。1978年十一届三中全会胜利召开,中央果断摒弃了曾经被奉为圭臬的"以阶级斗争为纲"的指导思想,但民族理论研究及民族政策执行中仍大量存在从阶级斗争出发来分析民族问题的现象。在这样的历史背景下,丁汉儒撰写了《论"民族问题的实质是阶级问题"》(《西北民族学院学报》1979年第1期),这是改革开放后丁汉儒公开发表的最具代表性的论文之一。由于首次在公开发行的刊物上阐明这一问题,多少有点"冒天下之大不韪",故论文措词较为谨慎,题目选用了"论"而非"评"这样的字眼,以期委婉说明民族问题的本质并非阶级问题。论文指出,有必要对我们曾经视为指导思想的"民族问题的实质是阶级问题"命题进行新的审视。民族与阶级虽然存在一定的联系,但总体来说分属不同的范畴,二者的识别不能同一,各有其质的规定性,且民族比阶级更稳定、历史更久远。民族问题主要是指民族外部的相互关系,只有在一定的条件下,"民族间的外部联系才产生矛盾"。民族问题与阶级问题"各有它的特殊的矛盾和特殊的本质",不能将其简单对等,否则就是实践中对民族及民族问题的否定。社会主义社会中的民族特征、民族关系是发展变化着的。民族问题的根本是民族平等问题,新时期民族问题的主要内容是"实现四个现代化,消灭民族间事实上的不平等"。具体实践工作中应进一步发扬社会主义民主,健全社会主义法制,发挥各民族在现代化建设中的积极作用,以实现共荣共进。于此,论文最后指出,"民族问题的实质是阶级问题"这样的提法,在理论与实践层面上都无法概括新时期的民族问题。《论"民族问题的实质是阶级问题"》一经发表,立刻引起政界、学界强烈反响,既有批驳者,亦有赞同者。改革开放初期,思想的迷雾仍有待清理,1980 年 7 月 15 日《人民日报》刊文《评所谓"民族问题的实质是阶级问题"》,对"民族问题的实质是阶级问题"这一命题进行了全面评述,认为这一提法曾对"民族关系造成了很大的损害"。可以说,《评所谓"民族问题的实质是阶级问题"》是对丁汉儒《论"民族问题的实质是阶级问题"》所述观点的正面肯定。关于民族问题实质的热烈讨论持续了很长时间,牙含章等人都参与到讨论中来。问题不辩不明,最终,用阶级斗争来分析社会主义时期民族问题实质的观点被彻底摒弃了。在撰写《论"民族问题的实质是阶级问题"》之后,丁汉儒又相继撰写了几篇与民族问题相关的具有很高理论水平的学术论文,如《对"民族问题"的一点理解》(载于中国民族理论研究会办公室 1981 年 1 月编辑的《民族问题理论论文集》)、《民族的形成问题》(《甘肃民族研究》1982 年第 3 期)、《学习马克思民族理论的几个问题》(《民族理论研究通讯》1983 年第 1 期)。论文所述内容,接续了改革开放初期关于"民族问题"本质、民族的形成等理论问题的讨论。上述论文中,最为典型的是《对"民族问题"的一点理解》一文。该文以马克思主义经典作家的原著为基础,探讨性地提出,民族问题理论"简言之就是关于民族和民族关系的发展规律的学说"。在一定历史条件下,"在民族交往关系中,由民族差别和民族特点而产生的矛盾,就构成民族关系问题,也就是民族问题"。民族关系问题非常复杂,"不同民族、不同历史条件下,民族关系的性质是不同的","必须区分不同性质的民族关系"。在考察我国民族问题的历史后,论文提出,民族问题并非单纯指民族的内部问题,它是与其他民族的对照中来讲的。民族关系的发展是同一性与多样性的辩证发展,在各民族的长期交往中,既有共性的增多,亦有民族差别与民族特点的持续存在,且民族差别、民族特点也是发展变化着的。新时期,国内民族问题仍然主要是以汉族和少数民族的关系为其基本特征。此期,"实现民族间在政治经济和文化等一切权利方面的完全平等,仍然是民族工作的根本任务"。论文认为,民族区域自治保障了少数民族"能够充分行使政治上当家作主的民主权利","从政治上、经济文化上能解决我国民族关系的基本问题"。但现实中存在事实上的民族间的不平等问题,如"反映在民族关系上的经济文化发展的差别或不平衡状态",且旧有的不平等问题解决了或没解决完,新的问题可能又会出现,于此要谨慎处理"反映在民族关系上的新的矛盾问题"。此外,还要处理好大汉族主义与地方民族主义的问题,这是"产生民族矛盾的重要因素"。物质利益上的问题常常反映到民族间的思想关系上来,要克服上述两种主义,"用同情、让步来弥补和消除"民族间的隔阂,增加民族互信。丁汉儒提出的民族问题是动态发展的,是在民族社会发展过程中与其他民族对照中产生的,相关论述对于今人理解新时期下的民族问题有重要启发意义。《民族和社会——兼及民族问题方法论》(《云南社会科学》1986 年第 3 期)是丁汉儒另一篇有着重要分量的探索民族问题的理论文章。该文认为民族共同体长期稳固的重要原因在于民族和社会的相互联系,这是"研究民族过程和民族问题规律的一把钥匙"。文章指出,民族是人类社会的群体结成形式之一,它并非超社会的现象,在其形成过程中,物质生产活动和精神文化生活都成为民族形成和发展的重要因素。文章还提出,民族具有自然属性与社会属性,二者不可分割,民族要素的四个特征既体现了民族性,又体现了社会性。民族生存繁衍的自然属性过程中渗透着社会属性。"民族是社会的客体,是社会的产物,又是社会的主体,是社会和历史的创造者","民族与社会的相互联系"是"研究民族问题规律的重要的方法论原理"。社会主义时期,民族问题发展趋向不是对抗性矛盾,而是"民族发展繁荣和民族接近、逐渐趋向融合这两方面的辩证统一的关系",在此过程中,民族的个性、民族间的差别性,与民族间的交往联系、平等联系共同发展,体现为多样性与同一性的辩证统一。而这种多样性与同一性的关系,正是由于"民族和社会相互联系的缘故"。社会主义民族关系体现为平等、团结、互助,"是各族劳动人民之间的关系"。《民族和社会——兼及民族问题方法论》为民族理论研究者提出了研究民族问题的新视角——社会。如果说,此文之前的研究者还是在从阶级、民族关系等角度来分析民族问题时,丁汉儒则力图从更为一般意义上的民族与社会的关系中,来探寻民族问题的根源问题,具有深刻的方法论意蕴。而这篇论文的创作,本身也是丁汉儒对其早先关于民族问题内涵的进一步完善与发展。

随着国内改革开放的推进和国际环境的变化,新的民族问题也随之出现,新形势下民族理论与政策也需要不断创新。丁汉儒紧扣时代主题,又撰写了一系列论文,如《民族问题和商品经济》(《西北民族研究》1989 年第 2 期)、《从苏联解体谈民族问题》(《西北民族研究》1993 年第 2 期)等,此外在一些学术会议上也论及了改革开放中的民族问题、西部大开发战略中的民族因素等。其中,《民族问题和商品经济》提出了一个探讨性的命题,即商品经济观念能否导入民族理论和政策的问题,该命题与当时大力发展商品经济的时代背景紧密相关。论文提出,现代民族的形成离不开商品经济的发展,商品经济"加速民族现代化的进程,民族愈交往开放,民族越兴旺发达"。论文分析了中国现时期民族社会发展的基本状况,认为新中国成立初期 30 年中某些政策过于简约,未过多考虑民族地区社会历史及现实经济状况,从而"阻滞了民族现代化的进程"。改革开放后,大力发展商品经济,民族地区社会经济走向繁荣。于此,社会主义商品经济"在经济上赋予民族平等以新的意义"。论文力图将商品经济中等价交换原则、利益原则、市场观念、竞争观念以及节约、效益、风险等观念引入到处理民族关系问题当中，认为在商品经济的竞争中有利于冲破封闭保守状态，"激发民族发展的主体意识"，实现各民族共同繁荣。要开放民族地区市场，按市场导向原则发展生产。要"充分考虑民族问题的因素"，协调各民族利益。论文还提出，国家民族社会经济战略思想的实践需要在民族理论与民族政策方面有所创新，不能脱离民族社会经济发展的现实而空谈理论与政策。这些真知灼见，对丰富中国民族理论都有着重要贡献。上世纪 90 年代初，苏联原加盟共和国先后宣布独立，苏联解体，世界社会主义阵营受到重大冲击。苏联解体的原因是复杂的，而民族问题的历史遗留及国内盘根错节的民族关系无疑是其解体过程中的一个重要因素。丁汉儒敏锐地抓住多民族国家中的民族问题这一命题，撰写了《从苏联解体谈民族问题》。论文对前苏联民族问题中的政策性错误进行了概要分析，认为民族问题与社会改革、发展有着密切关联，前苏联、前南斯拉夫的"民族冲突和国家分裂是国内社会经济危机和政治弊端深刻化的必然反映"，"而民族积怨、民族偏见和民族分离主义的泛滥，反过来又推进社会经济危机的加深和政治动荡的加剧"。相关地区的民族问题对中国多民族国家的发展有着重要警示。文章认为，民族问题长期存在，社会主义社会中依然存在民族问题。民族问题不能只看作是政治问题，"民族问题和国内社会经济、阶级状况、政治结构以及国际国内形势的变化互为条件，互相影响"，"它的解决是与不断调整和完善社会主义政治制度和经济制度的改革息息相关的"。民族与国家的关系是民族问题的重要组成部分，"国家的民主化是实现民族平等的重要条件"。多民族的社会主义国家里，社会主义民主"是趋向于民族联合的"，"民族联合亦应随之得到巩固和发展"。在多民族国家中，都有中央与地方的关系问题，关键在于把握好度，平衡好"各民族的政治权力和经济利益"，思想理论中的偏"左"与偏"右"及政策不当，都会导致消极结果。

联系 21 世纪以来中国国内民族问题的现实，不难发现，《从苏联解体谈民族问题》虽然写于上世纪 90 年代初，但其中关于社会主义社会中民族问题与整体社会发展的复杂联系等分析，对于今天我们正确处理民族问题都有着重要启示，而论文所涉多民族国家中的民族原则与社会主义、爱国主义联系中的共同点等内容，则对我们探索多民族国家中的民族与国家认同的关系等理论问题都有着重要价值。

2. 首编民族理论与政策全国通用教材

继上世纪 50 年代应中央教育部要求，组织西北民族学院人员编写《民族问题与民族政策教学大纲》后，1981 年，国家民族事务委员会组织全国各民族学院中从事民族理论和民族政策教学工作的部分专家学者共同编写《民族理论与民族政策》教材，丁汉儒作为统稿修订及主要编写人之一，全程参与了教材的编写。1982 年底，教材编修完成。先是于 1983 年 6 月由国家民委教育司印制了试用教材，后又在试用教材基础上进行了修订，1985 年由民族出版社正式出版，开始作为全国民族院校民族理论与民族政策相关课程的通用教材。该教材有以下几方面的特点：一是教材内容始终以历史唯物主义与辩证唯物主义作为方法论原则。从客观实际出发，在对物质生活条件、经济基础的变化中考察民族问题及民族文化生活，从发展的角度出发，在对共性与个性、一般与特殊、矛盾运动的规律中把握民族问题。二是教材体系相对完整，做到了逻辑与历史、理论与实践的统一。教材对民族理论研究的对象与教学内容、民族的内涵与民族的发展、民族问题及其由来、民族问题与社会发展的关系、中国统一多民族国家的由来、中国民族问题的基本政策、民族语言风俗宗教等问题都进行了高度概括性地阐述，既有对民族、民族问题本体论层面的探讨，又有对民族、民族问题发展的历史回顾，兼顾民族、民族问题与社会政治、经济、文化等各层面的关系讨论，并将党的民族宗教工作政策贯穿其间。三是语言简明易懂,极少复杂的复句、生僻词,有利于读者阅读学习及理论、政策的大众普及。该教材的编写开创了民族理论学科体系建设之先河,其框架结构、具体内容,成为以后其他相关教材编写的重要参考文本,其开拓及建构意义是不言而喻的。

3. 参编反映多民族团结内容故事集

上世纪 90 年代初,丁汉儒已经退休。此时,青海人民出版社郑绍功社长计划出版一套能够反映民族团结的故事集,他向百余位学者发出邀请,共同搜集整理各民族故事。作为丁汉儒的学生,郑绍功希望丁汉儒能够做第一副主编,参与到对诸多故事的择选、审定工作中来。丁汉儒觉得这套图书的出版发行,对于宣传汉族离不开少数民族,少数民族也离不开汉族,巩固与宣传民族大团结有很重要的意义,便欣然允诺。由于故事数量庞大,来源复杂,故事间或交叉,使编纂工作的任务量很大,编审者既要对故事进行择选,对内容正误进行审核与修订,又要考虑故事集整体故事分类的平衡,工作非常琐碎。丁汉儒自己设计了一套表格,对故事篇名、表现的民族、故事来源地、故事反映的时代、作者、字数、故事的类型等都进行了大量详细的统计。故事集的编纂前后共花费了两三年的时间,期间还在西安召开过一次审定会议。整个编写工作中仅丁汉儒积累的手写工作笔记就有近半尺高。1995 年 12 月,这套定名为《中华各民族谁也离不开谁的故事》终于与读者见面了,它以历史发展为经,以政治、经济、文化分类为纬,集历史与文学、知识与趣味为一体,上下两册共收编自先秦至新中国成立期间的各种故事四百多篇,洋洋洒洒近百万言,将中华历史上各民族之间的往来佳话如实地予以反映,阐明了中华各民族谁也离不开谁的道理。图书出版后,获得了社会各界的一致好评。

4. 较早开展宗教学专门研究

西北民族学院地处少数民族聚居区前沿,开展少数民族宗教调查有较为便利的区位优势。1976年丁汉儒等人在藏区进行了长达半年的民族宗教调查。调研结束后，丁汉儒、温华、唐景福等人对调研材料进行整理，着手撰写《西藏佛教述略》。书稿于1978年下半年成稿。1980年前后，利用外出参加学术会议之机，丁汉儒将书稿送与任继愈先生，希望他能提一些建议。当时对于"藏传佛教"还未形成一个统一的称法，有称"喇嘛教"的，亦有称为"西藏佛教"、"藏传佛教"的。在与任继愈先生的商议中，一致认为使用藏传佛教更能体现佛教本土化传播的特点，名称上也不易起争议。后来书稿油印后又分发西北民族学院相关专家学者进行交流，并召开了座谈会，才旦夏茸等人也参加了会议。学者认为，相关书稿是当时国内较早展现藏传佛教发展及社会影响的著作，对藏传佛教传播发展历史、教派形成及教义思想，对僧伽组织、活佛转世制度、寺院经济及藏传佛教的社会影响都有高度凝练的书写。由于当时并无要将书稿出版的想法，在做了一些交流工作后，书稿就被搁置一边了。1984年，丁汉儒被任命为西北民族学院副院长，一时间各种事务性的工作纷至沓来，根本无暇再考虑书稿的修改出版问题。一直到1989年左右，民族出版社的一位编辑偶然看到书稿后，觉得很有价值，认为对内容进行部分删改后完全可以公开出版。于是，《西藏佛教述略》便以《藏传佛教源流及社会影响》一名出版了，此时已是1991年2月，距离书稿成稿已过去了十余年。《藏传佛教源流及社会影响》出版后受到了学界的好评，并获得甘肃省社科成果二等奖。由于书中涉及大量珍贵的第一手寺院经济实地调查资料，对今之学者研究藏传佛教寺院经济的历史发展是一本不可多得的参考著作。

1978年，中国社会科学院世界宗教研究所开始筹备出版一部专门介绍宗教基本知识的《宗教词典》，由任继愈先生牵头主编。当时，世界宗教研究所在全国召集了一批在各专门宗教研究领域内有一定影响的学者,分头对各宗教所涉词条进行编辑。编委会的李冀诚联系到西北民族学院相关人员,希望西北民族学院能够组织一批人对词典所涉藏传佛教词条进行编写。由于丁汉儒较早从事民族理论、宗教学的研究,在学界有一定的影响。这样就形成了由丁汉儒主持,丁汉儒、唐景福、温华、孙尔康等人共同参加的藏传佛教词条编纂小组。小组成员审阅词条,分工协作,对词条做出言简意赅的解释。编写汇总誊抄完毕,又送与藏传佛教研究专家王沂暖先生审看。编纂工作完成,丁汉儒到北京参加世界宗教研究所召开的《宗教词典》编纂会议,最后由世界宗教研究所按词条检索方法统一编排。《宗教词典》于1981年初定稿,同年12月由上海辞书出版社正式出版。该词典是新中国成立后第一部宗教辞书,它集专业与普及于一体,共涉及各类宗教词条数千条,词量适中,便于检索。词典出版后,供不应求,很快就进行了二次印刷。《宗教词典》的编纂为其他专业类型词典的编辑也提供了蓝本,1998年出版的《宗教大辞典》就是在《宗教词典》的基础上加以扩充编纂而成的。

改革开放初期,丁汉儒抓住难得的创作期连续撰文多篇,除民族理论相关文章外,也有藏传佛教相关论文。1981年,丁汉儒撰写了《喇嘛教形成的特点问题》(《世界宗教研究》1981年第2集)。在1976年藏区调研基础上,丁汉儒结合大量史料,对藏传佛教形成发展中的特点进行了理论性的分析,认为藏传佛教是印度佛教、汉地佛教和本教碰撞融合的结果;密教在西藏传播的原因主要与其传播所处历史时代密切相关,也与密教自身的特点相关。论文还对藏传佛教活佛转世制度的源与流进行了佛教思想、社会政治经济、佛教组织传续等多层面的分析,在此基础上论述了西藏政教合一制度的由来。论文语言精炼,高度概括,分析透彻,是上世纪80年代初较早系统分析藏传佛教的多源形成、流派发展、教派领袖的传续制度及藏传佛教与世俗政治权力之间的结合关系的理论性论文。如今我们对藏传佛教发展的一些常识性认识，实际上都源自于丁汉儒等早期学者的先期探讨。《宗喀巴宗教思想探讨》（《世界宗教研究》1982年第1期）是另一篇非常有分量的藏传佛教研究论文。文章对宗喀巴宗教思想形成的时代背景、宗教思想渊源、宗教思想基本观点和基本特点进行了分析，认为宗喀巴宗教思想以大乘中观派月称说为基础，包容了大乘、小乘、显密思想，是综合、继承和发展历史时期藏传佛教思想的结果，而宗喀巴的宗教改革适应了当时西藏社会发展的需要。《宗喀巴宗教思想探讨》是较早对宗喀巴佛学思想进行探研的文章，后来的宗喀巴思想研究者，除继续依据宗喀巴的原著做思想解读外，丁汉儒所撰《宗喀巴宗教思想探讨》是一篇不可忽略的非常重要的参研论文。

5. 创编地方民族宗教志

民族是宗教的载体，宗教是民族文化的重要组成部分。兰州地处西北多民族交汇地带，民族宗教发展的历史非常久远。自兰州有修志的历史以来，还从未有对民族宗教编修专门志书。编修《兰州市志·民族宗教志》既构成了《兰州市志》的重要组成部分，又可弥补兰州民族宗教领域未有专志的缺憾。《兰州市志·民族宗教志》的编纂筹备工作始自1989年，正式成立编写小组开展工作则是在1991年。在兰州市地方志办公室指导下，由兰州市民委、市宗教局主持，委托甘肃省民族宗教学会组织人员编写。起先，计划编写《兰州市志·民族志》、《兰州市志·宗教志》各一卷。时任甘肃省民族宗教学会会长的丁汉儒，组织唐景福、何智奇等人草拟了编纂提纲，并撰写了部分章节。后来根据上级部门要求，编纂计划有所调整，《兰州市志·民族志》与《兰州市志·宗教志》两卷合为《兰州市志·民族宗教志》一卷。丁汉儒与参编学者重新拟定了篇目细节，并开始具体的写作工作。参编人员前往图书馆、档案馆查阅资料，深入榆中、皋兰、永登三县实地调研，与各大宗教协会人士座谈。寒来暑往,春去秋来,至 1995 年初稿终于编写完成,1996 年 6 月上报。同年,初稿在"全国部分城市西北地区方志经验交流会"上进行了交流,得到了肯定。编纂委员会也适时召开会议,及时通报情况,并提出了进一步完善修改的意见。历代修志,一贯谨慎。修改完成后,志稿被送与多个政府主管部门及相关负责人处,从政治观点、民族宗教政策、各民族宗教具体情况、行文、体例、用史等多个层面加以审阅。此外,由于民族宗教问题较为敏感,故志稿也被直接送与所涉相关少数民族、各宗教团体人士处加以审阅。各方意见汇总后,再加以修改。《兰州市志·民族宗教志》的编撰,前后十余年,数轮审阅,几易其编。在志书的编纂过程中,具体编纂人员一直未变,除丁汉儒、唐景福、何智奇等人负责编写外,另有大量工作人员负责校审、组织协调、收集资料、拍摄等,可见志书编修乃是一个系统工程。2007 年 3 月,《兰州市志·民族宗教志》(兰州大学出版社)得以正式出版。它的编纂填补了《兰州市志》编修中的专志空白,具有开创性。全志分为三篇:第一篇主述民族,将古今活动于甘肃境内的各民族及民族之间的交往历史进行了宏观勾勒,对现代相关民族的来源、人口及其政治、经济、文化、生活进行全面记录。第二篇主述宗教,对佛教、道教、伊斯兰教、天主教、基督教等五大宗教在兰州地区的传播发展、宗教活动、宗教组织、宗教建筑进行客观完备的记述。第三篇主述民族宗教事务管理,对相应管理机构的状况、管理事项、民族宗教研究机构及团体进行记载。此外还附录了历史时期民族宗教工作要事、重要文献、先进集体及个人、专业技术人员名录等,以备查询。《兰州市志·民族宗教志》的编纂本着忠实于历史,刻意求实的思想,对以往零散的民族宗教历史资料及民族宗教的现实状况进行了系统的梳理,对世人了解兰州的民族宗教发展状况有着极为重要的价值。

6. 编撰出版宗教学授课纲要

1996 年, 经国务院学位委员会批准, 西北民族学院设立了宗教学硕士点, 1997 年开始招生。在后来的发展中, 逐渐形成了藏传佛教、伊斯兰教、宗教理论与政策等几个专业研究方向, 丁汉儒被聘为宗教理论与政策方向的硕士生导师, 在学科建设、人才培养、科学研究等方面都发挥着重要的作用。自 1997 年起, 丁汉儒就一直给硕士生授课, 课程内容涉及宗教理论与政策、中国宗教史、马列论宗教原著选读等多门课程。在授课过程中, 丁汉儒广泛查阅资料, 撰写了详细的授课讲义。这些讲义, 在同行教师来看, 只要稍做扩充或修改, 就可成书出版。只是丁汉儒只求将所学传授于学生, 将退休后的精力都集中于教学上, 并无意将其出版。2005 年, 学校宗教学学科点要出一些著作, 将丁汉儒讲授宗教理论与政策的授课讲义纳入出版计划, 并于 2006 年 6 月以《中国宗教理论和政策纲要》为名, 由兰州大学出版社正式出版。书中对宗教学的研究任务、方法、研究意义, 宗教的本质及宗教的历史演变、宗教的社会功能、宗教与其他社会文化之间的关系、宗教政策、宗教的发展趋势都进行了简明扼要的论述, 其中不乏学者对宗教文化发展现状的深思。除《中国宗教理论和政策纲要》外, 丁汉儒还编写了详细的中国宗教史授课讲义, 讲义成稿于 1997 年, 当时全局性的中国宗教史论著还不多。现在翻看当时的讲义, 内容丰富, 体系完整, 完全可以出一本很有分量的专著, 只可惜昔日的讲稿已错过了出版先机, 不免可惜。

四、奋进不息: 六十载民族教育事业的无私奉献

六十载黉墙坚守, 丁汉儒的人生起伏始终与西北民族学院的兴衰联系在一起。经历过曾经的曲折发展, 改革开放后的西北民族学院步入了发展的快车道。曾任西北民族学院副院长的丁汉儒曾主持过

学院的部分管理工作,对民族教育事业的发展倾注了大量的心血。在他看来,民族院校是我国高等教育的重要组成部分,地位举足轻重。新中国成立以来,全国陆续建立了十余所民族院校,数量不及全国高校总数的1%,但其服务的少数民族人口却远远超过一个亿。伴随着社会发展,高等教育得到全面普及,不少人对现时期民族院校是否有必要继续存在产生疑问。丁汉儒认为,民族院校的特点体现在由民族间的差别而形成的民族性,由于历史原因,中国各民族在现代科学文化教育之间的发展很不均衡,故应给予少数民族平等的教育机会。民族问题是关系到全局发展的重要因素。针对当前的民族问题,丁汉儒语重心长地讲,民族领域内的问题,"硬"与"软"都不行,"左"不得"右"不得,最怕忽"左"忽"右"。在尊重民族文化差别的同时,民族间共同的东西还是要提倡,这需要有一定的智慧。如今,在丁汉儒等新老民族教育工作者的辛勤耕耘下,西北民族大学已发展为拥有56个民族、全日制在校生26000余人的综合性民族院校,在校生中少数民族学生基本占据一半,在人才培养、科学研究、软硬件建设等方面取得了前所未有的发展。

几十年来,丁汉儒一直为西北民族大学各级学生授课,从其教者何止千百。针对民族院校生源来源不一的现状,丁汉儒认为,教师要将学生的需求与利益放在第一高度,重视学生的个性,因材施教,"小以小成,大以大成,无弃人也"。1997年开始,由于新设的宗教学学科点缺乏专任教师,学校返聘丁汉儒为硕士生授课,这项工作一直持续到2008年他送走所带的最后一届毕业生。对于研究生阶段的学习,丁汉儒要求学生一要通览群书、博专结合,二要淡泊名利、勤勉务实,三要不拘定势、敢于创新,四要树立使命、服务社会。他常说,学习中,博是专的基础。当代人文社会科学领域,学科间的关联度愈发密切,这需要学生通晓多学科专业的基础知识,形成开阔的学术视野,在比较中举一反三、触类旁通。但作为研究者，仅有博也不行，还要逐步形成较为专一的研究领域，要在面的基础上有所精深，武艺百工必养一技之长，如此方能立足于专业领域。学生也不能死读书，还应关注社会事务、时事动态，不能变成离开专业研究领域而一无所知之人。丁汉儒也时常叮嘱学生，搞人文社会科学研究，最重要的是摆正研究态度，功利心不可太重。治学是慢功夫，急功近利，为学不可能深。但凡人文社会科学领域那些大学者，都未将名利放在第一位，他们的成名成家是功到自然成的结果。"书山有路勤为径"，读书是需要吃苦的，没有十年"冷板凳"的功力，如何能够成材。只有先注重过程，才能考虑结果。在为人处事方面，他要求学生低调做人，行事端正，不卑不亢，敢说真话。要有自己独立的见解，不能遇风吹草动就丧失自己的独立思考。要有创新精神，敢言前人所未言，能够提出一些独到的见解，如此学问才能精进。由于大量学生来自于民族地区，丁汉儒常教育学生要树立服务于民族社会的使命感。他常说，知识可以改变命运，增进个人的幸福，但知识更重要的意义在于改造社会，推动社会进步。他鼓励学生要学以致用，将理论与实践相结合，针对民族社会发展中出现的新现象、新问题，不断提出新见解、新理论，服务于民族地区建设。在丁汉儒的严格要求下，学生中有传承其衣钵成为教师者，亦有考上各类院校的博士生，更有大量学生毕业后直接投入到民族地区的社会建设中。"教而不研则浅，研而不教则空"，针对当今教育领域不少教师重科研轻教学的现象，丁汉儒主张要将教学与科研结合起来，在教与学的互动中推进专业研究的发展。而他自己也正是在大量的教学实践工作中，反复对民族宗教理论进行探研，才出版了用于民族理论及宗教学理论教学的教材。其所编教材创新性强，多真知灼见，有自己独立的观点。由于丁汉儒退休后依然在一线从事教学及科研工作，成绩卓著，2004 年被甘肃省老教授协会授予"老教授事业贡献奖"。

寒来暑往园丁种瓜，斗转星移桃李满园。六十年前那个意气风发的桃江小伙，如今已是皓发白首的耄耋老者，唯有不变的是那普通话中浓浓的湖南乡音。"吾生也有涯，而知也无涯"，退休之后的丁汉儒，依然坚持读书写作，心系民族教育发展。每天他都要翻阅大量的书籍报刊，卷不释手，这已然成为其日常生活中不可或缺的一部分。六十载耕耘向学，厚朴淡泊，蔼然儒者风范，丁汉儒以其对民族教育事业的热忱，砥砺前行、奋进不息，践行着他当年服务西部的理想，写就了一曲民族教育先行者平凡而动听的华歌。

虎有泽　答小群

2016 年 5 月 26 日

论文类

论"民族问题的实质是阶级问题"

"民族问题的实质是阶级问题",是我国民族问题理论界的一个著名的命题,长久以来它被视为我们观察和处理民族问题的不可动摇的指导思想。随着全党工作着重点的转移,党的民族工作重心也相应地转向为社会主义现代化服务,这给民族问题理论研究提出了新的课题:就是怎样认识新时期的民族问题,这就必然要联系到对"民族问题的实质是阶级问题"这一命题的"再认识"。本文想着重就此问题作初步探讨。

一

在人类社会发展史上,人类按照自己群居生活的需要,在各个不同的历史阶段,形成不同的人们共同体。在人类脱离动物界后的漫长的原始社会时期,人类的生存斗争是以血缘关系为基础而结合成的氏族部落共同体为单位来进行的。以后,社会生产逐渐有了发展,"除打猎和畜牧外,又有了农业,农业以后又有了纺纱、织布、冶金、制陶和航行。同商业和手工业一起,最后出现了艺术和科学;从部落发展成了民族和国家"。①部落发展成为民族不是偶然的,首先是社会生产力发展的结果,是人类生存发展的需要和自然的合乎规律的现象。全

---

① 恩格斯:《自然辩证法》,《马克思恩格斯选集》第3卷,北京:人民出版社,1972年5月,第515页。

世界至今还有大小民族近两千个,为什么会这样?就是因为"在古代,每个民族都由于物质关系和物质利益(如各个部落的敌视等等)而团结在一起,并由于生产力太低,每个人不是奴隶,就是拥有奴隶,等等,因此隶属于某个民族成了人'最自然的利益'"。①所以,人类总是划分为不同的民族共同体,并总是以民族为单位来发展社会生产,创造历史文化的。这已是人所共知的历史现象。氏族部落一经发展为民族,就已不是血族集团,而是地域集团了。它是由共同居住在一定地域上的人们,操着同一语言、共同进行社会生产,并由此而形成表现在文化特点上的共同心理素质等诸条件而结合成的人们共同体。对于斯大林所表述的民族定义,我们应该注意理解它所包含的主要的三点意义,即民族是历史上形成的人们共同体;在这个共同体内的人们具有共同的语言、共同的地域、共同的经济生活和表现于共同文化特点上的共同心理素质,这些是民族形成的条件,也是民族的特征。民族共同体一经形成就具有极大的稳固性。民族所具有的这些特点,正是它与其他社会集团(如阶级、等级等)相区别的质的规定性,决不能把它们混为一谈。每个民族各以其特点创造出自己的历史文化,为人类文化总宝库做出丰富多彩的贡献。所以,以民族为单位的人们共同体,是人类结合成社会、组织社会生产、发展生产力、与自然和社会作斗争的力量之一,它为社会服务,对人类历史的发展和社会的进步曾经并还在起着重要的作用。

在阶级社会里,每个民族内部又因人们在社会生产体系中所处的地位,对生产资料的关系,在社会劳动组织中所起的作用,以及对社会财富的分配等条件,而划分为不同的阶级。阶级是在部落发展为

---

①马克思、恩格斯:《德意志意识形态》,《马克思恩格斯全集》第3卷,北京:人民出版社,1960年12月,第169页。

民族和国家的过程中,并在民族中产生的。统治阶级和被统治阶级互相依存,互相转化,而阶级和民族并非互相依存,互相转化的关系。马克思主义一方面指出,人类迄今以往的历史,阶级普遍存在于民族之中,每个现代民族都分为两个"民族",即有产"民族"和工人"民族"①,阶级的对立和区分系根据经济利益,民族界限则依其本身各自的特征,二者的识别不能同一,各有其质的规定性。同时又指出,阶级总是"民族的阶级",即使要消灭阶级的无产阶级,它也要"把自身组织成为民族,所以它本身暂时还是民族的"。②这个含义是极其深刻的。在这里,马克思主义对民族的意义和历史作用是肯定的,后来列宁进一步阐述:"那里(按指《共产党宣言》)还指出,在民族国家的形成中,无产阶级的作用有些特殊。如果只抓住第一个原理(工人没祖国),而忘记了它同第二个原理(工人确定为民族的阶级,不过这不是资产阶级所理解的那个意思)的联系,这将是天大的错误。"③这个思想同那种用阶级来否定民族的"粗陋的无政府主义"是根本对立的。只讲民族,不讲阶级,固然是错误的;只讲阶级,不讲民族,同样也是不对的。每个民族的人们都具有民族的自豪感和尊严感(尽管各阶级对此有不同的理解),对长期历史中形成的民族特点,包括语言、文化、风俗、生活习惯等表现出强烈的关心。这和阶级的等级尊卑贵贱观念,以及对各自的经济利益的关心是不同的,因而不能用阶级性来否定民族性。还必须看到,"阶级的存在,仅仅同生产发展的一定历史阶段相联

---

①马克思:《六月革命》,《马克思恩格斯选集》第1卷,北京:人民出版社,1972年5月,第299页。

②马克思、恩格斯:《共产党宣言》,《马克思恩格斯选集》第1卷,北京:人民出版社,1972年5月,第270页。

③列宁:《给印涅萨·阿尔曼德》,《列宁全集》第35卷,北京:人民出版社,1959年9月,第239页。

系"。在民族内部阶级对立和斗争的结局，是新的生产关系代替旧的生产关系，旧的阶级消灭，新的阶级产生，或者同归于尽，而民族却不会随之消灭，虽然民族的分裂是有可能的。从奴隶社会到资本主义社会，阶级一个接着一个地生灭更迭，相继从人类历史舞台消失，而民族则至今仍然存在，并得到了发展，正如马克思主义所揭示的，激烈的阶级斗争不会引起社会分裂和灭亡的原理一样，阶级斗争只能导致阶级消灭，却不会引起民族的灭亡。

以上情况说明，民族和阶级有一定的联系，但它是两个不同的历史范畴，而且阶级还是一种经济范畴。民族比阶级具有更大的稳定性和更长的历史性，一般说来，民族的这种巨大的稳固性，对异族的侵略和同化具有极大的自卫式的反应和抗拒力。阶级之间的升沉、变动和转化，是由社会生产的发展和两个阶级中的每一个方面，在对立中为占有什么样的地位而斗争的力量对比所决定。民族的存在和发展，除了决定于社会生产力的发展程度外，还有更多的复杂因素，如地理环境，国家的作用和民族相互关系等。所以民族的消亡远比阶级的消灭要晚，正如毛泽东同志所指出的，先是阶级的消亡，而后是国家的消亡，而后是民族的消亡。我们已经看到，在社会主义社会，阶级将失去其存在的条件而逐渐消灭，但民族却因有其存在的条件而仍充满着生命力，获得发展和繁荣。这一客观现实是我们认识社会主义时期民族问题的依据。

二

对于民族问题，马克思主义有一条著名的原则，即"在分析任何一个社会问题时，马克思主义理论的绝对要求，就是要把问题提到一定的历史范围之内"[1]。这是列宁在辩论民族问题的场合提出的。斯大林也说过："如果在什么地方必须辩证地提出问题，那正是在这个地方，正是在民族问题上。"[2]民族问题不是孤立的，一成不变的，在不同的社会（如资本主义社会和社会主义社会）、不同的国家（如帝国主义国家和殖民地、半殖民地图家）、不同的历史阶段（如自由资本主义时期和帝国主义时期），民族问题具有不同的内容和性质，也就有不同的提法，不可能千篇一律，静止不变。

所谓民族问题，就是民族矛盾。它不是指民族的内在联系和斗争，而是指民族外部的相互关系。没有一定的条件，民族与民族并不必然处在对立的统一体中，只有在一定的条件下，民族间的外部联系才产生矛盾。当然外部矛盾和内部矛盾是互为联系的，但又是互相区别的。民族矛盾和冲突的产生，首先是由物质关系决定的。"各民族之间的相互关系，取决于每一个民族的生产力、分工和内部交往的发展程度"；"不仅一个民族与其他民族的关系，而且一个民族本身的整个内部结构都取决于它的生产以及内部和外部的交往的发展程度"[3]。在交往比较发达的情况下，由劳动（农业、工业和商业）的使用方式（父权制、奴隶制、等级、阶级）所决定的分工的相互关系，也会在各民族间的相互关系中出现，而产生民族关系上的矛盾和冲突。就是说，民族问题的过程和诸方面，不只是直接或间接地受民族内部阶级关系的影响，而且与民族的地域（疆域）、经济、文化、语言、生活、风俗习

---

①列宁：《论民族自决权》，《列宁全集》第 20 卷，北京：人民出版社，1958 年10 月，第 401 页。

②斯大林：《马克思主义和民族问题》，《斯大林全集》第 2 卷，北京：人民出版社，1953 年 12 月，第 309 页。

③马克思、恩格斯：《德意志意识形态》，《马克思恩格斯选集》第 1 卷，北京：人民出版社，1972 年 5 月，第 25 页。

惯以及民族存亡命运等问题相联系,所以民族问题的范围、内容和矛盾诸方面都较阶级问题更为广泛和复杂。在交往比较发达的情况下,民族间社会发展的不同和所有制形式的先进与落后的差别,常常是民族矛盾以至民族斗争的主要内容和实质,这在我国历史上是不乏其例的。如我国历史上的秦汉和匈奴的斗争,实质上是先进的封建制度与落后的奴隶制度的斗争,并不都是阶级斗争。

在阶级对抗的社会里,建立在私有制基础上的阶级压迫和剥削,使用于民族交往的互相关系上,就成为民族压迫。这种压迫的方式,从民族歧视到民族战争,从政治迫害到强迫同化,都体现统治民族中统治阶级的意志,但它发生在民族外部关系上,仍和民族内部的阶级压迫关系有不同的特点。在通常情况下,统治民族的压迫和奴役更深更广,突出表现的是掠夺和屠杀的暴力形式;广大劳动人民遭受阶级和民族的"双层压迫",被统治民族的统治阶级,作为民族也往往受异族统治者的统治;民族压迫的内容,除一般的阶级压迫之外,还有民族的歧视、压迫,包括民族语言、文化、风俗习惯、生活方式以及政治地位等等,遭到种种限制、摧残和破坏。因此民族矛盾是对抗性的,往往表现为民族斗争的形式。在民族斗争中,各个阶级都抱着各自的目的、为着各自的阶级利益参加斗争,但仍有关系全民族的东西。斗争的规模和性质,是以不同时期内,民族矛盾诸方面的特点和发展程度,以及各阶级特别是民族中广大人民群众参加的程度为转移的。所以民族问题既有由民族特征所规定的不同于阶级问题的质的区别,也有由民族内部的阶级存在而与阶级问题相联系的一面。正因为这样,民族问题和阶级问题之间就表现出错综复杂的关系。当民族矛盾突出时,阶级矛盾服从于民族矛盾,在民族斗争中,阶级斗争以民族斗争的形式出现,表现二者的一致性。有时民族矛盾与阶级矛盾结合为一,同时成为主要矛盾。有时由于民族差别的缩小以至消灭,民族矛盾转化为阶级矛盾。总之,二者地位的变化及其相互关系的性质,完全以条件为转移。

马克思主义既反对把民族问题和阶级问题割裂开来,也反对把民族问题和阶级问题混为一谈。它们都属于历史范畴的东西,都在社会基本矛盾制约下运动着,有这方面的共同性的规律。但如前所述,民族和阶级又是不同的历史范畴,而且阶级还是经济范畴,因而民族问题和阶级问题各有它的特殊的矛盾和特殊的本质。不从理论上搞清它们之间的共同性和特殊性,就不可能有成功的实践活动。对"民族问题的实质是阶级问题"这一命题,我以为应作如是观。这并非说民族问题和阶级问题是同一事物的现象和本质的一对关系,而只是讲的民族的外部联系和内在联系的相互关系。如果把民族、民族问题看作是一对矛盾的现象或外观(假象),而把阶级、阶级问题看作是这对矛盾的本质或内在,则是根本错误的,必然导致实践上否定民族和民族问题,否定民族斗争和民族运动,对无产阶级革命运动是十分有害的(不要忘记民族是一回事,阶级是另一回事;民族解放运动和阶级解放运动是两种不同的革命运动)。如果把"民族问题的实质是阶级问题"作为普遍的真理,不管时间地点和条件应用于民族问题的一切场合,也是不符合客观实际的。马克思主义用阶级和阶级斗争的观点,多方面阐明民族问题和阶级问题的关系,同时又总是把民族问题与阶级问题相区别开来,并把它同发展着的具体历史条件联系起来提出问题。马克思多次讲到民族压迫与阶级压迫的关系,阐明"现存的所有制关系是造成一些民族剥削另一些民族的原因,"[1]指出:"人对人的剥削一消灭,民族对民族的剥削就会随之消灭。民族内部的阶

---

①马克思、恩格斯:《论波兰》,《马克思恩格斯选集》第1卷,北京:人民出版社,1972年5月,第287页。

级对立一消失,民族之间的敌对关系就会随之消失"。①在这里,马克思讲民族的对抗性矛盾因阶级对立的消失而消失,这并不意味着民族问题也就消失,也不意味着民族问题除了阶级的因素外,就再没有它作为独立存在的民族因素。斯大林根据发展着的具体历史条件,对民族问题有过多种提法。他在论述资本主义上升时期东欧的民族运动时,提出"民族斗争的实质是资产阶级间的斗争"。②在另一个场合,1925 年在辩论南斯拉夫的民族问题时,提出"民族问题实质上是农民问题"。③在解决十月革命后苏俄境内各民族国家的具体联合形式——联邦制时,他指出:"在现今苏维埃发展的条件下,民族问题的阶级实质是在过去统治民族的无产阶级和过去被压迫民族的农民之间建立正确的相互关系。"④在实行新经济政策时期,斯大林则又提出,"俄罗斯苏维埃社会主义共和国的民族问题的实质就是要消灭过去遗留下来的某些民族的事实上的落后性(经济的、政治的、文化的),使各落后民族有可能在政治、文化和经济方面赶上俄国中部"。⑤这些不同的提法都说明,马克思主义从来不用笼统的、"万用"的命题来概括全部民族问题的"实质"。不能把马克思主义当作僵死的教条,用一成不变的、固定的什么提法,来套住生动丰富而变化着的民族问题。这是分析民族问题的马克思主义的原则要求。

①马克思、恩格斯:《共产党宣言》,《马克思恩格斯选集》第 1 卷 270 页。

②斯大林:《马克思主义和民族问题》,《斯大林全集》第 2 卷,北京:人民出版社,1953 年 12 月,第 305 页。

③斯大林:《论南斯拉夫的民族问题》,《斯大林全集》第 7 卷,北京:人民出版社,1958 年 5 月,第 61 页。

④斯大林:《俄共(布)第十二次代表大会》,《斯大林全集》第 5 卷,北京:人民出版社,1957 年 12 月,第 175 页。

⑤斯大林:《俄共(布)第十次代表大会》,《斯大林全集》第 5 卷,北京:人民出版社,1957 年 12 月,第 31 页。

　　多年来,在国内民族问题理论研究方面有一种现象,往往把某一种提法奉为研究和阐明国内民族问题的公式,甚至把毛泽东同志1963年关于支持美国黑人斗争的声明中提出的"民族斗争,说到底,是一个阶级斗争问题",作为阐述国内民族问题的论据和准则,更是直接违反了"把问题提到一定的历史范围之内"的马克思主义原则的。毛泽东同志关于"民族斗争,说到底,是一个阶级斗争问题"的著名论断,显然是针对资本主义国家里的民族斗争,特别是美国国内对黑人的种族歧视和压迫说的。在美国,种族歧视、压迫和垄断资产阶级的阶级压迫有其一致性。从资本主义世界范围说,殖民主义和帝国主义是以奴役和贩卖黑人起家的,反对种族歧视和黑人的解放斗争是直接指向国际帝国主义和殖民主义统治的民族革命斗争。这种斗争,从其根源和矛头所指的普遍意义上说是阶级斗争问题,但也仍然不都是阶级斗争问题。"说到底"决不是"就是",决不能因此而否定二者之间的区别。毛泽东同志在论述矛盾的特殊性时就曾指出:"殖民地和帝国主义的矛盾,用民族革命战争的方法去解决";"无产阶级和资产阶级的矛盾,用社会主义革命的方法去解决",①说明二者之间有联系,但有质的区别。把毛泽东同志的上述正确论断,生搬硬套在我国社会主义时期的民族问题上,不顾社会历史条件,根本混淆了两种社会制度下两类不同性质的民族问题的界限,并把民族问题与民族斗争这两类不同性质的矛盾混为一谈,因而不能不在理论和实践上,导致不良的后果。

---

　　①毛泽东:《矛盾论》,《毛泽东选集》第1卷,北京:人民出版社,1966年7月,第286页。

三

如果说"民族问题的实质是阶级问题"这一提法,在阶级对抗的社会里是适用的,那么在要消灭阶级的社会主义社会,它是否仍能作为考察和处理民族问题的指导原则呢?

在社会主义时期,民族问题的内容和性质,不仅和资本主义社会有原则的区别,而且在社会主义的不同发展阶段,它也是随着社会主义的胜利进程而不断变化的。对于社会主义时期的民族问题,本文限于自己的主题范围,不作论述,仅就涉及"民族问题的实质是阶级问题"的提法,略加讨论。

社会主义社会是一个从阶级社会向无阶级社会过渡的阶段。在整个过渡阶段里,民族内部的阶级构成,阶级斗争的作用、范围和特点,不是始终如一,一成不变的;民族特征、民族关系也是不断发展变化的。基本的情况是阶级在消灭,民族在发展。因而社会主义时期的民族问题不是用"实质是阶级问题"这一句话所能全部概括得了的。谁也不怀疑,在我国建国初期,仍然存在着阶级和阶级斗争,外部的帝国主义势力,国内的封建主义残余势力和资产阶级势力,是民族问题的主要的阶级因素。但"社会主义就是消灭阶级",随着社会主义革命形势的发展,阶级斗争的总趋势是逐渐减弱,从而民族问题的阶级因素也逐渐减少,这也是应该承认的事实。当然,发展中也有曲折性,如 1958 年前后,民族问题上出现过暂时的或局部的矛盾相对激化的情况,但是阶级因素逐渐减少是总的趋势。从无产阶级专政的社会主义制度建立的那天起,我们就废除了民族压迫制度,颁布了一系列实行民族平等的法律,用社会主义民主制度保障各民族平等权利,建立了民族区域自治,使"先前被压迫的各民族达到民族复兴"。特别是少数民族地区生产资料所有制的社会主义改造基本完成,进行民主补课(包括平叛、反封建斗争)和政治战线、思想战线上的社会主义革命之后,进一步消灭了产生民族不平等的根源——私有制,胜利地进行了阶级斗争,取得了无产阶级对资产阶级和其他剥削阶级的决定性的胜利,使各民族在政治、经济、文化等一切方面获得充分发展的平等权利。在五十几个少数民族中,有一些在解放后被"发现"的从前的落后民族,也超越了几个社会发展阶段,进入了社会主义。他们把民族解放和社会解放看作是他们最欢乐的节日,新的生活的起点,迸发出从来未有的民族活力,民族团结空前巩固。这一切充分体现了社会主义制度下新的民族关系的发展,标志着我国民族问题发生根本变化,进入到一个新的阶段,出现了这样的情况:阶级处在逐渐消灭的过程中,而民族的生命力则方兴未艾;民族对抗消失了,而民族差别还存在;民族问题上的敌我矛盾少了,而人民内部矛盾是主要的。在这种情况下,再强调民族问题的实质是阶级问题,以此作为认识和处理民族问题的指导思想,岂不是社会主义社会的民族问题和资本主义社会的民族问题没有什么区别?岂不是阶级和阶级斗争永远存在下去的"理论"在民族问题上的反映吗?甚至把"民族斗争"引申为社会主义时期的"民族问题",这是根本不顾客观实际的。上述人所共睹的变化事实,多年来被林彪、"四人帮"搅得混淆不清,面目皆非了。他们歪曲篡改马克思主义的阶级斗争学说,用阶级斗争压倒一切,代替一切的荒谬公式,强套在民族问题上,人为地制造民族问题方面的阶级斗争,把民族问题与阶级问题、阶级斗争等同起来,制造了一系列混乱,破坏了民族关系,在思想理论上也毒害极深。这是深刻的历史教训。

党的十一届三中全会和全国五届人大二次会议,具有十分重大的历史意义。华国锋同志在政府工作报告中回顾了新中国成立以来近三十年的社会主义革命和建设,分析了我国的阶级状况和现阶段我国的主要矛盾，是符合我国各民族的实际的。这个主要矛盾，规定和影响着民族问题方面的矛盾。现在在少数民族中，和汉族一样，消灭了各种剥削制度，奴隶主阶级、农奴主和地牧主阶级已经消灭，资产阶级也不再存在。当然，叛国投敌，破坏祖国统一，挑拨民族关系，破坏民族平等团结的敌特分子和反革命分子，还将存在。资产阶级意识形态和封建阶级意识形态反映在民族问题上的民族主义思想也将长期存在。但是，民族问题的发展总趋势是阶级因素的作用已经减小减少，而民族的特点和差别性相对地上升到主要地位，这是现阶段我国民族问题的实际。不然，在"文化大革命"的风暴中，我国社会主义的民族关系和它团结的稳固性，经受住了严峻的考验，就难以解释了，事实上它把"民族问题的实质是阶级问题"的提法已经抛到了自己的后面。现在民族问题上的民族特点和民族差别的表现，主要是少数民族经济文化、科学技术发展和汉族仍有相当距离，存在着束缚生产力发展的旧习惯势力、旧的残余和影响。多年来，党和政府非常重视发展少数民族的经济文化建设，消灭历史上遗留下来的事实上的不平等。但由于各种原因，特别是林彪、"四人帮"的干扰破坏，使我们损失了许多时间，没有能够取得本来应该取得的成就，少数民族的社会主义积极性未能充分调动起来，影响了彻底解决民族问题的步伐。因此，实现四个现代化，消灭民族间事实上的不平等，在民族问题上占有了突出的地位，这就是民族问题与社会主义现代化的关系。

少数民族地区地大物博，是国家实现四个现代化的基本条件之一，现代化非常需要少数民族，少数民族经济文化和科学技术落后，迫切需要现代化，这是我国各族人民的根本利益。在这个问题上，必须彻底肃清那种把发展少数民族经济文化说成是"只讲建设，不讲革命"的"左倾"错误和"四人帮"臭名昭著的"唯生产力论"的流毒影响。只有在少数民族地区也实现四个现代化，才能消灭产生民族问题的因素即民族间的发展差别，才能巩固无产阶级和少数民族劳动者的联盟，加强民族区域自治，加强民族团结，才能具有抵御社会帝国主义和大小霸权主义，维护边疆安全的物质基础，才能更显示无产阶级民族政策的彻底性。实现四个现代化，必将引起民族问题的新变化，不仅将大大提高各民族的生产力，而且将带来上层建筑领域各方面以至民族语言文字、民族传统、风俗习惯和生活等特点的变化，同时也将出现各种新的问题，需要认真研究解决。面对民族在现代化建设实践中提出的新问题，敢于思考，勇于创新，是民族理论研究的重要任务。

民族平等从来是民族问题的根本问题，也是社会主义时期民族问题的基本内容，而在现阶段它又具有新的历史意义。民族平等是社会主义民主的要求，扩大和发扬社会主义民主，赋予民族平等以新的实质性的内容。近30年来的实践证明，没有健全的社会主义民主和法制，就不能保障民族的真正平等。因此，民族问题和社会主义民主化的关系，也是新时期民族问题的重要内容。

列宁指出："胜利了的社会主义如果不实行充分的民主，它就不能保证它所取得的胜利，引导人类走向国家的消亡"①；"以经济为基础的社会主义决不完全归结于经济。要铲除民族压迫，必须有社会主义生产这个基础。但是，在这个基础上还必须有民主的国家组织，民主的军队等等。无产阶级把资本主义改造成社会主义之后，就会造成完全铲除民族压迫的可能。'只有'——'只有'！——在各方面都完全实行民主……才能使这种可能变为现实。同样地，只有在这种基础上，才能在实际上彻底铲除民族间的任何细微的摩擦和不信任，加速民族的亲近

---

①列宁：《论对马克思主义的讽刺和"帝国主义经验主义"》，《列宁全集》第23卷，北京：人民出版社，1958年12月，第70页。

和融合,结果使国家消亡。"①列宁这两段精辟的论述,说明在社会主义条件下,还有民族平等问题,这个问题不能完全归结于经济,而回避政治问题即社会主义民主。没有充分的社会主义民主,就不可能实现四个现代化,也没有真正的完全的民族平等。从我国社会主义的实践经验来看,在推翻国民党统治后,我们就废除了民族压迫制度,帮助少数民族建立民族区域自治,把政权交给了少数民族人民,在实现社会主义,消灭阶级的进程中,同时铲除了民族压迫的根源,应该说民族平等不存在问题了。但由于社会主义民主发扬不够和社会主义法制不健全,使林彪"四人帮"有机可乘,得以复活封建法西斯的民族政策,破坏了民族的平等。历史的教训值得注意。特别要提出的是他们破坏民族区域自治,说什么是"人为的分裂"。而民族区域自治是实现民族平等,消除民族隔阂,充分调动少数民族建设社会主义积极性,体现社会主义民主的国家组织形式。随着四个现代化事业的进展,民族区域自治建设还将出现新情况和新问题。只有充分发扬社会主义民主,才能充分发挥民族区域自治的效能;只有坚持民族区域自治,充实和扩大民族区域自治的内容,才能在社会主义民主的基础上,"彻底铲除民族间的任何细小的擦摩和不信任",打破地域和民族的狭小范围,促进民族地区四个现代化事业的发展,促进各民族的密切联系,共同走上总的发展道路。

仅从上述粗略讨论,可不可以说,"民族问题的实质是阶级问题",无论在理论上和实践上,它都不能概括说明社会主义时期民族问题的内容和实质,更不用说新时期的民族问题了。

（本文发表于《西北民族学院学报》,哲学社会科学版,1979 年第 1 期）

---

①列宁:《关于自觉问题的争论总结》,《列宁全集》第 22 卷,北京:人民出版社,1958 年 6 月,第 319 页。

对"民族问题"的一点理解

一年多来,民族理论界在围绕"民族问题的实质是阶级问题"这一命题的讨论中,对"民族问题"的解释,各家说法不一,这是一个有关民族问题理论的对象和研究范围的重要概念问题,实有讨论的必要。

一、从马列有关民族问题的著作得到启示

什么是"民族问题"?在马列主义有关民族问题的著作中,没有对此概念作过明确规定。但是,马克思主义论述了民族压迫的产生及其消灭的途径,提出了民族问题的一些原理。马克思和恩格斯在有关波兰问题、爱尔兰问题和东方各国的政治评论和书信中,阐述了统治民族和被统治民族之间的关系。及这种关系所表现的民族压迫和反压迫的斗争,指出"现存所有制关系是造成一些民族剥削另一些民族的原因","任何民族当它还在压迫别的民族时,不能成为自由的民族"。[①]这些论述表明了民族问题的民族关系问题的内容。在帝国主义和无产阶级革命时代,民族问题进一步扩大了,复杂了。列宁和斯大林在解决俄国民族问题的实践中,发展了马克思主义民族问题原理,创立了民族殖民地问题的学说。列宁、斯大林关于民族问题上两个历史趋

①马克思、恩格斯:《论波兰》,《马恩选集》第 1 卷,北京:人民出版社,1972 年 5 月,第 287~288 页。

向的著名论断,关于压迫民族与被压迫民族的区分,关于宗主国无产阶级运动和殖民地民族解放运动的关系的原理,关于民族自决的理论,以及处理民族问题的无产阶级国际主义原则,等等,全面地论述了民族国家、多民族国家、帝国主义宗主国和殖民地半殖民地国家里的民族关系问题以及这些关系所表现的民族隔阂、岐视、压迫、冲突、战争和民族平等、自由、独立、接近、联合的相互矛盾及其解决的根本道路。毛泽东同志在有关我国民族问题的著作中,抓住事物矛盾的特殊性,总是强调要正确处理我国的民族关系,主要是汉族和少数民族的关系,如《论十大关系》《关于正确处理人民内部矛盾的问题》等有关的论述,都表明我国民族问题的基本内容是民族关系问题。研究马列主义、毛泽东思想有关民族问题的著作,可不可以得到如下启示,所谓"民族问题"就是民族矛盾或民族间的关系问题。民族问题理论是研究民族的产生及其在发展中,民族间相互交往、斗争、接近、联合、共同发展繁荣以至融合的一般规律,简言之就是关于民族和民族关系的发展规律的学说。

和阶级关系一样,民族关系是人们社会关系的一个方面,是民族间政治、经济、文化思想关系的总和。它由民族间的压迫、统治关系和平等、友好关系两个方面互相对立依存,构成矛盾统一的运动形式。在一定的历史条件下,在民族交往关系中,由民族差别和民族特点而产生的矛盾,就构成民族关系问题,也就是民族问题。所谓民族差别、民族特点是指民族在长期历史发展中所形成的社会生产、生产力和生产关系的发展的差别,政治法律制度、宗教、语言、思想文化、生活习俗以及表现于文化上的民族心理素质等方面的特殊性,它们之间互相联系,互相作用,这是构成民族关系问题的基本依据,即内在原因。因此民族关系问题是复杂的,但归根到底是由物质关系决定的,是生产力和生关关系、上层建筑和经济基础的矛盾在不同民族间互相交错联系和作用的反映。在不同民族、不同历史条件下,民族关系的性质是不同的。必须区分不同性质的民族关系,不仅要区分公有制和私有制社会的民族关系,而且应区分前资本主义和资本主义社会的民族关系,还应区分民族关系上的主要矛盾和矛盾的主要方面。这在各个国家和地区例如在民族国家和多民族国家中的情况,是各不相同的。这种区分,对认识民族问题的发展规律具有十分重要的意义。

二、从我国民族问题的历史考察看"民族问题"

我国长久以来的民族构成,是以人口占绝对多数的汉族为主体,与人口较少的少数民族相结合。汉族居于统治地位,历史上的反动统治者,主要是汉族的反动统治者,在各民族中制造种种隔阂,国内的民族压迫主要是汉族统治阶级的大民族主义压迫。因此,决定国内民族问题时,在民族关系上已占支配地位的矛盾是汉族和少数民族的矛盾,其主要方面在汉族。国内各民族间的关系都受到这一基本特点的制约,汉族的社会发展和汉族统治者的政策,对国内民族关系起着决定性的作用和影响。这种情况,直到鸦片战争以后才发生重大变化。随着我国从沿海内地(主要是汉族地区)到内陆边疆(主要是少数民族地区)的半殖民地化,外来帝国主义成为整个中华民族的最大压迫者,虽然国内大汉族主义和少数民族的矛盾没有多大改变,但前者已是民族关系上的主要矛盾了。这一矛盾作用的结果,国内民族关系出现了新的历史趋势,一方面是汉族和少数民族之间的各种联系,在原有的历史基础上日益发展密切,民族间的封建闭锁和疏隔状态被进一步打破,政治中的共同命运和经济市场的要求,使各民族和民族地区逐渐密切联系,结为一体,另一方面是民族自治运动的兴起和反对民族压迫斗争的觉醒。民族问题上这两个相反的历史趋向,经过百余年前赴后继的斗争，最终以取得对外推翻帝国主义，自求民族解放，对内推翻封建主义和官僚资本主义，实现各民族一律平等的胜利而获得解决。

进入社会主义时期，国内民族问题的现实，仍然是历史上继承下来的，主要是以汉族和少数民族的关系为其基本特征。我们平常讲民族问题就是少数民族问题，其含义应该是与汉族相对而言的，并非单纯指少数民族内部问题，如果离开了与汉族的关系来讲，少数民族问题就失去了作为民族问题的意义。新中国成立后，国内民族问题的内容和性质发生了根本性变化：一方面各民族的关系建立在社会主义公有制和社会主义民主的基础上，各民族的共同性的东西逐渐增多了，民族问题获得了重大的解决；另一方面民族差别、民族特点以及因此而产生的民族问题，也仍然存在。这是众所周知的。在这里，我想着重谈一谈社会主义时期的民族差别、民族特征问题，它对民族关系问题经常起着规律性的作用，决定着民族问题的质的规定性。但多年来我们对待这个问题在认识和方法论上有一个偏向，对共同性讲得很多，对差别特点讲得少，甚至只讲前者，不讲后者，对两者都没有重视理论上的探讨。这也是造成忽视以至否认民族问题的重要原因之一。30年来，我们民族问题经历了几个发展阶段，在新的历史条件下，随着各民族的社会生产和生活条件不断变化，民族差别、民族特点既存在也是变化着的，有的如民族间生产关系上的所有制（原始公社制、奴隶制、封建制等）形式和阶级关系的差别已经消失，某些上层建筑方面的特点，如部落、土司、头人等政治法律制度，宗教寺庙的封建特权等也都不存在了。即使这样，旧的痕迹和影响也还有某些存在，原来那种生产关系所形成的其他社会关系，也不是一下子就灭迹了，不能不仍遗留有某些残余。有的特点如语言文字、文学艺术等，不仅存在，而且有新的发展。有的特点既有革旧，又有创新。至于民族心理素质更是具有相当稳定性的特点。因此由民族差别和特点所产生的民族问题也就不断变化,新旧矛盾不断更迭,有的既有历史的继承性和延续性,又增添有新的时代特征的内容。有的则是新的历史条件下产生的新问题。如今天反映民族关系问题的农牧矛盾,有的和解放前有所不同,它既是历史上由民族劳动分工不同所造成的矛盾的延续,又是公有制而非私有制下的民族矛盾。其他大量的农林矛盾、农商矛盾、工农工牧矛盾以及国家与集体、集体与集体的矛盾所反映的民族关系问题,也有类似情况。这种种表现说明,30年中我国民族问题的内容在某些方面是消失或缩小了,但在另一些方面则又是丰富而多样了,恰恰是这方面的东西被我们忽视了。过去我们讲民族间的共同性越来越多,差别性越来越少,从整个社会主义的长过程来看,这是毫无疑义的,但实践中过早地提出和过多地强调,也是不利的。

因此,十分注意地用马克思主义研究和处理民族差别和民族特点及其在民族间的互相联系和作用,是关系各民族发展繁荣的本质性问题,对实现民族工作方面的任务有很重要的理论和实践意义。马列主义提出民族融合消亡的理论,那是民族发展的远景,同时又强调,只要民族还存在,无产阶级的政策就不是消除多样性和差别性,而是要将它正确地适应和运用于这些差别,才能实现民族的发展繁荣,才能使民族关系发展到一个新的、更加亲密团结的阶段。这正如只有通过无产阶级专政才能消灭阶级的原理一样。在各民族走到社会主义的问题上,"一切民族的走法却不完全一样,在民主的这种或那种形式上,在无产阶级专政的这种或那种类型上,在社会生活各方面的社会主义改造的速度上,每个民族都会有自己的特点"。①同样,

---

①列宁:《论对马克思主义的讽刺和"帝国主义经济主义"》,《列宁全集》第23卷,北京:人民出版社,1958年12月,第64~65页。

在社会主义建设阶段，列宁的这段话也是适用的："地方差别、经济结构的特点、生活方式、居民的觉悟程度和实现这种或那种计划的尝试等等，都一定会在国家劳动公社走向社会主义道路的特点上反映出来。这种多样性愈是丰富（当然，不是标新立异），我们就愈可靠、愈迅速地达到民主集中制和实现社会主义经济。"[1]30 年来我国解决民族问题的实践，从正反两个方面反复证明了上述论断。在四化建设中，十分注意民族差别和民族特点，就是遵循从实际出发的原则，尊重民族问题的客观规律，这才能调动少数民族的积极性，充分发挥他们在四化建设中自己所具有的优势。我们讲照顾民族特点，承认民族差别，过去往往把它仅仅看做工作方法问题，这是不够的。至于从消极方面、从恩赐的观点看，甚至把它看做落后的都是不对的。应该从更积极的方面去看，把它提到原则和理论高度上，它是运用社会主义社会民族的发展规律和建设现代化社会主义多民族国家的规律问题，正如列宁所说：在"建立苏维埃共和国和无产阶级专政的时候，都必须考察、研究、探索、揣测和把握民族的特点和特征，这就是一切先进国家（而且不仅是先进国家）在目前历史阶段上的主要任务"。[2]最近中共中央提出建设西藏的任务和方针政策，体现了把社会主义原则在细节上正确加以改变，使之正确地适应和运用于民族特点和民族差别，是一个马克思列宁主义的文献，对于充分发挥少数民族建设社会主义的人和物的优势，调整和改善民族关系，具有普遍的指导意义，标志着我国民族工作达到了一个新水平，进入了一个新阶段。

---

①列宁：《"苏维埃政权的当前任务"一文的初稿》，《列宁全集》第 27 卷，北京：人民出版社，1958 年 10 月，第 191 页。

②列宁：《共产主义运动中的"左派"幼稚病》，《列宁选集》第 9 卷，北京：人民出版社，1959 年 7 月，第 246 页。

三、从新时期民族问题的内容理解"民族问题"

在不同的历史时期，民族问题具有不同的内容。在社会主义时期，实现民族间在政治经济和文化等一切权利方面的完全平等，仍然是民族工作的根本任务。这正反映了这个历史阶段民族问题仍然是民族关系问题。试举下列几个具体问题作简要说明：

（一）关于民族区域自治问题。在我国单一制的多民族国家的历史条件下，实行民族区域自治是保障少数民族能够充分行使政治上当家做主的民主权利。这样就在全国范围内体现了以汉族为主体，同时保障汉族和少数民族的政治平等关系；而在实行自治的少数民族地区范围内，又体现了以实行自治的民族为主体，同时保障区内汉族以及其他少数民族间的政治平等关系，实行民族间的互助合作，共同发展经济文化，逐渐消除民族壁垒。民族区域自治所以是解决我国民族问题的基本政策，就是因为它从政治上，经济文化上能解决我国民族关系的基本问题，即汉族和少数民族的关系问题。在三十年来的实践中，民族区域自治的主要问题，是上级国家机关如何帮助实现和保障少数民族充分行使其自治权利，通过这种权利体现完全平等，从而达到民族间的密切联合和团结。

（二）关于民族间事实上不平等的问题。十月革命后，在苏联社会主义建设的实践中，列宁和斯大林创造性地提出了民族间事实不平等的问题。这也是一个民族关系问题。正如社会主义按劳分配原理是劳动者在形式上平等而在实际上不平等的权利一样，反映在民族关系上的经济文化发展的差别或不平衡状态，使少数民族完全享受法律所赋予的民族平等权利，不能不在事实上受到限制，从而产生事实上的不平等。消灭事实上不平等问题，包含着许多复杂的矛盾，旧的矛盾解决了，新的矛盾又产生，总的都反映汉族和少数民族的关系问题,如少数民族地区的工矿城镇中心建设问题、人口问题、就业问题、教育问题、知识分子问题、干部问题等等。由于少数民族的人力、财力和物力有限,消除其发展的落后状态,除了本民族自己的努力外,也还需有国家和汉族的大力帮助,实行民族间的互助合作,包括财政、科学技术、物资装备、交通运输、组织工农商牧相互支援以及和这些有关的工人、科技人员和知识分子等劳动力的支援,这些都是不可缺少的。这本是实现民族间经济文化上的平等关系,正如周恩来同志讲的:"我们不能设想,只有汉族地区工业高度发展,让西藏长期落后下去,让维吾尔自治区长期落后下去,让内蒙牧区长期落后下去,这样就不是社会主义国家了。我们社会主义国家,是要所有的兄弟民族地方、区域自治地方,都现代化。全中国的现代化一定要全面地发展起来。"①但是在进行这项艰巨而复杂的工作过程中,仍然要十分注意、极端谨慎地正确处理反映在民族关系上的新的矛盾问题, 否则一面在消除事实上的不平等,一面又会产生新的不平等。这是苏联已有的教训,值得我们探索研究。

(三)关于两种民族主义的问题。大汉族主义和地方民族主义是产生民族矛盾的重要因素, 也是一种民族关系问题即民族间的思想关系问题。这两种民族主义是地主资产阶级在民族关系上所表现出来的反动思想,作为这种思想政策的直接体现的经济政治法律制度,就是民族压迫制度。新中国成立后,国家废除了民族压迫制度,并对这两种思想体系进行了系统的批判。经过社会改革,这两种思想的阶级基础已不存在了。现在究意应如何看待这两种民族主义呢? 林彪、"四人帮"把这种思想矛盾看做阶级斗争问题,敌我问题,认为它们是

---

①周恩来:《关于我国民族政策的几个问题》,《民族研究》1980 年第 1 期,第9 页。

阶级斗争在思想意识形态领域里的反映。不言而喻,思想领域里的阶级斗争确实也还存在,但是我国经济关系的根本变化,由它决定的思想关系也不能不有所变化。就这两种民族主义而言,除少数的情形外,一般地已不呈现系统性的思想体系了,不表现为民族间的敌视、仇恨、剥削、压迫的对抗矛盾,大量表现是民族间的疑虑、不满、缺乏平等感、信任感和某些隔阂等思想倾向的非对抗性矛盾,主要存在于各族劳动人民之间。劳动人民中的民族主义思想倾向,固然来源于剥削阶级,但在今天,它毕竟只是这种思想传播的影响,是过去民族压迫遗留的影响,散布在劳动人民中间,劳动人民受熏染,成为各族劳动人民间思想关系的矛盾。就是这样,也不能说这是一种阶级斗争。民族主义思想影响所以仍然存在,也还有今天的社会根源。现在我国的经济关系就所有制来说,还不是完全的公有制,如果和分配制度、劳动分工等关系联系起来,存在着国家与集体、集体与集体、根本利益和暂时利益、整体利益与局部利益等的物质利益上的矛盾,这是民族主义思想的经济根源。这种物质利益上的矛盾,必然反映到民族间的思想关系上来,人们对这些矛盾的认识和处理不一致,因而产生思想上正确与错误、先进与落后、是与非的矛盾。加上历史上民族歧视压迫造成的隔阂心理和小生产私有观念的残余的结合,在劳动人民中间也会产生疑虑和不信任。所以从历史、社会、经济等根源来看,即便来源于剥削阶级的民族主义思想影响,它今天存在于各族劳动人民之间,也不是阶级斗争问题,而是人民内部正确与错误、先进与落后、是与非的思想矛盾。毛泽东同志提出用正确处理人民内部矛盾的方法解决大汉族主义和地方民族主义的矛盾,周恩来同志在青岛民族工作会议讲话中,精湛地阐述了克服这两种民族主义倾向、特别是大汉族主义应取的正确态度和方法。实际生活证明,在用团结—批评—团结的民主方法解决民族主义思想矛盾的同时,而忽视解决甚至掩盖不属于思想问题的矛盾的做法,是片面的、有害的。克服两种民族主义的关键是在大汉族主义方面。问题在于实践。在四化建设中各方面都在迅速变化,必将带来民族关系上的变化,因此更有必要经常强调不折不扣地坚决贯彻执行党的民族政策。列宁说,在民族问题上大民族的真正无产阶级态度,不仅在于遵守形式上的民族平等,而且"要以对待自己的不平等来抵偿生活上的实际形成的不平等"①,用同情、让步来弥补和消除过去历史上民族间的猜疑和隔阂。作为大民族、特别是汉族干部经常重温列宁的这段语重心长的话,对调整和改善民族关系是很有裨益的。现在民族问题上有许多问题,人们的思想认识是不一致的,需要加以认真研究和解决。

如何科学地规定和表述"民族问题"概念的定义,本文从上述三个方面进行的初浅讨论,只是引玉之砖。理论是行动的先导,理论上的混乱不清,必然导致实践上的差误,而理论问题的解决,又只能依靠严肃科学的态度,允许不同意见的充分讨论。多年来民族理论上的某些基本问题为什么未曾很好解决,是值得引起我们深切注意的。

（本文发表于《民族问题理论论文集》）

---

①列宁:《关于民族或"自治化"问题》,《列宁全集》第36卷,北京:人民出版社,1963年7月,第631页。

喇嘛教形成的特点问题

本文从四个方面对佛教传入我国西藏后发展和形成为喇嘛教的特点作了分析，论述了佛教与本教互相斗争融合并逐渐演化为喇嘛教的过程；密宗所以得到传播崇信的社会历史原因；活佛转世制度和政教合一制度的产生、发展过程及其社会意义。对喇嘛教的名称、密教的传播、活佛转世和西藏原始信仰的关系、政教合一等问题也都作了一些新的探讨。

作者丁汉儒，1926年生，西北民族学院民族理论教研室主任、讲师；温华，1936年生，西北民族学院民族理论教研室讲师；唐景福，1938年生，西北民族学院藏语文讲师。

喇嘛教是中国佛教的一支。它以西藏地方为中心，传播于青藏高原和蒙古等广大地区，已有千余年历史。对藏、蒙古等少数民族产生过重大的社会历史作用，迄今仍有一定影响。本文试图对喇嘛教形成的特点问题作一探讨。

一

喇嘛教是西藏佛教的另一称谓。它的出现是佛教传入西藏后比较后期的事。以"喇嘛"名其教，在经教上似乎是有点根据的，也反映了西藏佛教的某些实际情况。佛教规定佛徒修道的根本是必须敬信依止具德的善知识，即严格地信从师教，从初发善心到成佛都必须依靠瞻奉师长才能获得。上师和佛是同等地位,与佛的教法合成佛、法、僧三宝。

在西藏佛教中,对喇嘛的敬信尤为注重。"喇嘛",藏语意为"上人"、"上师",原为藏人对佛教高僧和寺庙首领的尊称,后来对一般出家的僧人(藏语称为扎巴)也尊称为喇嘛。喇嘛在过去的西藏社会具有特殊的地位。藏谚说:"无喇嘛上人,如何得近佛?"可见喇嘛受人敬信之深!佛教传入我国西藏,形成具有自己特点的佛教后,又转而逐渐传播于蒙古、土、裕固、纳西等少数民族地区。

在佛教传入吐蕃以前,人们信仰的是万物有灵的本教。西藏本教的原始形态早失真传,最早的有关记载又"晦而不彰"。《新唐书·吐蕃传》说:"其俗重鬼右巫,事羱羝为大神。"西藏宗教史籍的有关记载中亦约略提到,从聂赤赞普到囊日松赞三十一代均以本教治国。本教神道分为天神和魔神两大类,沟通人与鬼之路的巫人称为"本"。在当时阶级对立尚不十分显著的吐蕃社会生活中,这种原始的神灵崇拜的本教享有支配的权威,"上祀天神,下镇鬼怪,中兴人宅",施行各种巫术。有烧施的修火神法,有用"色线、神言、牲血等而为占卜"的卜巫术,有"善为死者除煞,镇压凶厉、精通各种巫觋之术"。据称"有三百六十种禳袚法、八万四千种观察法,四冥想法……三百六十种送葬法、八十一种镇伏法",还有"黑病书、华寿书、白医书、黑禳解法"等。[1]社会生活的一切,举凡"为生者除障,死者安葬,幼者驱鬼,上观天象,下降地魔","纳祥求福,祷神乞药","兴旺人财",以至"指善恶路,决是非疑","护国奠基"[2]都仰赖于本教。这种多神崇拜的原始信仰是和

---

①善慧法日:《宗教流派晶镜史》"略说本教源流"篇,刘立千译,王沂暖校本,兰州:西北民族学院研究室,1980 年 10 月。

②王沂暖译:《西藏王统记》,兰州:西北民族学院研究室,1983 年 1 月。

人们的灾难主要来自自然压迫的社会条件相适应的。所以尽管佛教在毗邻西藏的印度已流传千余年，但一直未能进入西藏，其基本原因在此。

公元7世纪，吐蕃奴隶制政权建立，几乎在同一时候佛教开始分别从我国内地、尼泊尔和印度三路传入西藏。松赞干布（？—650）时，尼泊尔尺尊公主和唐朝文成公主先后（639年和641年）出嫁吐蕃，与此同时，松赞干布派出端美桑布赴迦湿弥罗学梵文归来，随着这两件重要的历史活动，佛像佛经开始传入西藏。佛教是反映阶级社会的宗教，吐蕃奴隶制政权的建立，为佛教的传入准备了条件。但是在意识形态领域里，传统是一种巨大的保守力量。佛教一开始传入西藏，很自然地就受到本教的抵制，佛、本之间的斗争历二百年而不息。由于社会经济政治的需要，终于出现本教衰退，佛本融合，佛教在西藏传播发展的历史局面。

从两位公主入藏、松赞干布为她们修建佛殿起，佛教逐渐传播，佛本斗争也日趋激烈。以松赞干布的权威，他在逻些修建佛殿时，也还有本教徒的干扰破坏。大昭寺的修建即是一例，"昼日所筑，入夜悉为魔鬼摧毁，不见余痕"。①所谓"魔鬼"，实是指的本教徒。为了缓和佛本之间的矛盾，在大昭寺建成时，不得不"于四角画卍字，以娱本教徒，画方格以娱平民"，用以照顾传统的信仰。②在松赞干布死后的半个多世纪内，不见佛教有什么传播的历史记载，甚至文成公主带去的觉卧佛像也被抬出大昭寺封埋起来。727年唐僧慧超从印度回到安西，在其《往五天竺国传》中也说："至于吐蕃，无寺无僧，国王百姓等总不识佛法。"看来，在此时期佛教并没有得到怎么传播，而本教似乎

---

①王沂暖译：《西藏王统记》。
②同上。

还有了发展,并"有本教之见可说"①。到赤德祖赞(弃隶缩赞,704—754)时,金城公主出嫁吐蕃,赞普曾派桑希等人到长安求法取经,"于扎马的噶菊建寺"。赤松德赞(754—797)时,佛教又有进一步的发展。赤松德赞经过迎请印僧静命、莲花生和汉地僧人讲经说法,以及下令臣民归信佛教,禁止本教等一系列措施,使本教受到重大打击。本教的许多法术除占卜推算、祈福禳被等外,大多从此逐渐失传。赤松德赞的强制干预,加速了本教的衰落。为了使本教能长期存在下去,本教信徒们将佛经篡改为本经。篡改的本经称为"觉本",即翻译的本教。如将"广品波若改为康勤,二万五千颂改为康穷,瑜伽师地改为本经,五部大陀罗尼改为白黑等龙经。②用无常、业果、慈悲菩提心三身、十地以及戒律仪轨等佛教理趣修持来充实本教,从而本教也改变了自己原来的面貌,以致后来形同喇嘛教的一个旁系。但是本徒们这种篡改佛经的活动,因遭到赞普的严禁,只得将本经埋藏起来,直到朗达玛毁佛之后,才发掘出来,复得流传。

佛教在斗争中也吸取了本教内容。他们宣称莲花生"收伏藏土诸恶毒天龙","调伏鬼魔",③这实际是佛教将本教的某些神祇和法术吸收过来,虚饰渲染,用以自重的说法。过去,拉噶玛霞寺(即拉萨垂仲殿)和哲蚌寺所属的吹忠殿(护法殿)以及各地大寺庙中的"乃琼"殿,都是从本教转化为喇嘛教的护法神殿。寺内的作法者也有女喇嘛,有的可以娶妻生子,受到人们的信仰。有趣的是敦煌等地的古藏文写本文书卷中,发现有这样一则祈愿文:"嬷嬷敬献发辫一绺,祈赐福寿吉祥,愿得安康解脱。"④嬷嬷是吐蕃时期的本教女性卜者的尊称,也是

①善慧法日:《宗教流派晶镜史》"本教之起源"。
②善慧法日:《宗教流派晶镜史》"本教之起源"。
③王沂暖译:《西藏王统记》。
④黄文焕:《河西吐蕃文书简述》,《文物》1978 年第 12 期。

赞普的乳娘。嬷嬷成了佛教的祈愿人,这表明到公元 9 世纪佛教不但把本教的神祇、仪轨以及所谓"调伏"的方法,吸取改造成为自己的东西,而且把本教职业者也拉进佛教徒行列中来了。

喇嘛教的形成,还和内地佛教有着密切关系。自唐代佛教传入西藏起,汉藏之间的佛教关系一直绵延不断。吐蕃向唐朝求经、学法、请僧,汉僧入藏传经讲法、译经,都是有史可寻的。如松赞干布时,有汉法师安寿大和尚(一作大寿天和尚)与端美桑布等共译佛经①;赤德祖赞时自汉地翻译佛经,迎请和尚多人②;赤松德赞时,有入藏汉人后裔桑希(即禅师之音译)到长安取经,唐朝给予大批青纸写金字的经籍③;汉僧大乘和尚(摩诃衍等)在逻些传播禅宗,781 年唐朝廷应吐蕃请求,派僧人良琇、文素赴藏讲法,两年一换④;824 年有吐蕃使者到灵武节度使处求五台山寺庙图⑤等等。这些史实均说明汉藏之间宗教关系的渊源。特别值得一提的是大乘和尚等传播禅宗和大乘显教经籍的翻译所产生的影响。禅宗是我国内地佛教宗派,有关宗教史曾评论禅宗顿悟成佛的禅定和西藏密教金刚乘的即生成佛"无有差异"。⑥赤松德赞时,在修建的桑耶寺内设有那禅部(静虑州,专修禅定),与密宗部(真言州)同列。后来只是由于赤松德赞的干预,经过印僧莲花生与摩诃衍的辩论,禅宗才据传失败被禁,但其思想并未消失,且仍影响到后来的喇嘛教。

据《登噶尔玛目录》,前弘期翻译整理的经籍多数为大乘显教,这

①布敦:《西藏佛教源流》。
②廓诺·迅鲁伯:《青史》,郭和卿译,拉萨:西藏人民出版社,1985 年 3 月。
③同上。
④《册府元龟》卷 980,《外臣部通好》。
⑤同上卷 999,《外臣部请求》。
⑥善慧法日:《宗教流派晶境史》。

也和受汉地佛教传播的影响是分不开的。唐蕃之间的文化交流极其密切而广泛,佛教经籍的翻译传播是其中重要的一部分。汉译佛经在藏地广泛流布,藏译佛经也受此影响。赤德祖赞时"自汉地甘肃翻译金光明正法律分别品"①。像这些见之于史籍的,我们已在上面提到了,又根据河西古藏文写本文书,其中经卷《大乘无量寿宗要经》是照当时在河西广泛传抄的汉文卷子译制的。《无量寿经》一直是喇嘛们特别注重、几乎每天必须诵读的经典。文书中的其他经卷如《十万般若经》、《大宝积经》、《大乘经纂要义》、《吉祥偈》等,多系从当时普遍盛行于汉地和西域的这些经籍翻译过去也是很有可能的。公元9世纪时精通汉藏文的著名译师官法成,在河西就翻译过包括《大乘无量寿宗要经》等大量经籍。西藏著名佛籍目录《登噶尔玛目录》中开列的《般若》、《宝积》等经籍,在河西古藏文写本文书中得到了证实。这不能不是汉地大乘显教对西藏前弘期佛学的影响。后弘期,佛教在西藏的再度传播, 和前弘期佛教始入西藏的情况一样, 也几乎是在同时(10 世纪下半期和 11 世纪初)分从汉地和印度两路再度入藏。一路是由宝贤译师等在上部阿里地区自印度传入,多系密教,史称上路弘传。另一路是由喇钦贡巴饶赛从下部朵康地区(今青海西宁),重新点燃起佛教的余火,经鲁梅等传入卫藏,史称下路弘传,较上路弘传时间还略早一些。贡巴饶赛在青海河源地区还曾从汉僧受戒,其佛教传承为后来形成的宁玛派和格鲁派所继承。②以后西藏佛法大兴,汇合两路弘传,产生了许多宗派。此时内地佛教却已日趋衰落。到了元代以后,藏汉之间宗教关系的发展出现了和以往相反的新情况,藏地僧人到内地传法讲经者反到频繁起来。统治者多次邀请喇嘛教高僧到

---

①五世达赖:《西藏王臣史》郭和卿译,北京:民族出版社,1983 年 7 月。
②刘立千:《印藏佛教史》,成都:华西大学边疆研究所,1946 年。

北京、南京等都城讲法传经，对蒙古族地区和汉族地区都产生过影响。在这里顺便提及一件有趣的事，不知在什么时候，汉族地区所崇拜的关云长神像，竟也被喇嘛教加以"调化"，"委为护法神了"①，在桑耶寺和扎什仑布寺等地建有其神殿，被藏人敬信祀奉，但却上以"革塞结波"（藏语"格萨尔王"）的尊号②，将其"藏化"了。

从这几方面的关系来看，是否可以这样说：西藏佛教是在长期的历史过程中，把印度佛教、汉地佛教和本教兼容并包，互相融合，而形成具有自己特点的喇嘛教形式了。

二

注重密教，以密教为究竟，是喇嘛教各派的共同特点，故有西密之称，它与称为东密的日本密教是现今世界上仅存的两个密宗派别。

密宗在公元 2 世纪时经印度的龙树而得流传，6 世纪时广为传播。8 世纪初印度密教僧人善无畏等来到长安（716 年），翻译经典，密教开始传播，得到唐玄宗至德宗四代君主的信奉。共约经历百年，到 9 世纪中期以后就渐告衰绝了。在此百年期间，正是唐蕃交往极为频繁的时期，是否有密教从内地传入西藏的情况，无记载可考。但西藏宗教史记载，正是这时期，密教从印度传入了西藏。公元 760 年左右③，吐蕃赞普迎聘乌仗那（今克什米尔）密教僧人莲花生入藏传法，应是印度密教传播的开始。④当时在桑耶寺设有真言州即密宗院。以后入

①善慧法日《宗教流派晶境史》把这件事判为隋朝时三论宗的智者（吉藏？）"大师所调化，委为护法神"。

②参见《卫藏通志》卷 6。

③刘立千《印藏佛教史》。

④同上。

藏印僧无垢友、法称等都传播过密法,但传播的情况如何,未知究竟。史载莲花生弘传密法,毕竟是多所附会,荒诞不经,连宗教家也认为"难于取决"[①]。莲花生的说教传承既无可考,有关密教经籍亦未见流传下来[②]。密教由于其本身的真言仪轨近似本教,可以取得人们的一定信仰而得传播,但遭到的阻力仍是不小的,赤松德赞的正妃才邦氏斥责密教的"所谓嘎巴拉,就是人头骨;所谓巴苏大,就是掏出来的人的内脏;所谓冈凌,就是人胫骨做的号;所谓兴且央希,就是铺开来的一张人皮;所谓啰克多,就是在供物上洒的血(人血);所谓的曼陀罗,就是一团像虹一样的彩色;所谓金刚杵士,就是带有人骨做的花曼的人……这不是什么教法,而是从印度进入西藏的罪恶"。[③]赤热巴巾佞佛,大力校订和翻译佛经,佛教有较大发展,但译经多为大乘显教经论,密籍还是不多,这可能是因密教本属秘密修持,秘密传授,翻译自然受到限制。另一方面,也由于当时藏王敕令不许随意翻译密经,因而译经不多。

密教的进一步传播和发展,特别是密教经籍的译传和研究,是在后弘期即 10 世纪中期以后。阿里僧人宝贤(仁钦桑皮)等赴印度学密法,迎请印度超行寺名僧阿底峡入藏讲经以后,印藏僧人彼此往来频繁,所学所传密法甚多,且以瑜伽密和无上瑜伽密的各种教法为指归,从此密法大兴,密教经籍的翻译也渐臻完备,至元代汇集显密经籍创编大藏巨典。

喇嘛教所以特重密教,首先是与其传播的历史时代密切相关。公元六七世纪大乘密教已传遍了北印度,从印度传入西藏的佛教一开

---

①善慧法日《宗教流派晶境史》。

②布敦:《甘珠目录》中载《旁塘目录》,然其籍已佚。

③《贝玛噶塘》第 79,引自王森关于西藏佛教的 10 篇材料。

始就是北印密教,以后,北印密教又继续不断地对西藏施加影响。10世纪,北印度密教出现的时轮派也传入了西藏。大乘佛教发展到密教,是走向衰落的象征,"迷信巫觋之风,日益增长",它"与印度教相混合"①,和原来的释迦教法相比,已有天壤之别了。传入西藏的正是这样的佛教,进而又与西藏固有的原始本教相混合,更是一个混杂物了。

任何一个宗教在一个民族中传播,主要不在于这个宗教本身能摄取人们的宗教心理,而是要以该民族的社会历史条件为根据。在西藏,由于严酷的自然压迫和长期的奴隶制和封建奴隶制的压迫,经济、文化十分落后,人民生活极端贫困,他们几乎不能不把全部劳动用来进行物质生产才能维持生存。这种社会条件,导致人们偏重教仪修持和迷信巫觋等宗教活动实践,而不崇尚繁琐的教理研习,这是使可快速成佛的喇嘛教或密教得以传播和存在的基本原因。对于广大的各社会阶层群众,谁只要一心诵念六字明咒,供花敬佛,祭祀烧施,就可升登佛界。这种密教的民间形式,是一种廉价而又省力的精神鸦片。

密教是所谓法生佛(大日如来即毗卢遮那佛,为密教尊奉的最高神),对自己眷属所说的奥秘大法,都是用隐语、咒语秘密传授,藏语称"桑俄",又称"真言宗"、"密咒"、"金刚乘"。其最大特点是以宗教活动的实践为主要内容,从彻底的信仰主义出发,通过念诵、供养、作法、护摩等种种仪式活动,达到所谓解脱成佛。任何宗教都要求绝对的信仰,密宗尤甚。它宣扬:"真言"是如来的直接教导,只要坚信并且多念咒经,就可治病捉鬼,消一切罪,生无量福;也可以用来诅咒冤家和恶人,解仇泄恨,因而迎合世俗者的一般迷信心理,容易流传。作为

①吕澂:《印度佛教史略·导言》,新文丰出版公司,1975 年 11 月。

密教徒修行者则只要按其规定的仪轨,经过上师(阿阇黎)灌顶传授,合乎修持方法,就可以即生成佛,不必累世修行,不要苦读大量经籍。它以一种神秘的信仰主义代替那些繁琐的显教教条,从而使佛国的极乐幻境离人们更近一些。密教适合西藏社会的特点,其巫咒幻术仪式比较符合原有的"重鬼右巫"的传统信仰心理,因而入藏后较易为人们所接受。特别是即身成佛的快速成佛法,对于阶级对立非常尖锐、等级十分森严、生产非常落后的社会,是具有相当诱惑力的,对于希望永远过着剥削享乐生活的奴隶主和农奴主阶级是十分需要的。对于遭受地狱般苦难生活的被压迫阶级来说,虽然由于密教神秘传授和他们自身经济生活条件等的限制而难以修持,但他们却可以通过向密教法师寻求符咒巫术以祈福禳灾,实现摆脱现实苦难的愿望,那种用念诵真言、供灯烧施、布施功德等简捷途径而成佛的方法,也是他们乐于接受的。因此,密教一直成为喇嘛教的主要内容,各宗派都很重视它。

密教还由于它尊奉多神偶像的特点,使他能和本教结合并适应西藏社会。这些神佛偶像多从婆罗门教传来,传入西藏以后,又把某些本教神拉入其行列,其数量之多,形象的千奇百怪,简直不可名状。如观音这神,名类甚多,又从观音中分化出二十一个女神叫度母。还有所谓供观修的各种本尊佛,如大威德是头牛,金刚亥母是猪头,马头明王是马头。还有供观修的双身男女裸体合抱的所谓欢喜佛,如上乐金刚和金刚亥母就属这类。主佛之外,还有各种各样护法神。如表示残暴凶猛的"愤怒"神,表示慈悲善良的"智慧"神,以及色相庄严、遍体圆光的"爱神"等,是难以具体统计的。法身佛大日如来被称为:"诸法之法相","我即法界,我即毗卢遮那",也即是造物主,这使理性的精神实体进而具体人格化了。在密教修的"曼陀罗"中央大院,住的是这位最高的本尊佛。围绕着中央大院的三重内外院,是其内眷及其他各种神像。如果说念真言还是以带有抽象的信仰主义的密语布教，那么，修坛城和修本尊佛则是进而以直观主义施教，因为有了模特儿，就形象化了。灌顶入教受法完全是袭用古印度国王王太子在继承王位时所举行的仪式。曼陀罗上所构想的诸佛、诸菩萨聚集图以及寺庙所列佛、菩萨、护法神、魔神等地位高低不同的神像，实际上是世俗的帝王将相谱在佛国的反映。把佛作为偶像加以祀奉，本是反原来佛教的，但对于皈依者来说，却比抽象的信条更为具体化、形象化和更有鼓舞性。这种树立并崇拜偶像，进而由对佛像的崇拜变为对活佛的崇拜，说明密教更适合于西藏人神相通的原始观念，是为统治者所需要的。

佛教原本是禁欲主义者，不论是小乘或大乘显教都有不杀、不盗、不淫、不妄语四根本戒。至于女性是被歧视的，即使出家也不能成佛。妇女不能随便进入寺庙，对女尼的戒律规定比男僧的多。但密宗却有些特别，它把女性作为修习密法不可缺少的条件和伴侣。宁玛、噶举、萨迦等派是这样，格鲁派也是这样。格鲁派严禁娶妻生子，不近女色，但在学习显宗之后，进入修密宗阶段，并不禁男女性生活。说什么密教徒受用女人，是为道助，非同俗人娶室，叫做"双修"，说什么"男是智慧，女是方便"。所谓"方便"即方法，也就是"善巧"，意为巧取方法已达目的。密教修持中几乎离不开女色，在曼陀罗里有各种色相殊妙的"天女"作内眷，在佛菩萨中有"明妃"、"欢喜金刚"、"佛母"等本尊，受密教徒念诵、受持、修习、供养，此外还有专门讲述男女如何结合双修的密教仪轨，甚至宣称搞女人是"摄护众生"。佛教发展到密宗，一反禁欲主义而成了纵欲享乐主义。这种所谓"双修"，既能满足现世欲望，又能将来成佛作祖，带着现世享乐进入来世享乐的佛国。物质的与精神的，出世的与入世的，它都占有，越来越世俗化了，这正符合剥削阶级的需要。

还应当指出的是,密宗的神秘的密咒教法,野蛮的祭神仪式,崇拜的狰狞神像,无疑是统治者用来恐吓镇压农奴,巩固农奴制度的一种善巧"方便"。

三

在喇嘛教中盛行活佛转世制,它是在西藏农奴制社会基础上,喇嘛教寺庙僧侣集团为解决其宗教首领的继承(法嗣)问题,取佛教灵魂不灭说而建立起来的一种特殊的宗教传承制度,是封建教阶制在西藏的特殊形式。

活佛,藏语一称"阿拉合",是对活佛的一般称谓;一称"朱古",是专指依转世制度而取得活佛地位者。所谓活佛转世,按喇嘛教的说法,系指大喇嘛和活佛生时修佛已断妄惑业困,证得菩提心体,生死之后,能不昧本性,不随业而自在转生,复接其前身之职位。藏语称为"朱古",蒙语称"呼毕勒罕"。在清代,被中央政府授予封号的大活佛称呼图克图(蒙语"佛陀"的音译)。

活佛转世制度始于喇嘛教的噶举派噶玛支系。转世制创立之前,喇嘛教各派的传承,有的是师徒衣钵相传,有的采取家族世袭。如萨迦派是昆氏贵族创立的教派,其宗教首领(法王)从教派创始人衮乔杰波起,在该贵族中以封建宗法世袭制传承,使宗教和政治、喇嘛上层和世俗贵族的统治利益统一了起来,既有利于教派之间的竞争,也能巩固封建统治。公元 12 世纪后半期噶举派噶玛支系形成,该支系第二传承噶玛拔希(本名却吉喇嘛)深习密法,曾受元帝忽必烈和蒙哥的召见,并被赐金印和金边黑帽一顶,广传佛法于康、青、甘等地,使该派得到发展,为该派极有宗教地位的人物。1283 年(元至元二十年),噶玛拔希死后,噶玛噶举派为了同当时深受元朝信任的萨迦派进行政治角逐,维护本派利益,便以噶玛拔希的传承者央迥多吉为噶玛拔希的转世,称为噶玛噶举派黑帽系第三世活佛,并追认其创始人都松钦巴、二传噶玛拔希为第一世和第二世,以后即世代转生不绝。转生制一经出现,其他各派继起仿效,如法炮制,称为大喇嘛和宗教首领传承的普遍通例。

14、15 世纪之交,宗喀巴创立黄教。1419 年宗喀巴弥留之际,以衣帽授其大弟子甲曹杰继承甘丹寺第二任赤巴(大法台)。这时格鲁派转世制尚未产生。哲蚌寺、色拉寺和扎什伦布寺等建立后,黄教势力发展很快。到 16 世纪逐渐形成了庞大的寺庙集团,为噶玛政权所支持的噶玛噶举派所不容,受到压制,但当时格鲁派又没有继承宗喀巴威望的宗教领袖人物来维持局面。在此种背景下,1546 年,当哲蚌寺法台宗喀巴的再传弟子根敦嘉措死后,寺庙集团上层将从前藏堆龙地方找来年仅 3 岁的锁南嘉措作为根敦嘉措的转世灵童,充任黄教寺庙集团的继承首领,这才开始了黄教的活佛转世制。1580 年锁南嘉措在青海传教,受到驻牧青海蒙古汗王俺答汗的宠信,并被赠以"圣识一切瓦齐尔达赖喇嘛"称号,是为达赖名号的由来,以后即以达赖活佛名号世世转生,为黄教的第一大活佛转世系统。从五世达赖以后,在黄教中又相继建立了班禅、哲布尊丹巴、章嘉呼图克图等大小众多的活佛转世系统。

喇嘛教采用活佛转世传承,开始仅限于在佛学上有高深造诣或对宗教发展有建树的大喇嘛才可以,也比较符合佛教所称的自在转生的本义,但由于喇嘛一经转生成为活佛,就具有特殊的社会地位,所以一些并非佛法高深的僧人,也争相挤入转世活佛的行列,以取得僧侣贵族的地位,所以活佛转世制越来越滥,活佛越来越多。

活佛转世制的产生,也和西藏的原始本教信仰有一定的历史渊源关系。本教神道崇拜日、月、星辰等天神,其最高者为父王天神。本教的万物有灵论和天神与人君合一论——天人相通,是古代西藏人世代不易的信仰。佛教吸收本教的内容,把天神、佛和现世君王统治者合而为一。佛教的转世轮回和化身说正好与本教的天人相通论相契合。这种结合,在唐长庆三年(823年)的《唐蕃会盟碑》(藏文)中就有所反映,已称赤热巴布赞普为转世君王了。以后喇嘛教史籍干脆把松赞干布说成观音菩萨的化身,赤松德赞说成文殊菩萨的化身,把赤热巴巾说成金刚手的化身等等。以后,越来越离谱,化身说又发展为转世活佛了。所以活佛转世制的产生并非偶然,它是西藏社会传统信仰的发展,是佛本的结合物。

佛教"灵魂不灭"说发展为喇嘛教的活佛转世制,也是喇嘛教越来越世俗化的表现。事实上这个制度的产生和存在是世俗的封建社会经济政治斗争需要的结果,它本身就是封建农奴制度的组成部分。不管喇嘛教给活佛转世以何种宗教根据或赋予它以怎样怪诞的奇祥灵瑞,但它确是噶举派和萨迦派进行教派斗争的产物。从噶举派黑帽系和红帽系建立活佛转世系统后,便各依其第一世活佛所受封赐的职位和权利,代代相承,与元、明、清中央政权维持密切的关系。这两个派系的历辈转世活佛受封为"法王"、"国师"等称号者都不少,他们依靠中央朝廷的支持从而夺得了地方的权势。黄教在达赖二世至五世和噶玛噶举派的斗争中,活佛转世制对维护黄教内部团结,增强对外斗争的力量等方面,也是起了重要作用的。如三世达赖在内蒙古传法死后转生于俺答汗之孙苏密尔岱青台吉,从而使黄教与蒙古统治阶层结成密切联系,获得了他们政治上的一定支持。当黄教寺庙集团和噶玛噶举派斗争激烈之际,1616年四世达赖云丹嘉措死去,噶玛政权藏巴汗即以不让达赖转生,破坏黄教活佛转世制的手段来压抑打击黄教势力。经四世班禅罗桑却吉坚赞的调解,才使藏巴汗收回成命,五世达赖得以坐床,黄教首领得以后继有人,其势力也才得以巩固。从噶举、格鲁和其他教派的发展历史,都可以看到活佛转世的传承办法，对于进行教派之争，巩固发展寺庙僧侣集团的政治经济势力，都具有重要意义。它可以使僧侣领导层保持相对稳定，并能名正言顺地继承上世宗教首领的社会关系，使转世者及其僧侣上层集团以承袭和维护其既得的特权地位，扩大影响，增添属寺，壮大宗教势力，甚而凌驾世俗封建主之上，与之抗衡。

喇嘛教寺庙一般都拥有独立的寺庙经济，活佛作为寺庙僧侣的集团的首领，也是封建农奴制生产关系的体现者，较大的活佛还是地方的政教首领。正因为活佛具有宗教的、政治的双层尊荣地位，所以僧侣农奴主为争夺此一名位，或贿赂串通作法降神者，私相指定转世灵童；或不惜重金捐买格西、堪布，以求转世，由此造成活佛转世的泛滥，转世制也就成为僧俗统治者之间争权夺利，进行权利再分配的一种手段了。

四

"每个不同的阶级都利用它自己认为适合的宗教"[①]，喇嘛教在其发展的过程中，也是如此，它始终是得到统治阶级的支持并与政治相结合的，最后乃至形成"政教合一"的制度，这是我国西藏宗教史上的特殊现象。

前面我们已经说过，吐蕃原以本教治国，本教师有很高的社会地位，被认为是掌握部落的祸福兴衰和农牧业生产丰歉命运的，他们可以主持祭祀参与会盟和军政大事。佛教与本教斗争的结果，原来本教师们的社会地位，逐渐为佛教僧侣们所代替，"国之政事，必以桑门参决"[②]。赤松德赞和赤热巴巾时，已有僧人参政了。贝钦布云丹增曾执

---

①恩格斯：《路德维希·费尔巴哈和德国古典哲学的终结》，《马克思恩格斯选集》第 4 卷，北京：人民出版社，1972 年 5 月，第 253 页。

②《新唐书·吐蕃传》。

掌吐蕃军政大权,位在大论之上,称为本阐布,为唐蕃会盟吐蕃一方的主持者。其他一般出家僧人由于规定的每人获得七户平民供养和免赋免役的权利,也上升到特殊地位。这时佛教与政治的结合毕竟还是初步的。因为佛教的传播还是有限度的,尽管倡佛和译经的活动,使佛教文化包括文字、声明、因明和宗教思想等得到人们的重视,逐渐成为吐蕃文化的一部分,但它还没有和吐蕃的典章制度结合起来。僧人参政和获得供养的特权,主要并非由于他们是佛教徒,而是因为他们出身于奴隶主贵族的缘故。所以 9 世纪中叶随着吐蕃奴隶制政权的灭亡,僧人参政和接受供养也就一起完结了。

后弘期,佛教与政治的结合又揭开新的一页。自吐蕃政权瓦解后,藏区社会开始向初期封建制过渡。吐蕃本部和其属部各自为政,分裂割据,西自拉达克、古格(阿里),东至桑耶、雅隆,地方势力最大者为阿里王、桑耶王,都各自雄踞一方。各地方虽然是分散的,但政治上比较稳定。11 世纪中叶,封建经济有了发展,地方割据势力的统治已经巩固。新的封建主为了巩固他们建立起来的剥削制度,需要一套新的上层建筑为他们服务。他们各自派人到安多区和印度学法求师,特别是在阿里王意希沃和桑耶王意希坚赞的提倡下,朗达玛毁法后曾经一度中蹶数十年的佛教,再度在西藏传播并发展起来,所以,复兴的佛教从一开始就和地方封建势力紧密结合起来。如桑耶王意希坚赞自称"阿大"(藏语领主、君、王之意),又是桑耶寺寺主;阿里王意希沃本人又出家为僧,称为"拉(天)喇嘛",喇嘛僧徒依附他们而获得供养,寺庙得到他们的资助而修建。由于各封建领主割据分散,依附于不同领主集团的喇嘛僧徒之间也出现了门户之见。本来进藏传法的僧徒有青、康、河西、于阗等地的,也有印度、克什米尔等国的,法派不一;藏僧学佛译经,收徒传法,也都各有门庭。这些不同的流派和门户,"设道布教,各化一方","各标一胜,各树一帜"①,以归附者多,便形成自己的宗派。从 11 世纪起陆续出现了二三十种教派和教派支系。这些教派"绝少有如印度宗派,纯依见地而立宗名"②,而是根据某种政治需要,随地方名称、祖师名称或某一宗教学者而立为宗派名。教派的创始者大多是出身于旧贵族依附领主的僧人,或本人就是领主集团的代表人物。1073 年因建萨迦寺而立的萨迦派,实际上是封建领主昆氏家族的教派,萨迦寺是其家庙;噶举派的蔡巴噶举支系,后来(十三世纪)也与领主噶尔家族结合为一了;帕竹噶举支系创立后,其法嗣后被当地朗氏家族子弟所继承,不久即转为朗氏家族所世袭了,帕竹万户长兼帕竹噶举派的宗教首领,称为"喇本"(喇嘛万户长),后来干脆规定,帕竹政权的继位者必须是出家僧人。总之,政教合一的雏形已经在这些割据地区和教派中出现,不过还没有形成全藏统一的组织。元朝封萨迦派首领八思巴为帝师,西藏政事"设官分职而领于帝师"、"帅臣以下,亦必僧俗并用,军民通摄"③,结束了封建割据状态。萨迦派代表元朝中央政府实现了对西藏的政治统一,但宗教上萨迦派并未凌驾他派之上,各教派寺庙僧侣仍然各自依附其地方势力,自行其是;各地方万户长只是接受萨迦派的政治领导(也即元朝中央政府的领导),其所属宗教组织与萨迦派是并行而独立的,这就是说,喇嘛教与政治还未达到完全统一的结合。

宗喀巴创立的黄教,经过约二百余年的发展,至 1639 年在和硕特蒙古固始汗的帮助支持下,取得了对全藏喇嘛教的领导权。1652 年经清朝政府敕予五世达赖"西天大善自在佛所领天下释教普通瓦

①刘立千:《印藏佛教史》。
②善慧法日:《宗教流派晶境史》之《别说各宗之创立》。
③《元史·百官志》。

赤喇垣喇达赖喇嘛"封号,作为喇嘛教的最高宗教首领得到中央政府的正式确认。五世达赖采取了一系列措施,如清理各教派寺庙、僧徒人数和属民户口,规定寺庙经济制度;建立黄教寺庙组织机构和僧官任免以及喇嘛学经等宗教制度,为建立全藏的统一的政教合一制度,为黄教寺庙统治集团取代全藏的政治统治权利,建树了巨大的"功绩"。但是在五世达赖之时,西藏的政教二权至少在形式上仍是分立的,分由固始汗和达赖执掌。只是到后来,经过黄教寺庙集团首领桑结嘉措和固始汗子孙的争夺,以及清朝平定珠儿默特那木扎藏王的叛乱,政治权利才转移到宗教寺庙即达赖活佛转世系统手里。1751年,清朝改革西藏政制,设置驻藏大臣,并授予七世达赖政治权利,建噶厦政府,规定各级机构僧俗并用,僧高于俗,归驻藏大臣和达赖统一领导。这样,由黄教寺庙僧侣统治集团和世俗贵族联合统治西藏的典型的政教合一制度,便从此完善地确立了,并一直延续到西藏和平解放。

由佛教与政治结合发展到高度的政教合一组织形成,是和西藏农奴制的产生发展相始终的。宗教是封建制度的保护物,以政护教,用教固政,是封建统治者处理政教关系的基本原则。在全国范围内,历代封建统治者从来不允许宗教凌驾于世俗政权之上,只能政高于教,但在西藏局部地区则可以允许政教平分秋色,这是西藏特殊历史条件决定的。喇嘛教这种类似于欧洲中世纪政教合一制度的现象,直到 20 世纪 50 年代末才告结束。

(本文发表于《世界宗教研究》1981 年第 2 集)

宗喀巴宗教思想探讨

本文对藏传佛教格鲁派创始人宗格巴的宗教思想所形成的社会时代背景,作了简要的介绍,并主要就其宗教思想的渊源、基本观点和基本特点,进行了一些探讨。认为宗喀巴之以大乘中观派月称说为基础,包容小(乘)大(乘)显密,形成具有独特思想体系的西藏化佛教,是综合、继承和发展了整个西藏佛学的结果,系适应了当时西藏社会的经济、政治发展的需要。

一

青海藏族高僧宗喀巴是开创格鲁巴一派宗师,被藏人成为第二佛子,他的宗教活动和思想在藏传佛教史上具有特殊的地位和影响。

宗喀巴(1357—1419)本名罗桑扎巴(善慧名称),今青海湟中塔尔寺地方人（藏人称西宁一带地方为宗喀）。自幼学经受沙弥戒,17岁到西藏从师深造,29岁受比丘戒,收徒讲经,36岁以后,积极进行宗教社会活动,44岁开始著书立说,宣扬佛学,终于集喇嘛教之大成,创立了新的格鲁派。

14、15世纪是明代初期政治经济比较稳定的时期,也是西藏因帕木竹巴政权兴盛而出现统一形势的时代。14世纪中期,噶举派帕木竹巴第一代法王绛曲坚参以武力兼并了前藏雅桑、蔡巴和止贡等万户的领地,并攻占了萨迦寺,扼控了后藏大部地区,建立了西至拉曲,南至天竺的统一的帕竹政权,此后的八九十年间,是西藏社会比较稳定的时期。司徒绛曲坚参和第五代法王扎巴坚参为发展生产和巩固封建农奴制,采取了诸如筑路修桥、通商旅、建堡寨、推行庄园制(溪卡)、创立以"宗"为基层单位的行政组织、制定并实行"十六法"的封建法制等一系列改良措施,遂出现了为宗教史称为"国富民足"的"太平盛世"。[①]与此同时,继续发展与中原地区的密切联系,终明一代基本上与中央王朝保持了和平关系。明太祖和明成祖沿袭元代对藏区的行政管理制度,对各地方和各教派的僧侣和贵族分别委以不同官职和加以封号,使行使地方职权。其中噶举派特别是帕木竹巴和明朝的关系很密切,彼此间政治、经济和宗教的使团往返络绎不绝。明朝还在川、甘等地设立茶马司,并规定了茶马司制度,更推动了商业贸易的往来。这种藏汉之间政治经济文化的联系,有利于藏区社会的统一和发展。

随着西藏封建经济的发展和政治的稳定,要求文化教育事业也能跟上来,而由于当地的历史特点,佛教在意识形态领域占统治地位,宗教与文化结合极其紧密,历史地注定这种文化教育的发展,首先要反映在宗教变革上。

另外,西藏自元代建立政教合一以来,僧侣上层也和世俗贵族一样,获得了种种特权,一味追求世俗利益,设法增值个人财富,加之教派之间互相争权夺势,寺院已逐渐变得不复是宁谧清静的修行之所了。本来,僧人不习经论,不守戒律,乱授灌顶,是晚期大乘教逐渐变为密教附庸以来所出现的普遍腐败现象,在这里适逢萨迦政治衰危之际,故表现得更为显著,对社会的影响也很坏,以至造成了社会文化道德上的危机,不能不引起统治者的关注。帕竹贵族为巩固自己的

---

①刘立千:《续藏史鉴》,成都:华西大学边疆研究所。

统治,不仅将其世代传承的家族兴旺史,附会以种种祥瑞和灵异,为宣扬其统一全藏的业绩制造舆论根据,而且也更需要找到一个适合所用的宗教,来更好地麻醉和笼络群众。大司徒绛曲坚参就正是由此而特别用心于喇嘛教。他极力开展各种宗教活动,于拉萨大小昭寺、桑耶寺屡建法会,提倡以佛法为本,要求内邬栋宫内"俱守净戒,禁醇酒妇人",且"自奉亦甚谨严",做到了"为僧俗之表率"①,还以此作为社会伦理道德的标准。他开始重视提倡显教,1351年创建显教学院泽塘寺,树中观量论讲学之风,并以噶当派的某些显教经论培养自己的贵族子弟,训练统治人才。扎巴坚参本人还亲讲法称量论,修声明文字之学。这些不仅说明统治者在政治上的需要,同时也透露了当时的社会倾向。事实表明,过去帕木竹巴所传承的精修密法,不重经论的噶举教法,已不再能完全适应于自己新政权的需要了。

宗喀巴际逢其时,他在创立格鲁巴之前,已和噶当派有特殊因缘关系。当他7岁出家受比丘戒时就是师从噶当派著名喇嘛顿珠仁钦(义成宝),直到16岁,这对他后来宗教思想体系的形成有着重大影响。于入藏以后,他更学重噶当派教法,多次在该派所属大寺院如极乐、噶瓦栋、热振等寺学法讲经。他的学问道德声望和佛学思想倾向,正是新兴帕竹统治者所需要和提倡的。1385年后,宗喀巴和帕竹统治集团的交往越来越密切,帕竹统治者尽量设法抬高宗喀巴的声誉,宗喀巴则向扎巴绛曲执弟子礼,接受帕竹政权内邬栋宗本南喀桑波的供养,为帕竹属下寺院僧众讲经,参与主持法会,从事调解地方纠纷的政治活动,并积极致书扎巴坚参,劝以佛法治民。总之,当他通过频繁接触,了解到帕竹统治者的所需所想,便使自己的宗教思想和活动与之相适应,为之悉力效劳。

①刘立千:《续藏史鉴》。

二

宗喀巴著有《宗喀巴全集》,代表其宗教思想的主要有《菩提道次第广论》和《密宗道次第广论》、《辨了义不了义》、《中论广释》、《缘起赞》、《菩萨戒品释》等。特别是《菩提道次第广论》是他宗教思想和实践体系的系统阐释。

宗喀巴宗教思想基本上承袭了中观派月称见,并成为最后一个应成派大家,这是有其历史渊源的。

公元5世纪,印度人佛护、清辨均继承龙树中观说,由于对其"二谛"(世俗谛和胜义谛)在认识和方法论上的分歧,形成"应成派"(随应破派)和"自续派"(自立量派)两支系统。公元7世纪佛教传入西藏,在统治阶级的支持提倡下,传播渐广。前弘期佛教偏重显宗,后弘期偏重密宗,所译经论多是从梵语直译的,翻译和师承不断受到印度大乘学派分歧的影响,但其主流仍是中观见。墀松德赞(730—797)时,寂护(静命)、莲花戒等中观清辩自立量派大师入藏后,许多显教经籍始陆续译出,其中中观论籍几达半数。月称的大部分著作和其余中观诸论以及法称《释量论》等,到后弘期才传入。在佛学上影响最大的阿底峡(980—1054),也基本属于中观系。阿底峡是印度超岩寺上座,1037年入藏,在藏传教达17年之久,著有《菩提道灯论》等,是后弘期中观学和密教无上瑜伽的奠基者,对宗喀巴影响很大。在与阿底峡的弟子仲敦巴(1004—1064)建立噶当派的几乎同时,萨迦、噶举等诸派系也相继产生,它们虽各自宣扬自己特有的教法以为究竟,但无不受阿底峡佛学思想的影响,俱宗龙树中观见的。从11世纪至14世纪末,西藏各地方割据势力之间互相兼并,但各种教法和教派都是自由发展的。它们不断被译传移植到西藏后,经过长达数百年的消化、吸收和选择的孕育过程,到十四五世纪之交逐渐臻于完全成熟阶段,终于由宗喀巴组织成为具有独特思想体系的西藏化的佛教。它是整个西藏佛学历史的综合、继承和发展,以大乘晚期月称说为基础,融合了瑜伽和西藏诸派教法,由小(乘)到大(乘),兼容并包,显密并重,以密为极,历行律仪,见行相应,主张通过"博闻"、"深思"和实践修证,由显入密,达到成佛境地,是成为西藏化佛教的基本特点,完全适应了巩固和发展封建农奴制的需要,在宗喀巴创立格鲁巴以后,其他教派迅即衰落,不是没有原因的。

"性空"说是中观派宗教哲学的基本观点,龙树提婆和后来的佛学家都对此作过解释。到月称时,"性空"被进一步解释为"自性空"。宗喀巴认为佛护、清辨、月称、寂护等都是依的龙树、提婆见的,而以佛护、月称"解说圣者父子(指龙树、提婆)之论最为殊胜"。[①]当时藏地对性空有各种不同说法,他在予以一一批判中,详细地显示了中观缘起性空说的应成派见解,更多地注重于阐释修证成佛的方法和境地。由于修习止(禅定)、观(智慧)二婆罗密多,他根据自己的验证,详细地阐发了空性见,比较注重闻思经论,对介绍佛学也比较严谨,一反当时藏地重密轻显,乱修密法的弊习。

宗喀巴在《缘起赞》中说,缘起性空乃佛家之"心要"。在《菩提道次第广次》中旁征博引,论证自性空是中观性空的确解。如引《迴诤论》云:

> 若法依缘起,即说彼为空;
> 若法依缘起,即说无自性。

《七十空性论》云:

> 由一切诸法,自性皆是空;
> 诸法是缘起,无等如来说。

---

① 法尊:《西藏民族政教史》卷二,四川汉藏教理院版。

《四百论释》云：

何为缘起义，谓无自性义，即自性无生义。①

对上述缘起、性空、自性空、无自性、无生等这些不同名词概念及其相互关系，宗喀巴进一步解释说：

诸缘起法即是空性，何以故是无自性故。诸缘起法其性非有无自性故，何故无性待因缘故。若法有性，则无因缘亦应恒有，然非如是，故无自性故说为空。如是我语亦是缘起故无自性，无自性故说空应理。②彼自性空名法无我……如《初品》云：'非自非从他，非共非无因，诸法任于何，其生终非有。'谓内外诸法，任于何所，其从自生终非是有③。

这就是说，性空、无性、自性空、无自性、无生、因缘，它们连续循环，所谓"顺行逆反"④都可以，因就是果，果就是因；性空、无性也好，无生、因缘也好，这些不同的名词实际是包含的一个概念，即空。这是把前人的说法，把为立此概念所能运用的各种名词汇总到一起，串成可以"顺行逆反"链圈，形成自己的解释。

佛家把物质和精神、自然和社会等一切事物统称为"法"，物质世界方面的称外法、色法，精神世界方面的称内法、心法。说一切事物的产生都是因缘（外在的条件、关系）而起，和合而成的，又因缘起力尽而灭。"故缘起因成立无性，是最希有善权方便"；⑤缘起和性空又是互相联系，互为因果的。一方面说缘起是通达无性的最高无上的原理，

①法尊译：《菩提道次第广论》卷十七。
②法尊译：《菩提道次第广论》卷十七。
③法尊译：《菩提道次第广论》卷二十三。
④法尊译：《菩提道次第广论》卷十七。
⑤法尊译：《菩提道次第广论》卷二十三。

称之为"唯是中观智者所有胜法"①,另一方面又说,"若谁可有空,于彼一切成(按:有义)。若谁无空则无缘起,故一切不成"②。所以,缘起性空是中观宗观察解释世界万物的方法论。

列宁的下述一段话,可以指导我们来分析佛教的因果观:"因果性问题的主观主义路线,即不从外部客观世界中而从意识、理性、逻辑等等中引出自然界的秩序和必然性的主观主义路线,不仅把人类理性和自然界分割开来,不仅把前者和后者对立起来,而且把自然界作为理性的一部分,而不是把理性看作自然界的一小部分。"③应该说,佛家因缘法看到了事物间的联系的因果关系,触及了自然界和社会没有无原因的现象这一原理。但它从纯粹形而上学的观点出发,认为一切事物的产生不过是由众多的关系或某些外在条件的机械凑合,事物的产生是"生时无所来,如是灭无去"④,没有任何规律性的。科学的因果观认为因和果在相互作用中可以更换位置,这是以客观事物内部存在规律性的联系为依据的。但缘起即性空,性空即缘起,由于性空,才能缘起有,因是缘起有,所以自性空,终究还是缘起建立在性空之上,是从人的意识、理性、逻辑之中引出的先验性的东西,和体现事物运动的规律性即事物本质关系的唯物主义的因果观,是根本不同的;不是事物发展的客观过程,而是主观心识观念的更替,因此也就是宿命论的、信仰主义的。

中观说的性空,到月称、宗喀巴发展为自性空。无自性、无生、自

①法尊译:《菩提道次第广论》卷十七。

②法尊译:《菩提道次第广论》卷十七。

③列宁:《唯物主义和经验批判主义》,《列宁全集》第18卷(1908年),北京:人民出版社,1988年10月,第143页。

④法尊译:《菩提道次第广率》卷十八。

性空,本是龙树所说。月称用一切法无自性,反对清辨的由世俗谛讲法有自性论。阿底峡《菩提道灯论》说:"又一切诸法,用一异观察,自性不可得。"宗喀巴完全承袭了以上见解。既然万法皆空,究竟何谓空,历来佛家为此绞尽了脑汁,说法不一。中观宗认为,性空之空,是指认识的对象,没有实在的自性,宇宙万物的本身空不可得,但不是虚无或数学上的"零",只是人的知觉和分别都不能认识其真象。不论事物的共性(一)和个性(异)都是无自性空不可得的。就是说,一切独立存在的实体既非实有,亦非空无,只能是通过止观修证,由"智慧"而彻悟到的一种认识。对世间事物达到这种认识就是空性见,是佛家的最高的真实或绝对真理。所以宗喀巴解释空性就是"实性涅槃"的意思,"若内若外种种诸法,实非真实,现似真实,即此一切并诸习气永寂灭故,于一切种悉皆灭尽我我所执,是为此中所应证得实性法身。"①

　　所谓实性涅槃,就是世间事与出世事的结合,佛家认为与涅槃相对应的世间事物是流转生死的,而涅槃则是超出生死流转的,但世间一切现象其实相是空不可得,这样,世间与涅槃二者就由实相而得到统一, 也就是客观统一于主观, 性空之空与实性涅槃的实相是一回事。②认识的对象就是认识本身,空是存在于认识之中的。这是从彻底的唯心主义、信仰主义出发的内省体验或某种心理感觉,完全是一种玄奥神秘的概念,他们又称之为"实性法身",最后被人格化为大日如来。到这里,我们无法把它看成是一种严肃的哲学观点,而是一种精致的有神论。

　　应成派以自性空说表现了它对宇宙形成发展的唯心主义的特点,也以"二谛园融"、"空有相成"的中观说,表现其在认识论上的唯

---

①法尊译:《菩提道次广论》卷十七。
②《中论》第四:"涅槃之实际及与世间,如是二际者,无毫厘差别"。

心主义特点。

宗喀巴解释"性空之空义,是缘起义,非作用空无事之义"①。无自性不是无法,有法不是自性有。既然不允许认识世界的物质性,又不许否认世间的森罗万象,这是自性空见所遇到的一个严重困难。中观论者制造"二谛园融"、"空有相成"的理论,试图摆脱这一困境,提出"世俗谛"和"胜义谛"这对范畴,对人的认识和所认识的"外境"(客观存在)及其相互联系,加以规定。事物的客观存在,决不是可以简单地否认得了的或装作没看见的。中观应成派的世俗谛"于名言中许有外境",承认世间事物是实有,反对唯识宗"破离言外境"的心外无境说,认为那样是堕入"断见",偏至否定生死涅槃、三世因果。比较说来,这更接近于小乘的观点。但是能不能说这是倾向唯物主义的认识论呢?应成派一方面"成立诸法"即承认世间事物的存在,另一方面又说一切法无自性,破斥"许诸法有自性者是事实论或堕有边"。在应成派看来,人们如实地认识世间的物质性,承认客观真实体的存在,这种唯物主义的认识,终归是世俗凡夫对世间事物的迷情妄见,是"不了义",不是真实的真理,也不能认识真理,恰恰是达到认识真理的"诸障"。至于应成派所允许有的与认识直接联系的外境,并非有实性,只是从人们实际生活的观点看来是实有,表示法的自相;但法不自生,不共生,不俱生、不无因生,是依因缘生,不独立存在,所谓"当体即空"。因此,这种世间的实有,只是人们施设的一种假用的称号(假名),即是于名言中建立起来的"假有",也叫"幻有"。这和小乘的以有为实的观点已有极大区别了。这就是中观见的世俗谛。其假有概念是作为调和主观和客观、世间和出世间之间的对立而提出来的,与空性相对应成为应成派认识论上的一对补充的范畴,它表现空的作用是

---

① 法尊译:《菩提道次第广论》卷十七。

"非作用空无事",不使"能作"(心)"所作"(境)相分离。事物的假名实有,只是就它发挥作用来说是真实的。所谓发挥作用,就是从因生得的"果",任何事物只有当它处于缘起时所占的刹那时间和一点空间位置才是真实的。如声色有娱目之用,食物有觉味之用,如象生影,刹那间影随象失。这就进一步把空解释为既不是空无,也不是实有,非有非无而不可得;说有是假有(名言),说空是性空(无性);假中有空,空中有假,假和空统一组成中道。这就清楚地可以看出,为顺应世间事而提出的世俗谛,最终不过是为引导众生出世间的权教和方便之说,其所谓于名言中许有外境,不过是为迷惑常人所设的唯心主义圈套,是为了论证自性空的绝对性,显示胜义谛的绝对真理,用诡辩的手法否定物质世界的存在。

自性空胜义谛的建立,反过来又是为四谛、四果、四向、三宝等的存在服务。宗喀巴写道:缘起成立,苦亦成立,"若有苦谛,生苦之集,灭苦之灭,能灭之道,亦即应理,故有四谛。若有四谛,则于四谛,知、断、证、修亦皆成立。若有知等,则三宝等一切皆成"[1]。概括起来说,为性空而说缘起,为涅槃而说人世间,从而建立起他们的宗教世界观。

还应提出的是,假有并非我们通常讲的假象。假象是属于客观事物的"本质的一个规定","一个方面",[2]假有则是没有物质基础的、建立在神秘的直观上的观念。

为了使人们达到宇宙万有无有分别,都是如幻如化,实相为空的认识,中观各派还根据龙树的"八不"名言,建立起各自的中观见。根据缘起法,中观宗把宇宙万物的产生发展变化归结为生、灭、常、断、

---

①法尊译:《菩提道次第广论》卷十七。

②列宁:《哲学笔记》,《列宁全集》第 38 卷,北京:人民出版社,1959 年 9 月,第 137 页。

一、异、来、去等八种现象，始终处在无自性的生起、变异、坏灭的过程中，迁流不停，绝无常住性，一切都无长久存在的实体。从相对的意义上说，在时间、空间的一点上，空的作用是真实的，事物能发挥其特有的作用。但是从终极意义上看，事物之有，仅仅是虚有，无时无刻不在变异生灭之中。因此，人们不可执着这些生灭等现象，否则就成为偏执的错误认识。"八不"说是中观宗对大乘教唯心哲学的创见，它从一切存在的基本形式时间和空间上论证空性的。它看到了人类的时空观念的相对性和可变性，而且也正是抓住这一点来否定时间和空间的客观实在性，从而否定客观事物的实在性。列宁说过："人类的时空观念是相对的，但绝对真理是由这些相对的概念构成的；这些相对的观念在发展中走向绝对真理。正如关于物质的构造和运动的科学知识的可变性并没有推翻外部世界的客观实在性一样，人类的时空观念的可变性也没有推翻空间和时间的客观实在性。"①"八不"说把时空概念的相对性和可变性加以绝对化，使事物的实在性从后门溜掉，杜绝人们认识的正确道路，建立起他们的生灭无自性的理论。宗喀巴特别用心发展了应成派的抉择空性见的理论，强调必须修习止观二波罗密多，用禅定智慧直接作用于对象，通过一系列复杂的、烦琐的、信仰主义的自我心理意识活动，悟入空性的真实意义，实际上是佛性的体现。可见，二谛圆融，空有相成，八不四无生的中道，都是把客观统一于主观，物质统一于精神，肯定其唯心主义的宗教世界观。自性空即是精神实有，是成佛出世说的理论根据。

---

①列宁：《唯物主义和经验批判主义》，《列宁全集》第18卷（1908年），北京：人民出版社，1988年10月，第169页。

三

佛教唯心主义哲学,是以人生问题为中心而展开的。宗喀巴的宗教思想更多地集中于解释人生,阐扬修行成佛之道,更注意世俗事(世间)和出世事(出世间)的结合,形成具有自己独立见解的佛学体系,对西藏社会起到了其他教派所起不到的作用。

根据《俱舍论》"以圣教中除教证法别无圣教"的思想,宗喀巴把一切佛法判为教法和证法两类,"总佛一切教法圣教,三藏宝摄,故证圣教亦须摄入三学宝中"。①认为经、律、论三藏包括了一切教正法,是分别阐明定学、戒学、慧学三学的,而三学又包括了一切证正法。所以学习三藏,实修三学,就是学修一切佛法。又根据阿底峡《菩提道灯论》,将佛法简赅成三士道,以闻思修为方法,以三学为纲,以空性为究竟,由显入密,密高于显的体系,对后世黄教寺院经学教育和宗教文化产生极为深刻的影响。

宗喀巴强调学佛要多闻、思维和修证并重。要多闻,必须选择善知识,依从师教,视师"应视如佛",当然,也要靠自己的努力。"须先从他闻,次乃自以圣教正理,如理思维所闻诸义","数数串习"②以形成自己的见解,否则"有信无慧,见哭则哭,见笑则笑,随他所说觉为真实,犹如流水随引而转"。③他的这种学习方法自有其特定的内容,是脱离生活实践,属于纯粹经院式的思辨,表现一个虔诚的信仰者对待佛学的忠实学风,和介绍佛学的严谨态度。从一般意义来说,也是为了改变当时轻视研习三藏教义,舍弃多闻,专尚密法的风尚。他在强

①法尊译:《菩提道次第广论》卷一。
②法尊译:《菩提道次第广论》卷一。
③法尊译:《菩提道次第广论》卷十三。

调戒学的同时,也很重视慧学,"慧如施等五度之眼","胜道最胜命根谓择法慧"①。把慧学分为胜义慧(觉悟无我实性)、世俗慧、饶益有情慧三种,主张对世间知识也要学习。宗喀巴本人就善学医明、声明、诗学、音韵、历数等知识,宣称这些知识是积智慧资粮,为成佛所需,"为调伏未信圣教者故,应求声明及因明处,为欲饶益已信者故,应求工巧及医方明,为自悟故应求内明"②。继承大乘教的涅槃原理和世间学问相结合的观点,使藏传佛教更能适应当时的农奴社会发展的需要。其后格鲁巴寺庙急剧发展,寺庙内普遍设有专门研习医药、历数、天文等扎仓(学院),达赖五世、章嘉、嘉木样、土观等佛学者辈出,应当说,宗喀巴的宗教思想及其学风的影响也是原因之一。

宗喀巴在强调闻思的同时,也注重实践,所谓"深观广行"、"见行相应"。这是从寂天(公元7世纪)到阿底峡的一脉相承。他根据瑜伽的说法,结合个人体验,详细阐发了止修的理论和实践,形成一套见解。在《菩提道次第广论》中,瑜伽的"广行"(定学)和中观的"深观"(慧学)是同等并重、相互结合的,"非唯止修或唯观修一分而成"③,止修是为压服现行烦恼,观修是断除一切烦恼,通过止修等行为方便的实践,达到坚定慧观空性见之目的。

宗喀巴继承阿底峡的"三士道"学佛次第,开创由显入密阶次,把学佛的人分为上中下三品,利根和钝根,都要从发起求学正道的愿心起。规定显教波罗乘为因,密教金刚乘为果,不许越等,不许越显入密,这既是为限制"乱受灌顶",也是为抬高密教地位。显教修行,对下士讲,生死无常及死后流转,令生恐惧,信业果,诚信三宝,修五戒十

①法尊译:《菩提道次第广论》卷十三。
②法尊译:《菩提道第广论》卷一。
③法尊译:《菩提道第广论》卷十四。

善;对中士讲厌轮回苦,发出离心,深信四谛、十二因缘,修戒定慧三学,遵守戒律,这是小乘道;对上士要求发菩提心,守菩萨戒,行六度、四摄的菩萨道,由勤修止观,离常断见,灭我法二执,实证空性而得解脱,这就是大乘道。但是显教只能证菩萨果,欲成佛还是要进修密教。这些循序渐进、次第整然但又繁杂的体系,把大(乘)小(乘)显密各派,兼容并包,并做了合适的安排,其目的是为了更系统地宣传其唯心主义宗教世界观。可以认为在整个佛教发展史上,宗喀巴也就以此而成为最后的一个佛学大家。

无论显密,都要求严守戒律,禁止蓄发娶妻,是宗喀巴思想的一个重要组成部分。这对巩固封建秩序,约束僧人行为,挽回西藏佛教的社会声誉起了一定的作用,然而,完全脱离生产的寺院僧侣人数的增多,给社会带来严重影响,也是事实。

所谓宗喀巴的"宗教改革",就思想理论而言,他严格遵从经典教义,忠实于龙树,月称的大乘佛学,与其说是"改革",不如说带有返古归真的意趣,当然对前人所未竟的意旨,也有许多阐发,并加以抉择和系统组织。特别是反映他思想的格鲁巴僧人的学经制度、寺院组织制度等的建立,消减了当时藏区宗教界内部派系的分歧,也促进了西藏的政治统一。由于明清两代政府和帕竹、固始汗统治者的支持,宗喀巴创立的格鲁派逐渐取得了西藏佛教的正统地位和政治权力,使以后藏区封建关系内部僧侣和世俗贵族的相互地位、社会经济政治结构全部改观,这些都是很值得深入探讨的。

(本文发表于《世界宗教研究》(季刊),1982 年第 1 期。)

民族的形成问题

民族的形成问题,是民族科学研究中的一个重要的理论问题,至今学者们的意见很不一致。在本文中,只是根据马列主义的有关论述,就民族这个人们共同体最初形成的一般过程作初步分析,无甚新意,仅仅聊备一格,以引起对此问题的深入探讨而已。

由于本文所讨论的问题,一开始就涉及认识民族的逻辑问题,故在讨论本题之前,我们想对"民族"略作一点认识,民族是历史上形成的人们共同体,它具有自己的特征,斯大林对民族定义的规定,是1913年在研究西欧的英吉利人、法兰西人、德意志人等形成为民族和民族国家时所作出的概括。1929年进一步阐述时又作了某些新的解释。我们认为此一定义既是"现代"民族这一具体事物的正确复写,也是"其他"民族的逻辑反映,具有普遍的意义。既可用来概括"资产阶级"民族,也可用来概括"社会主义"民族;既可以用来认识现今仍处于"不发展的"民族,也可以用来概括"古代"民族。斯大林自己就曾用此概念来概括社会主义民族,不过他新补充了社会因素作为划分资产阶级民族和社会主义民族这两种不同类型的民族的重要条件。[①]在此之前,列宁曾经说过:"客观现实又告诉我们,除了高度发展的资本主义民族之外,还有许多很弱小和经济十分不发达的民族";"殖民

---

① 参见斯大林:《民族问题和列宁主义》,《斯大林全集》11 卷,北京:人民出版社,1955 年 7 月,第 290~291 页。

地人民也是民族。"①马克思和恩格斯都曾提出过由部落发展为民族的观点,恩格斯也还提出过"意大利是第一个资本主义民族"②的观点。这并非马列经典作家们在"民族"概念的逻辑上自相矛盾和混乱,而是民族的产生和发展本来就不能割断其历史联系的。斯大林的民族定义是在马列基本观点的基础上提出的,他解释说:"世界上有各种不同的民族。有一些民族是在资本主义上升时代发展起来的,当时资产阶级打破封建主义和割据局面而把民族集合为一体并使它凝固起来了。这就是所谓'现代'民族……在资本主义以前是没有而且不可能有民族(笔者认为此当指"现代"民族)的……当然民族的要素——语言、地域、文化共同性等等——不是从天上掉下来的,而是还在资本主义以前的时期逐渐形成的。"③可见以四个特征规定的民族定义,对"各种不同的民族"都具有普遍的意义。本文就从民族的这一广义出发,来分析民族最初形成的一般过程。

在原始社会初期,人们还没有划分为民族,而是按氏族、部落划分的。氏族和部落是以血缘关系而结合的人们共同体。到了原始社会末期,由于社会两次大分工,生产和交换的发展,私有财产和阶级的产生,原始公社逐渐瓦解,从而也破坏了氏族部落的血缘关系,使属于不同氏族和部落的人们混杂起来,展开了氏族、部落间的混合和溶合,出现了一种新的人们共同体。这种共同体不再是以血亲联系为纽带,而是以人们间的地域联系为纽带,并具有共同语言、共同经济生

---

①列宁:《论对马克思主义的讽刺和"帝国主义经验主义"》,《列宁全集》23卷,北京:人民出版社,1958 年 12 月,第 54、58 页。

②马克思、恩格斯:《〈共产党宣言〉1893 年意大利文版序言》,《马克思恩格斯选集》第 1 卷,北京:人民出版社,1972 年 5 月,第 249 页。

③参见斯大林:《民族主义和列宁主义》,《斯大林全集》11 卷,北京:人民出版社,1955 年 7 月,第 288 页。

活和共同文化习俗为特征的新的人们共同体——民族。

人类社会经由氏族、部落瓦解而形成民族的过程，是一个漫长的、复杂的过程。

氏族在人类的童年蒙昧时代的中级阶段就已产生了。到野蛮时代低级阶段，达到全盛期。野蛮中级阶段以后，就逐渐走向衰落、瓦解，人们开始走向民族形成的过程。民族形成过程的决定性因素，是社会生产的发展。正如恩格斯指出的："劳动本身一代一代变得更加不同，更加完善和更加多方面，除了打猎和畜牧外，又有了农业，农业以后，又有了纺纱、织布、冶金、制陶器和航行。同商业手工业一起，最后出现了艺术和科学；从部落发展成了民族和国家。"①这说明民族是人类社会生产发展到一定水平的产物。

马克思、恩格斯又指出："物质劳动和精神劳动的最大一次分工，就是城市和乡村的分离。城乡之间的对立是随着野蛮向文明的过渡、部落制度向国家的过渡、地方局限性向民族的过渡而开始的。"②这里说到，民族形成的过程，和野蛮向文明的过渡、部落制度向国家的过渡的过程是一致的，三个过渡同其始末。从人类历史文化分期的时代来说，是由野蛮时代向文明时代过渡；从人类社会组织结构来说，是由原始的部落制度向阶级的国家制度过渡；从人们共同体的发展来说，则是由活动在狭小范围内的部落共同体向着具有一定地域的民族共同体过渡。就是说，民族是在原始社会末期人类进入文明时代形成的，是和阶级、国家同时出现的。

分析民族形成的这一漫长复杂的过程，可以溯源到原始社会的

---

①恩格斯：《自然辩证法》，《马克思恩格斯选集》第3卷，北京：人民出版社，1972年5月，第515页。

②马克思、恩格斯：《德意志意识形态》，《马克思恩格斯选集》第1卷，北京：人民出版社，1972年5月，第56页。

野蛮中级阶段。在野蛮中级阶段,人们由采集、狩猎达到能驯养牲畜、繁殖牲畜了,终于使畜牧业分离出来,发生了人类第一次社会大分工。游牧部落从野蛮人群中分离出来,标志着生产力的一大发展。畜牧业为游牧部落提供了吃用的肉、乳和皮毛。这些产品除人们自身消费外,已有剩余,使各个不同部落成员之间的交换成为可能,牲畜成为一切产品都用它来进行交换的商品了。随着畜群的驯养,为种植家畜饲料而栽培牧草,也就出现了谷物种植的农业。耕地是部落公有,交给氏族公社、家庭,最后为个人使用。手工业从制陶、纺织到青铜冶炼也发展了。畜牧业、农业、手工业这些部门生产的增加,使人们的劳动力能够生产出超过维持个人生活所必需的产品。同时这又增加了氏族和家庭成员每日所担负的劳动量,于是吸收新的劳动力就成为人们的需要和要求了。原先氏族、部落之间在战争中的失败者(俘虏),总是被胜利者给予杀死的处置,现在俘虏则被用来作为奴隶,充当新的劳动力了。新的人口的增加,不能不对氏族部落的血缘关系起着稀解的作用。

随着畜牧业和农业的发展,畜群和其他财富的增加,在家庭中便发生了革命。男子在家庭中的地位开始发生重大变化,他们制造谋取生活资料的工具,驯养作为生活资料的畜群,用牲畜进行交换也是他们的事;他们在生产中日益突出的作用,使他们在家庭中逐渐取代妇女而占据统治地位。由是引起母系制向父系制过渡,对偶婚向一夫一妻(多妻)制过渡。这标志着个体家庭已成为氏族的一种对抗力量了。老家和新家之间,大家族和小家族之间的矛盾日益增多。这些矛盾不能不冲击氏族的血缘关系,使之开始出现危机。

畜牧业、农业、手工业的不断发展,到野蛮时代的高级阶段,对人类文明史的发端起着重要革命作用的铁器的冶炼制作出现了。它的出现大大改进了工具,不仅促进耕地扩大,农业技术改进,也使手工业以及建筑有巨大进步,发生了人类的第二次社会大分工,手工业同农业分离。两次大规模的社会分工,对于氏族、部落的瓦解和民族开始形成有着决定性意义,促进了不同经济类型的产生,处于相同经济类型的人们开始过着相同的经济生活。例如农业经济类型下的部落,开始长期定居下来,"以农为本",生活较为稳定,手工业、建筑、水利等得到发展,文化生活也因之丰富起来。畜牧业经济类型的部落,则是另外一种情景,与农业部落显然不同,以毡帐为屋,肉酪为食,逐水草而居。经济类型的产生,便是后来民族共同经济生活的物质基础。

生产力的发展,再次社会大分工,不同经济类型的产生,随之而来的便是交换贸易更进一步发展,氏族部落成员不再局限在从前狭小的地区范围,而到处迁徙流动混杂起来。奴隶、被保护民和自由民居住在一起。原来只允许本氏族、本部落成员居住的地区之间彼此隔绝的状态,不再能宁静地存在下去了。这就为氏族、部落血缘关系瓦解、民族形成的地域联系造就了条件。

随着生产交换的发展,特别是两次大分工之后,农业、畜牧业和手工业的劳动分工,使个体劳动在生产中的作用越来越突出,从而使人们对生产资料的占有关系发生了根本性的变化。以前,在原始氏族公社里是没有私有财产的,人们共同生活在一个氏族和部落里,要破坏氏族、部落内部的联系,特别要脱离氏族是根本不可能的。现在情况不同了,畜群逐渐由各个家庭单独饲养,转为私有财产;耕地分给各家使用,逐渐永久化,土地氏族制转为家庭私有;氏族、部落首领以至成员把公有产品进行交换,变为自己的私有物。总之,财产逐渐集中到个人和家庭所有。氏族、部落中除自由民和奴隶之外,又出现了穷人和富人的区别。财富的占有刺激人们特别是氏族、部落首领,去进行频繁的、以掠夺财富为目的的战争。为了这种需要,加以生产和经济上的联合需要,部落之间结成部落联盟。部落联盟之间的掠夺战争代替了原始的"血亲复仇"的战争。战争又促进了不同氏族部落成员之间打破血缘关系的氏族公社,而杂居起来,形成更大范围的地域联系。恩格斯在论述印第安人和雅典人,从分散状态进一步走向巩固的部落联盟时说,由于掠夺战争使"亲属部落间的联盟,常因暂时的紧急需要而结成,随着这一需要的消失即告解散。但在个别地方,最初本是亲属部落的一些部落从分散状态中又重新团结为永久的联盟,这样就朝民族(Nation)的形成跨出了第一步"[1]。由于这样,"住得日益稠密的居民,对内对外不得不紧密团结起来,亲属部落的联盟到处都成为必要的了;不久,各亲属部落的溶合,从而各个部落领土溶合为一个民族(Volk)的共同领土,也就成为必要的了"。[2]所以,许多民族的名称是以地名、部落名和国名出现的。

因为生产、军事和交换的需要,就必然产生各部落之间的方言的要求,特别是结成联盟的部落之间,由于政治上、军事上等方面的亲近,更需要沟通联盟各部落之间的语言。这样,原来就尚能基本了解的部落方言,便渐渐地互相溶合而成一种新的语言了。其后,书面语言和文字的出现,这种部落方言的差异便逐渐趋于消失。随着共同语言等的形成,人们不同文化生活特点和生活习俗也得以交流,相互影响,相互吸取,同一地域内的人们的文化心理状态也日益倾向于统一。

在上述一系列的社会变革中,氏族、部落这一人们共同体便发生历史性的根本变化。原来一个氏族、部落的成员以血缘为纽带,共同生活在纯粹由他们居住的同一个地区中, 现在这种情况已不能继续

---

①恩格斯:《家庭、私有制和国家的起源》,《马克思恩格斯选集》第4卷,北京:人民出版社,1972年5月,第89页。

②恩格斯:《家庭、私有制和国家的起源》,《马克思恩格斯选集》第4卷,北京:人民出版社,1972年5月,第160页。

存在下去了。氏族部落到处都杂居了起来,到处都有奴隶、被保护民和外地人在自由民中间居住着。直到野蛮时代中级阶段末期才达到定居状态,由于居住地受商业活动、职业变换和土地所有权转让的影响而变动不定,所以时常遭到破坏。氏族团体的成员再也不能集会来处理自己的公共事物了;只有不重要的事情,例如宗教节日,还可勉强进行。除了氏族团体有责任并能够予以保证的需要和利益以外,由于生产条件的变革及其所引起的社会结构中的变化,又产生了新的需要和利益,这些新的需要和利益不仅同旧氏族制度格格不入,而且在各个方面都是同它对立的。由于分工而产生的手工业集团的利益,同乡村对立而产生的城市的特殊需要,都要求有新的机关,但是,每一个这种集团都是由属于极不相同的氏族、胞族和部落的人们组成的,甚至还包括外地人在内,因此,这种机关必须在氏族制度以外,与它并列地形成,从而又是与它对立的。同时,在每个氏族团体中,也表现出利益的冲突,这种冲突由于富人和穷人,高利贷者和债务人结合于同一氏族和同一部落中而达到尖锐的地步。此外,又加上了大批新的、与氏族公社无关的居民,他们在新的地域内已经可以成为一种力量。他们人数太多,不可能被逐渐容纳到血缘亲属的氏族、部落中来。这样,便出现了下面的情况:

第一,"氏族制度已经过时了, 它被分工及其后果即社会之分裂为阶级所炸毁"。[①]氏族和部落的社会职能不能适应新的、变化了的情况和需要,为了建立和维持社会新秩序,缓和各种集团之间的矛盾和冲突,一种新的组织机关——国家出现了。

第二,与此同时,在氏族、部落瓦解过程中,一种新的人们共同体

---

①恩格斯:《家庭、私有制和国家的起源》,《马克思恩格斯选集》第4卷,北京:人民出版社,1972年5月,第165页。

民族也逐渐形成了。这种新的人们共同体是按地域来划分的。"由血缘关系形成和保持下去的旧的氏族公社,正如我们已经看到的,已经很不够了。这多半是因为它们是以氏族成员与一定的地区的联系为前提的,而这种联系早已不复存在。地区依然,但人们已经是流动的了。因此,按地区来划分就被作为出发点,并允许公民在他们居住的地方实现他们的公共权力和义务,不管它们属于哪一氏族哪一部落"。①就是说,不同氏族、部落的成员已经冲破了氏族、部落制度的束缚,彼此在长期的迁徙、交往、分化、溶合过程中,在具备一定范围的共同地域和共同语言、共同经济生活和文化共同性的基础上逐渐形成了新的人们共同体——民族。

在氏族部落瓦解的基础上,和阶级、国家同时出现的民族,在从奴隶社会到封建社会的漫长历史中,民族的四个要素随着民族生产及内部和外部交往的发展而获得长期的发展。民族语言虽然还有方言和土语存在着,但是差异和类别在逐渐消失中,已经产生了的文学语言更加促进了它的统一。共同地域已经基本固定下来,地域界线比较清楚。自然经济虽然占主导地位,但商品经济还是不断有了发展,并通过交换,把比较分散的自然经济联系起来,逐步改变其闭塞自足状态,手工业的发展使其在商品经济中占有重要地位,加强了民族经济的共同性。许多民族在奴隶制和封建制时期创造了比较高的文化,反映着民族在共同文化上所表现的共同心理素质。但是前资本主义时期的民族,由于其生产力水平的限制,民族的要素不可能有充分的发展和表现,民族共同体的稳固性程度还比较低。因之,在奴隶制和封建制的社会历史和自然等种种原因作用之下,有的民族不仅存在,

①恩格斯:《家庭、私有制和国家的起源》,《马克思恩格斯选集》第4卷,北京:人民出版社,1972年5月,第166页。

而且得到了发展,有的则被同化而消失了,有的经过组合或分化,形成了新的民族。到了资本主义战胜封建主义的历史时期,民族又发生新的历史性的变化。原来属于不同民族和种族的人们溶合为新的人们共同体,即资本主义民族或现代民族,有的直接发展为现代民族。现代民族是民族要素达到高度发展和充分体现的民族。正是由于这种复杂的情况,为了使概念能够成为现实的正确复写,我们运用"民族"也必须一样地变动灵活,可以把民族划分为不同的类型。为了和"现代"民族相区别,我们认为在资本主义以前已经有了民族,并把资本主义以前形成的民族统称为前资本主义民族(或古代民族),这是符合民族的发展规律性的、合乎逻辑的。

(本文发表于《甘肃民族研究》1982 年第 3 期)

学习马克思民族理论的几个问题

　　无产阶级的革命导师马克思在他理论和实践的全部活动中,始终对民族和民族问题甚为注意,给我们留下了宝贵的财富。从马克思逝世百周年以来,他的那些闪耀着睿智的光辉思想,一直是马克思主义的继承者发展民族理论的源泉之一。这里仅就马克思有关民族的形成、发展和融合的问题,谈点学习心得。为了尽可能地不失马克思的思想原貌,在文章中不得不引证一些原文。

　　民族的起源和本质,是民族理论战线上仍然存在着争论的问题。在马克思以前,已经有过不少思想家对此作过探讨,特别是18、19世纪资产阶级的旅行家、思想家和政治家记载和论述过欧洲、亚洲、非洲和美洲以及海岛上的许多民族,包括比较发达的现代民族和还保留着某些原始社会面貌的落后民族。其中有的研究对民族学科的形成起过历史的作用,有的从"民族"的类比中,研究民族的本质是什么,民族是怎样起源的。但历史的和阶级的局限使他们的研究不能不是唯心主义的。如普鲁士的赫得(1744—1803)用比较的方法研究民族差异,提出民族最初是因地理与气候的特质而区别开来,其后又有特殊的历史传统(如语言、文学、教育、习尚、风俗),才形成完备的民族,成为具有民族"性格"、"民族魂"、民族文化的群体了。有的认为民族是以共同起源关系、共同领土关系和共同法律关系为基础而形成的。有的以为民族存在的差异是:种族,气候,宗教;各民族意识到彼此之间的差异等。有的认为民族是"凡使用相同或相近的语言,遵守传统的共同的风俗习惯,并组成有独特文化社会的人群",并自别于他民族(海士:《民族主义论》)。所有种种说法,都有共同的缺陷和谬误,对民族这一社会历史现象都没有作出科学的说明。一方面他们用民族这个人们共同体的某些现象来解释民族的本质,或者把生物的种族和语言的集团混为一谈,用来规定民族;或者以国家、文化、宗教来代替民族,唯心主义地强调"民族性"作为民族的主要特征。另一方面他们对民族的起源,只归结为种族、地理环境等原因,而不是社会生产等经济因素。他们虽然对不同地区的不同民族,有过一些记载和观察,但没有指出民族产生发展的规律。

马克思创立了历史唯物主义这一科学理论,用它来考察一切社会历史现象,对民族的本质、民族产生发展的规律作出了和前人迥异的创造性的贡献,提出了一些基本的思想和观点,为马克思主义民族理论的形成奠定了科学基础,从此民族理论的研究便摆脱唯心主义的束缚,别开生面了。

马克思和恩格斯在 1845—1846 年写的《德意志意识形态》中,确立了物质生产的发展是人类整个历史进程的基础的唯物主义史观,同时也提出了民族的起源和发展的新论点。我们知道,19 世纪 40 年代,人们对史前知识特别是史前的人类社会组织,还是知道得很少,但马克思在该书中指出:"城乡之间的对立是随着野蛮向文明的过渡,部落制度向国家的过渡、地方局限性向民族的过渡而开始的",从分析城市和乡村的分离过程发现,民族的形成是与人类进入文明时代,和阶级、国家出现的同时出现的。这一卓越的发现远远超过同时代思想家的水平。自马克思逝世百年以来,民族学和民族理论的研究,当然是大大前进了,但是马克思的上述科学论断仍然没有过时,特别是其历史唯物主义的方法论原理,对后来民族理论的发展所具有的伟大意义,以后随着考古学、民族学的逐步发现,1877 年伟大的民族学家摩尔根《古代社会》的发表,马克思利用这些材料,对包括民族起源问题在内的原始社会人们共同体的研究,进一步证实了他以前的科学论断。

马克思在逝世前即 1880—1881 年写成《摩尔根〈古代社会〉一书摘要》,虽然主要是为阐明人类原始历史过程的目的而写的,但创造性地从分析史前社会不同人们共同体(氏族—胞族—部落—部落联盟)的发展过程,揭示出了由部落发展为民族的始初过程,《摘要》概括了氏族、胞族、部落和部落联盟诸人们共同体的各自的基本特征,从而将它们加以区别之后指出,在野蛮的高级阶段,"由于这种情况(按:指上文私有财产的出现,生产和交往的发展以及家长奴隶制的产生等),特别是由于有了农业而扩大起来的生活资料的生产,民族便开始发展起来,开始在共同管理之下有上万计的人而不是几千人了"[1]。民族和部落并非等同的东西,三个多立安部落之结合于斯巴达,三个拉丁及萨宾部落之结合于罗马,这时民族方始产生。[2]合并是一种更高的过程,能将诸部落在一个共同地域内联合起来,"部落联盟是与民族最近似的东西"[3]。他们之间的重要区别之一是是否建立起一个政治社会或国家。[4]部落联盟由最初是暂时性的,到最后形成为永久性的,"混居在同一地区及彼此间地域界线之逐步消失……各部落的独立领土的基础已不复存在了……并使用同一的语言或相近的方言,彼此间地理界线逐步消失,虽然,部落的名称及组织还是很

①马克思:《摩尔根〈古代社会〉一书摘要》,北京:人民出版社,1965 年 4 月,第 60 页。

②马克思:《摩尔根〈古代社会〉一书摘要》第 96 页。

③马克思:《摩尔根〈古代社会〉一书摘要》第 96 页。

④马克思:《摩尔根〈古代社会〉一书摘要》第 108 页。

有生机地存在着"①。当联盟内部由于各部落成员社会生活的需要而结成一个政治整体、建立起政治社会或国家时,融合就已完成,部落联盟就向民族过渡了。在民族起源过程中,城市(城邦)和国家起着重要的作用,希腊、罗马是例证之一。

应该指出的是,马克思的上述论点,后来得到恩格斯的进一步阐述。恩格斯执行马克思未完成的有关原始历史著作的遗愿,于1884年写成《家庭、私有制和国家的起源》一书。在此书中以及其他有关著作中(如《论封建制度的瓦解和民族国家的产生》),我们可以清晰地看到,民族是怎样在氏族部落制度瓦解的基础上,伴随社会分裂为阶级和国家出现的同时形成的。在另一篇著作中,恩格斯明确提出"从部落发展成民族和国家"②的科学论断。这些都是和马克思的观点完全一致的,是对民族形成的一般过程及其规律性的阐述,所提出的方法论原理是形成马克思主义民族理论的重要组成部分。后来斯大林正是运用马克思主义创始人所提出的方法论原理,并在马、恩研究民族的基础上,科学地分析和概括了民族的基本特征和本质,创造性地规定了民族的定义。这一定义正确地反映了民族这一社会历史现象的本质及其内部规律,是对马克思主义民族理论发展的重大贡献。

说民族形成于原始社会末期,是从民族这个人们共同体作为一种社会历史现象出现的一般规律而言,并非说任何具体的民族都是在原始社会末期形成的。作为历史上的人们共同体的民族,它是随着社会生产和民族内部、外部交往的发展程度而不断发展变化的。在漫长的中古时期内,在种种社会历史原因和自然原因的作用下,有的民

---

①马克思:《摩尔根〈古代社会〉一书摘要》,北京:人民出版社,1965年4月,第115页。

②恩格斯:《自然辩证法》,《马克思恩格斯选集》第3卷,北京:人民出版社,1972年5月,第515页。

族比较稳固地发展下来,有的被同化而消失,有的经过组合或分化,形成新的民族。这种种的历史差别,都可以归结到民族发展的规律之中,它们都有一个共同点,即民族的发展总是以其经济的、社会生产的发展为基础的,是受到生产方式的制约的。马克思和恩格斯都曾不止一次地说到日尔曼人、罗马人、蒙古人和爱尔兰、印度等的民族征服和被征服的种种情况,或者是征服民族把自己的生产方式强加于被征服的民族,强制同化;或者是征服民族让被征服民族的旧生产方式维持下去,自己满足于征收贡赋;或者是发生一种相互作用,产生一种新的、综合的生产方式。这诸种情况,在我国历史上也都发生过。它说明社会生产方式是民族交往的重要内容,比较野蛮的、落后的民族在向较高文明的、先进的民族发展的过程中,民族间的交往起着推进或延缓这一发展历史进程的作用。在阶级社会里,民族间的交往贯穿着彼此同化和融合的历史,一般说来,总是大的、比较先进的民族同化小的、比较落后的民族,野蛮的征服者总是被文明的被征服者所同化,不管这要经过多少曲折和年代,是强制的抑是战争,是同化抑或反同化的斗争,从民族发展的总体看,是必经的过程,也是一种历史的进步,对具体的民族而言,则有得有失。总之,民族的发展,是以社会生产为转移的,离开民族间的交往也是不可思议的,因而民族是不断变化的。在资本主义条件下形成的资产阶级民族,也不是凝固不变的,《共产党宣言》一再指出,资本主义文明给民族带来深刻变化。由此可知,在马克思主义看来,民族依社会发展的程度而具有不同的社会面貌,并非在资本主义以前没有民族的存在。

17、18世纪的资本主义上升时期,欧洲一些民族发展为资本主义民族和民族国家,民族斗争和民族运动兴起,是当时的重要历史现象。马克思敏锐地观察到,这一历史现象和他以主要精力所从事的无产阶级的革命理论和实践活动,有着不可分割的密切联系,以很大的注意来研究欧洲爱尔兰、波兰、匈牙利和亚洲许多国家的民族问题，从无产阶级革命立场积极支持解放波兰，争取爱尔兰民族独立的斗争。为此，写下了许多有关民族问题的通讯、评论和著作，提出了解决民族问题的一些基本思想，其中关于民族发展的一些思想，对于我们认识社会主义时期的民族和民族关系，仍然具有重大的现实意义。

马克思是在发现资本主义规律的同时，揭示民族发展的规律性的。《德意志意识形态》指出，资产阶级社会或市民社会对外需要以民族的姿态出现，对内需要组成国家的形式。[①]这里显示出一个重要的观点，即民族的发展和国家的关系。现代民族（Nationality）是由古代民族发展而来的，而现代民族的形成又是和民族国家（National State）的产生相联系的。德意志民族的形成就是这样的，"从中世纪早期的各民族人民混合中，逐渐发展起新的民族（Nationaliäten），在这一发展过程中，大家知道，大多数罗马旧行省内的被征服者即农民和市民，把胜利者即日尔曼统治者同化了。因此，现代的民族（Nationaliäten）也同样是被压迫阶级的产物"。[②]在经过融合和分离而形成新民族的过程中，语言起着重要作用，"一旦划分为语族（撇开后来的侵略性的和毁灭性的战争，例如对拉巴河地区斯拉夫人的战争不谈），很自然，这些语族就成了建立国家的一定基础，民族（Nationaliäten）开始向民族（nation）（按：此处 nation 应理解为民族国家）发展……日益明显、日益自觉地建立民族国家（Nationale Staaten）的趋向，是中世纪进步

---

①马克思、恩格斯：《德意志意识形态》，《马克思恩格斯选集》第 1 卷，北京：人民出版社，1972 年 5 月，第 41 页。

②恩格斯：《论封建制度的瓦解和民族国家的产生》，《马克思恩格斯全集》第 21 卷，北京：人民出版社，1965 年 10 月，第 451、452、453 页。

的最重要杠杆之一"①。在中世纪的混乱状态中，王权是促进这一进步现象的因素，"王权在混乱中代表着秩序，代表着正在形成的民族（Nation）而与分裂成叛乱的各附庸国的状态对抗"。②迨至资本主义兴起，新的民族即现代民族和国家民族就破土而出。1893年恩格斯对民族发展和国家建立的关系又作了简要而精辟的论述，他说："在任何一个国家，资产阶级的统治离开民族独立是不行的。因此，1848年革命也就不能不使直到当时还没有统一和独立的那些民族——意大利、德国、匈牙利——获得统一和独立。现在轮到波兰了。"③这些卓越的分析论述，从民族问题的另一角度深刻揭示了国家对民族发展的重要历史作用，这对我们研究现代民族和民族的发展有重要的理论指导意义。后来，斯大林关于西欧资本主义民族的形成和民族国家的建立以及东欧资本主义民族和多民族国家形成过程的科学分析和概括，正是马克思和恩格斯这一观点的继承和发展。我们强调斯大林在规定民族定义时所强调的民族和国家的区别，这是对的，但是，绝不可因此而忽视国家对民族形成和发展的作用。这是一个带有普遍规律性的问题。19、20世纪特别是二次世界大战以来，亚洲、非洲、拉丁美洲各落后民族发展为现代民族和国家民族的历史，完全证实了上述马克思和恩格斯的观点。

民族斗争和阶级斗争是相联系的，这个原理是被公认的，人们说的也很多了，但是民族的发展和阶级力量的联系却不被人重视，在这

①恩格斯：《论封建制度的瓦解和民族国家的产生》，《马克思恩格斯全集》第21卷，北京：人民出版社，1972年5月，第451、452、453页。

②恩格斯：《论封建制度的瓦解和民族国家的产生》，《马克思恩格斯全集》第21卷，北京：人民出版社，1965年10月，第451、452、453页。

③马克思、恩格斯：《〈共产党宣言〉1893年意大利文版序言》，《马克思恩格斯选集》第一卷248页、67页、25页。

里我们只是想指出以下一点，马克思的阶级斗争学说不仅给我们指出了一条怎样认识不断更迭的各民族间和民族内部的斗争的指导线索，也指出阶级在民族发展过程中所起的作用，从而说明了民族发展的规律性。从马克思的有关论述中，我们看到，资产阶级建立了民族市场，鼓吹"民族意识"，统一了民族，建立了民族国家，打破了民族的闭塞孤立状态，对民族发展起了重要的历史作用。同时资产阶级制造了民族的压迫和剥削，造成了各民族无产阶级之间的分离，它使民族的发展面貌打上了资产阶级的烙印，因之被马克思称之为"资产阶级的民族"。资本主义生产同时又创造了另外一个阶级，"这个阶级在所有的民族中都具有同样的利益，在它那里民族独特性已经消灭，这是一个真正同整个旧世界脱离并与之对立的阶级"。①但是无产阶级"如果不是在'民族范围内构成起来'，如果不是'民族的'（虽然这和资产阶级所理解的完全不同），就不能巩固、成长和形成"。②作为国际性的阶级，无产阶级必将取代资产阶级的地位而对民族发展起着主导的作用。当资产阶级抛弃民族主权和民族独立这面旗帜，无产阶级就举起这面旗帜。无产阶级统治的建立将使民族内部更和谐统一，将消灭民族间压迫和剥削对立关系，民族间的隔离疏远状态将更快地消失，民族将获得更自由的发展繁荣，从而为民族的将来融合消亡准备物质条件和精神条件。正如列宁所说："马克思的社会主义把民族问题和国家问题也放在这样一个历史基础上，这就是说不仅要解释过去，

①马克思、恩格斯：《德意志意识形态》，《马克思恩格斯选集》第1卷，北京：人民出版社，1972年5月，第67页。

②列宁：《卡尔·马克思》，《马克思恩格斯选集》第1卷，北京：人民出版社，1972年5月，第25页。

而且要大胆预察未来,并勇敢地从事实际活动以实现未来。"①今天无产阶级在这方面所从事的实际活动,与马克思的时代相比,已经不可同日而语了。

关于民族的融合消亡的问题,马克思虽然没有过多的论述,但从资本主义的必然消亡和社会主义的必然胜利展示了民族发展的远景。民族的发展和民族的融合是一个辩证统一的过程。民族的发展繁荣是民族融合消亡的前提条件,民族的融合消亡是民族高度发展的远景和必然结果。

现代民族是在资本主义大工业生产和世界市场开拓的基础上发展起来的,"现代大工业以这种集中的力量到处破坏民族的藩篱,逐渐消除生产、社会关系、各个民族的民族性方面的地方性特点"②,使"过去那种地方的和民族的自给和闭关自守状态,被各民族的各方面互相往来和多方面的互相依赖所代替了"。③这就大大加速了民族发展的过程,这一过程充满着事物发展的一般的辩证法原理。"各个相互影响的活动范围在这个发展进程中愈来愈扩大,各民族的原始闭关自守状态则由于日益完善的生活方式、交往以及因此自发地发展起来的各民族之间的分工而消灭得愈来愈彻底,历史也就在愈来愈大的程度上成为全世界的历史"④。就是说,资本主义使民族内部的生

①列宁:《卡尔·马克思》,《马克思恩格斯选集》第1卷,北京:人民出版社,1972年5月,第25页。

②马克思、恩格斯:《国际评述》,《马恩全集》第7卷,北京:人民出版社,1965年10月,第503页。

③马克思、恩格斯:《共产党宣言》,《马恩选集》第1卷,北京:人民出版社,1972年5月,第255页。

④马克思、恩格斯:《德意志意识形态》,《马恩选集》第1卷,北京:人民出版社,1972年5月,第51页。

产力有了巨大发展,也大大加速了民族外部的交往程度,为民族发展提供充分的物质基础。民族愈发展,民族界限就愈趋于泯灭,但是这只是事情的一方面。另一方面,在资本主义规律的作用下,一部分民族资本主义化了,发展了,另一部分民族则在火与剑的蹂躏下,付出了惨重牺牲的代价。这是由于资产阶级"把一切民族甚至最野蛮的民族都卷到文明中来了。它的商品的低廉价格,是它用来摧毁一切万里长城,征服野蛮人最顽强的仇外心理的重炮。它迫使一切民族——如果他们不想灭亡的话——采用资产阶级的生产方式……它使未开化和半开化的国家从属于文明的国家,使农民的民族从属于资产阶级的民族,使东方从属于西方"。[①]这一现象正是资本主义内部的矛盾和发展不平衡规律在民族关系上的反映,它成为束缚民族发展,阻碍民族接近、联合以至融合的桎梏。这一矛盾只有通过无产阶级的社会主义革命才能解决。这样,马克思就把民族的自由发展、民族的接近以至融合同社会主义、共产主义联系在一起了。资本主义为民族的接近融合准备了一定的物质条件,但也只有无产阶级登上政治历史舞台,以阶级对抗代替民族对抗,以民族平等代替民族压迫,越过民族界限,实现各国各民族的无产阶级的国际联合,才有可能去实现各民族间的联合和和睦合作,民族的融合消亡才有可能被推上历史的进程。

这里要强调的是,马克思在世的资本主义时期,他更多瞩目的是当时民族问题的当务之急——民族解放和民族平等的问题,对于未来的民族融合,他只是"勇敢地从事实际活动以实现未来"。他在研究爱尔兰问题、波兰问题时,很重视民族解放的社会意义和社会主义在一国一民族内的实现。恩格斯也不止一次地说过,"排除民族压迫是

---

①马克思、恩格斯:《共产党宣言》,《马恩选集》第一卷,北京:人民出版社,1972年5月,第255页。

一切健康和自由的发展的基本条件",①也是一切国际合作的基础。爱尔兰和波兰"只有真正成为国家的民族时,才更能成为国际的民族",②"不恢复每个民族的独立和统一,那就既不可能有无产阶级的国际联合,也不可能有民族为达到共同目的而必须实行的和睦的与自觉的合作"。③这些论述不只是阐明实现民族联合的前提条件,也已经预察民族通过联合而走向未来融合的道路。民族的接近以至融合和民族的解放、发展是一个辩证统一的历史进程,在这个问题上,打着"社会主义"旗帜,否定民族的社会意义和其历史作用,或者把民族的发展繁荣同民族的接近联合相对立,拒绝民族走向融合的历史趋势,都是和马克思主义的思想根本不相容的。

　　历史不可能给马克思的思想提供超时代的东西,他的民族发展融合的思想,只有到后来才被列宁、斯大林加以大大地发展了,形成马克思主义的民族平等联合、互相合作、共同发展以至融合消亡等一系列重要原理,成为无产阶级革命政党制定民族纲领的思想理论基础。

（本文原载于《民族理论研究通讯》1983 年第 1 期）

---

①恩格斯:《恩格斯致卡·考茨基（1882 年 2 月 7 日）》,《马克思恩格斯选集》第 4 卷,北京:人民出版社,1972 年 5 月,第 428 页。

②恩格斯:《恩格斯致卡·考茨基（1882 年 2 月 7 日）》,《马克思恩格斯选集》第 4 卷,北京:人民出版社,1972 年 5 月,第 429 页。

③马克思、恩格斯:《〈共产党宣言〉1893 年意大利文版序言》,《马克思恩格斯选集》第 1 卷,北京:人民出版社,1972 年 5 月,第 249 页。

改革开放中的民族关系问题
——在西北民族问题讨论会上的发言要点

我国是一个统一的多民族的国家,西北是个多民族的地区。民族问题的重要性是不言而喻的。切实地从我国社会主义现阶段的民族实际出发,科学地分析各民族和地区的情况,正确认识和对待民族关系问题,是关系到实现社会主义现代化的大事。

党的十一届三中全会以来,改革和开放的浪潮,由沿海、内地而边疆,一浪一浪地冲击着各民族的社会生活,从而产生了一系列的其中包括民族关系方面的变化,出现许多新情况和新问题,正在引起人们的注意、思考和探索。

一、经济发展、改革与民族关系

1. 现在民族关系上存在的矛盾是多方面、多层次的,大都是改革开放中与经济文化的发展问题有关,如土地使用、资源开发、生态保护、产品和利润分配。财政收入和资金使用以及人口迁移、招工招干招生等实际利益上的矛盾。这些矛盾又同国家、集体和个人、整体和局部、长远和目前、地区和地区之间的关系错综复杂交织在一起。

如我省刘家峡、盐锅峡、八盘峡三个水电站与临夏回族自治州在电站建设上的经济利益矛盾;白龙江林区林业局与甘南自治州在林区开发建设利益上的矛盾,都包含有上述那些复杂矛盾的内容。

2. 就全国而言,我国和发达的资本主义国家比,生产力落后,贫富悬殊;就国内而言,少数民族地区和沿海内地比,贫困落后,发展差距大。

少数民族经济文化发展的基本实际和问题是:底子薄,基础差;交通闭塞;经济结构单一(自然经济和半自然经济);资金缺乏;技术力量微弱。这些问题过去就存在,不过在改革开放中矛盾暴露得更加充分和表面化,内容更加深刻和具体。在民族(地区)之间社会发展和经济发展水平很不平衡。

据有关资料统计,1981 年至 1985 年西部地区(十省区)工农业总产值增长率为 9.7%,低于全国 11% 的水平;人均工农业总产值与全国平均水平差距由 1980 年 327 元猛升为至 605 元,5 年差距翻了一番,有人预测到 2000 年仍然接近两倍。还有资料估计今后 50 年内,这种差距的绝对数还有可能增大。甘肃省甘南、临夏两州和 5 个自治县共 20 个州市 1984 年工业企业产值 9552 万元,人均仅 39.10 元,1986 年增至 1.4684 亿元,人均 111 元,但仍低于全省平均水平。从我省少数民族的人均收入看,最高的阿克塞、肃北分别为 884 元、751 元;最低的如积石山、舟曲分别是 157 元、121 元;20 个自治州、县的县市中人均收入低于全省 220 元水平的有 10 个。人均收入在 200 元以下、口粮不足 300 斤的有 132 个乡约 30 万人;全省约有 1/3 少数民族人口的温饱问题尚未解决,如张家川贫困户占全县的 36.7%。

3. 许多少数民族地区自然经济和半自然经济占主要成分,农、林、牧经济也是单一型、封闭性和粗放型的,商品率很低,不少地区乡镇企业还是空白。在改革开放的冲击波之下,在新旧经济体制的过渡中,民族经济的发展问题又增加了许多新的因素和矛盾。这些新问题处理不好对国家和少数民族的利益都不利,也影响社会主义民族关系的发展。

某些产品的调拨和统购、派购,由于价格不合理,造成经济上的不平等。1985 年国家取消西北地区畜产品调拨任务,实行合同订购和市场收购,但又出现收购量少,产品外流,影响国家和地方的毛纺工业和财政收入。后又对羊毛加强计划管理和物价管理,恢复统购派购,甘南州还对其他 6 种畜产品实行指令性计划平价收购。这样又不利于生产积极性的提高和改革开放搞活。

在新旧经济体制过渡中,有的地区出现不顾实际和可能,举办加工工业,生产低档、质量差、滞销的产品,影响经济效益和财政收入,国家失去宏观调控。

国家对少数民族的无偿救助和原料的调拨之间的矛盾现象,一方面是国家和上级机关无偿帮助少数民族地区,另一方面民族地区的原材料产品以低于其价值的价格调拨到技术先进、加工集中的内地沿海,这种矛盾现象是违背商品经济的规律的,对口定点包干的无偿支援也出现了某些弊病,支援者日益缺乏热情,受援者积极性也逐渐减弱,增长依赖性,也是因为其中有经济利益的矛盾。

4. 新中国成立以来,国家对少数民族(地区)的各种补贴、补助和投资总额是不少的, 据有关方面披露, 西部六省区的投资总额达 2000 多亿,占全国的 1/4。尽管如此,但效果不大。存在的问题主要是,支援是救济性的而不是开发性的;重资金和物资,轻智力和技术支援;顾眼前利益和解决吃穿问题多,从长远计划解决发展问题少;资金使用分散,像撒胡椒面一样,发挥不了经济效益,谁都干不了件像样的事情。

5. 为了使少数民族经济的发展与全国取得相应的速度和步法,逐渐缩小民族间的发展差距, 最重要的问题是一切对策都要能使少数民族增强其自身的发展能力和活力,正确处理国家支援、外部支援同自力更生,无偿支援、对口支援同商品交换原则,民族内部交往发展同外部交往发展之间的关系。

在当前改革开放中，对少数民族地区要致力于继续调整经济结构，改变单一型、封闭型和粗放型的结构，发展商品生产，发展乡镇企业。在调整中要注意为今后的发展打好基础，发挥自己优势，抓好农、牧、林、矿、商业生产，提高经济作物比重，扶助发展专业户，努力提高产品的商品率。

为了正确处理上述关系，国家必须继续调整政策。在经济体制改革中，要落实好与民族区域自治法有关的自主权，扩大自治地方的计划、财政、投资、税收、经济技术合作、口岸建设与管理等的权限，使自治地方对自己经济的发展由被动转为主动状态，增加生机和活力。如国家计划对民族地区能源、原材料等指令性和调拨任务可适当核减，提高其自产自销的比例，使自治地方得到经济利益。不少民族地方的财政均需上级补贴，而补贴仅够正常开支，没有余力搞较大的生产性建设投资，定额补贴年递增 10%的政策应随国家和上级财政收入的增加而有所变更。在信贷方面，不发达的民族地区应与全国和沿海内地有所区别。税收方面，也应给自治地方一定的设置税种的自主权。总之政策的调整是为了更适应少数民族的发展实际，更有利于增强自我发展的能力。

二、教育发展（改革）与民族关系

我省和西北少数民族的文化教育有很大的发展，但仍是比较落后的，在发展中也出现一些新问题，总的情况是，中小学基础教育很差，中等专业和职业技术教育几乎是空档，大学教育质量低。

1. 各类教育的水平低

中小学学生三率低（入学率、巩固率和合格率）。1985 年甘肃省各民族自治地方小学在校生 26 万，比 1984 年下降 5%，东乡入学率26.5%，巩固率 5.6%。有的个别地区如肃北、阿克塞小学生虽然入学率分别达到 97.4% 和 95%，巩固率达到 99.1% 和 94%，但实际合格率很低。据调查。1986 年全省初中毕业生统考，肃北自治县参考者 134 人，各科及格者仅 6 人，且非少数民族；阿克塞小学生毕业统考，及格率仅 32.7%，其中少数民族学生及格率仅 1.8%，初中毕业生统考，及格率仅 8.2%，且无一人是少数民族。

参加大学高考的成绩也很低，这是人所共知的。国家对少数民族高考录取分数线本来有照顾，按规定一般是三个分数段，但对民族院校和民族班各省区又按此标准下降若干个分数段，最低下降八至十几个分数段，甚至没有什么限制线了。有的专业生源甚少，录取时从高分到低分，录满为止，以至一百多分的也进了大学，造成教育质量低下，带来一系列严重后果。

师资质量不能保证教学质量。本地民族师资缺乏，外地支援的陆续外调，许多课程如外语、数理化和体音美等课程的教师奇缺。教师业务水平低，据有关调查，1986 年全省 20 个民族县市高中教师不合格率占 67.2%，初中教师不合格率占 29.3%。单纯从学历上看又是另一种现象，甘南州小学教师学历达标率为 63%（高于全国达标率的 60.6%），初中教师达标率为 38%，高于全省达标率（22.9%），也高于全国达标率（25.3%），但实际业务水平低。1985 年全州中小学参加教材教法考试共 1228 人，其中初中教材教法双合格的教师仅 58 人占参考人数的 2.56%，小学教师仅合格 12 人，占参考人数的 1.27%。

文盲、半文盲数量大。甘南州现有文盲、半文盲 23 万人，占总人口的 45%，碌曲双岔乡文盲人口占 78.9%，夏河甘加乡文盲数占 90%。临夏等地特别是偏僻乡村，文盲比例都大，1982 年普查全州青壮年文盲、半文盲占 60.6%，东乡县 12 岁以上人口文盲率达 89.3%，新文盲不断增多。

2. 民族教育体制结构的问题

不论是采用汉语教学或民族语言教学的学校都存在不少问题。

在层次结构上：小学应普遍提高入学率，重点办好寄宿制小学；中学办好重点学校。大力增强中等专业和职业技术教育层次，在目前和今后一个相当长时期内民族地区普遍而急需要的人才，大量的是中、初级技术人员和技术工人。必须改变尾随汉地区的"千军万马过独木桥"的旧路，在初中和高中阶段必须进行分流。中等专业和职业技术学校，要根据民族地区现在的实际，办得少而精，办好。在高等教育层次，除了办好已有的本科专业外，今后发展应以普通专修科为主。现在的大幅度降分录取本科生的做法，无疑是既违背了教育本身的规律，也破坏了教育外部的规律，严重损害了高等教育的声誉，其后果是难以设想的。

3. 在教育形式结构上，特别是农村牧区，除全日制学校外，其他业余的教育形式如函授、广播、电视、刊授等形式，现在还是空白。青壮年不能脱盲，没有提高文化科学知识的机会，劳动力的素质不能提高，生产力就不可能提高。如何领导和组织上述形式的教育是一个大问题。

4. 教育的专业结构不合理，与生产和经济部门对劳动力的技术需要极不适应，教育和经济对不上铆。

各类学校直接为工、农业生产服务的应用学科少，理、工、农、林专业少，人文学科如政治、语文、历史等专业多。西部十省区 1985 年中等教育中农中和职中学校只占校数 8.5%，学生只占 4.39%，中专中工、农、林科学校占中专校数的 35%，而学生只占 10%。由于职业和技术教育很差，制约了劳动生产率的提高。

5. 用民族语文进行教学的问题

根据宪法和民族区域自治法，民族自治地方的民族中小学为了帮助学生学习文化科学知识,可使用本民族的语言文字进行教学。而在学习汉语文方面,由于师资、生活和语言环境、学校重视与否等原因,受到限制。因而使学生质量及其升学都受到影响。如果不抓好汉语文的学习,这对于青少年学习现代科学文化知识是很不利的,应该引起注意!

三、几点思考

上述民族问题上的一些新情况和新问题可以说明,在现阶段少数民族自身的发展能力和发展水平还比较低,民族之间发展还有相当差距。从而在民族之间存在着发达与不发达(比较而言)的实际不平等问题。由此就在民族工作上提出了帮助少数民族发展经济文化教育,治穷致富,发展社会主义民族关系的任务。在社会主义现阶段,我国社会主义民族关系的基本特征是各民族平等、团结、互助,它的实质是各民族劳动人民之间的关系,这是没有疑义的。但是对这一关系的特征和实质的理解上,又需要进行反思加以深化。过去我们在这个问题上,犯了简单化和急性病,单凭主观愿望,把社会主义看作是纯的没有矛盾的社会。毛泽东同志提出了人民内部矛盾的问题,但后来在实践上又以阶级斗争为纲,搞绝对平均主义,刮共产风。这不仅没有能发展生产力,消灭不平等现象,还对整个社会发展起了阻滞甚至破坏作用。现在我们必须从理论和实践上回到当前社会主义现实的基础之上来。

我国的民族关系是受社会主义发展阶段的历史方位制约的。在我国社会主义初级阶段,以公有制为主体的多种所有制并存,以按劳分配为主体的多种分配方式并存,以社会主义商品经济为主体的多种商品经济并存。同时我国多民族,各民族的人口结构、地区分布、社会历史发展、政治经济和文化的现状千差万别,这就决定了我国社会主义民族关系的内容和性质。就民族平等而言,在法律上各民族一律平等早已实现,问题在于要进一步健全法制建设,完善民族立法,巩固法律上民族平等权利。而民族间实际不平等的存在则非现阶段所能消除的,但却是民族工作的主要任务。就民族团结而言,各民族在经济和文化上的不可分割的密切联系,由于社会主义的制约而得到不断加强和发展,但由于民族(地区)利益的差别,影响团结的因素也还存在。就民族间互助而言,在经济文化建设中,各民族在人力、物力、财力和科学技术等方面,互相支援,互助合作,并随着改革开放,加强和发展了这方面的关系。问题在于民族间的互助合作的方式和活动,特别是经济活动和交往,必须适应改革开放的形势,符合社会主义商品经济的发展规律,更好地实现平等互利,有利于少数民族的发展。

在我国社会主义初级阶段,民族关系的根本问题是民族平等(主要是实际的平等)和各民族共同发展,这两个基本点统一不可分割。为了正确认识社会主义时期的民族平等,避免引起思想上的混乱,有必要在这里划清几个界限。其一是民族平等与消灭民族差别不能混淆,民族差别有着广泛的内容,包括民族发展水平、民族特点和文化(广义的)差异等,是在长期的历史发展中形成的。民族差别的存在不是民族间的不平等,民族不平等只有在民族间彼此存在着法权或法律关系的情况下,才能反映出来。所以民族不平等和民族差别不是同一概念和范畴,只有在一定条件下,民族发展的差别才是产生不平等的根源之一,但两者也不能等同。其二是民族平等和平均主义是截然不同的,从政治范畴讲,任何超出消灭阶级范围的平等要求,必然流于荒谬,就是指的像平均主义这样的要求,这是小资产阶级观点看待的平等的意义。一"平"二"调"不是平等。从法权观点看,法律面前一律平等,也不是平均主义。在公有制为主体、多种所有制并存的社会主义初级阶段,事实上的不平等是不可避免的,承认这种不平等正是为了最终消灭这种不平等。其三是平等与绝对平衡也是不能混淆的两个概念,事物发展的不平衡状态是绝对的,平衡只是相对的。民族间政治、经济、文化发展的不平衡,在一定条件下是引起民族摩擦和实际不平等的根源之一,但用法权或法律的规定拉向平衡,强硬地消灭不平衡状态来实现平等是办不到的,甚至还有消极破坏作用。因此,帮助少数民族发展经济文化,提高其自身发展能力,缩小差距,以消灭民族间实际的不平等是一个长期的过程,我们应吸取经验教训,避免再犯急于求成和想当然的毛病,克服"左"的错误影响。要切实从少数民族实际出发,尽可能加快发展速度,否则也会挫伤少数民族人民的积极性,不利于民族平等团结,还可能因旧的民族隔阂残余的影响而产生拒外、单干等不正常的心理。

发展社会主义民族关系的另一个基本点就是各民族共同发展繁荣。我国的国情和民族情况决定了要实现各民族间实际上的平等,只有走各民族共同发展繁荣的道路。各民族之间的相互关系,不仅取决于每个民族内部的生产力、分工和交往的发展程度,也取决于民族间的交往发展程度。尤其在现代社会,一个封闭型的民族是不可能发展繁荣的,也不可能取得和其他民族的平等地位。在我们统一的多民族国家里,随着经济的发展,各民族都卷入了统一的经济文化市场,实现各民族间实际上的平等问题,从实质上讲也就是各民族共同发展繁荣的问题。闭关自守,故步自封只能使自己民族越来越落后,实际上的平等就无从可言。

以上就是发展我国社会主义民族关系的根本出发点和目的。

(本文发表于《甘肃社联通讯》1987 年第 4 期)

民族和社会
——兼及民族问题方法论

人类社会生活中有各种不同的人们共同体，民族是从人类文明史以来就已存在的比较稳固的人们共同体，民族的这种稳固性、长期性是有深刻的社会历史原因的，其中最重要的就是民族和社会的相互联系和作用。这一点正是研究民族过程和民族问题规律的一把钥匙。研究不同社会历史时期的民族过程和民族问题的规律性，既要对民族和社会的相互联系作宏观分析，也要从微观方面揭示社会诸因素和民族相互联系中的具体矛盾。

一

从宏观的社会角度看，民族是长期历史形成和发展的稳固的人们共同体，既是历史范畴，也是一种社会现象。它既不属于经济基础，也不属于上层建筑的范畴，但民族也不是超社会的，是与这二者相联系，即与由经济基础和上层建筑构成的社会有着密切不可分割的联系。

作为一种社会现象，民族是人们共同体生活的一种形式或方式，它的产生和发展总是和一定的社会相联系并受其制约的。这是因为人的本质就是人的社会性，人们总是以一定的物质生产活动为基础而组织起来的，形成为互相联系的、有机的社会。民族即属于人类社会的社会群体或社会结构之一。人类自有文明史以来，民族就作为一种历史现象存在至今，但不能因此而视之为超社会的现象。同样，民族与民族之间的关系不能等同于阶级关系,但也是一种社会关系。同一民族的成员所以结成为民族,是由于他们在共同进行物质资料生产活动和其他各种联系中结成了不可分离的社会关系,物质生产活动是民族形成和发展的基础,精神文化生活的联系也是民族形成和发展的伟大力量,一个民族内部的凝聚力,就是通过人们在物质生产活动过程中所结成的统一的社会关系和共同的文化联系而得到表现的。就这个意义说一个民族就是一个社会(单位),如果民族内部的成员之间没有这种社会联系,民族也就不可能存在。因此,民族不是空中楼阁,不是一种抽象物,它是生活在现实社会中的人们共同体,即生活在一定社会关系之中的人们共同体,不是超社会的社会现象。

民族和社会的相互联系还在于,民族这个人们共同体的民族性和社会性是不能分割的。作为一种人们共同体,民族是具有种的繁衍的自然属性的,不论是单一性的或族际性的种族结合为一个民族,都或多或少具有生物学或人种学上的某些特征,即体质类型上的差别。但不能因这一方面的属性,而被人误解为血缘的同一性,甚至把它作为区分民族的标志。"人种"和"血缘"并非是等同的东西。马克思主义民族理论(不论从民族问题角度或民族学角度)是把氏族部落视为以血缘为纽带而结合的人们共同体,民族是以地域联系而结合的人们共同体,并将二者加以严格区分开来的。而且按照马克思主义对氏族、部落所规定的概念,即使它以血缘纽带为主要特征,也仍具有以区域方言、宗教观念、选举酋长等为特征的社会性的内容。马克思主义民族概念摒弃了血统论这一观念,而赋予"民族"以充实的社会内容,即四个条件:共同的语言、共同的地域、共同的经济生活和共同的心理素质。这是社会成员组成一个民族的必需条件,人们只有在这四个条件下,在统一的社会中,共同组织生产,进行生存、发展的斗争,才结合成为民族这一稳固的人们共同体。由此可见,四个条件是具有两重性的,既是特定的社会性因素,也是民族性的本质特征。它们包含着经济的、政治的和社会组织的以及由此而形成的生活习俗等各方面的特点,民族之间的差别和区分就是从这些方面来进行比较的,民族的历史活动和行为以及民族间的相互关系,也是以此为根据来进行解释的。因之,即便处在同一社会发展形态的民族,彼此也就不完全一样而具有各自的民族特点。从这个意义说,民族性也不是抽象物,四个特征的综合和具体化,就规定了这个民族的民族性。民族性和社会性是不可分割的。

至于民族的生存和发展即种的繁衍,是具有人种的自然属性的,但种的繁衍本身也是一种生产,它是历史(社会关系)的直接承担者,既是社会的主体,又是社会的客体,在其繁衍发展过程中,直接受到社会的制约,它本身是发展变化的。人类自身的生产,正如马克思、恩格斯所指出的:"生命的生产——无论是自己生命的生产(通过劳动)或他人生命的生产(通过生育)——立即表现为双重关系:一方面是自然关系,另一方面是社会关系。"①就民族而言,在其生存延续即种的繁衍的自然属性中,就渗透着社会性,两者密切联系在一起,从而把人种的自然属性和动物的生理特性加以区别开来。恩格斯还指出:"一定历史时代和一定地区内的人们生活于其下的社会制度,受着两种生产的制约:一方面受劳动发展阶段的制约,另一方面受家庭发展阶段的制约。"②这也能说明,民族是社会的客体,是社会的产物,又是社会的主体,是社会和历史的创造者。"人创造环境,同时,环境也创

①马克思、恩格斯:《德意志意识形态》,《马克思恩格斯选集》第 1 卷,北京:人民出版社,1972 年 5 月,第 34 页。

②恩格斯:《家庭、私有制和国家的起源》,《马克思恩格斯选集》第 2 卷,北京:人民出版社,1972 年 5 月,第 2 页。

造人。"①因此,偏离社会,偏离生产力和生产关系、上层建筑和经济基础而谈民族,把四个特征和一定社会孤立起来,也就会偏离马克思主义的唯物史观。

民族和社会的这种相互联系和作用,包含着复杂的因素和过程。平常我们讲民族问题的复杂性,究其所以,就在于民族和社会的联系是错综复杂的,在资本主义社会,这种联系诸如资本主义民族的产生、民族国家的形成、民族运动的兴起、民族压迫和民族斗争等等联结为许多网结,组成一幅幅复杂的民族问题的图画。在社会主义社会,民族和社会的联系同样存在而有其复杂性,只不过其内容有所不同。社会主义是民族发展的一个重要历史时期,社会主义的民族过程和民族问题,具有同以往历史时期不同的规律性。如果说在资本主义时期,社会和民族的互相联系和作用还是自发性的和盲目性的,那么,在社会主义时期,这种联系和作用能够被人们所掌握而成为比较自为的和自觉的了。在马克思主义指导下,研究民族和社会的宏观联系,将使我们对民族过程和民族问题的规律性有总体的认识。

二

为了进一步说明民族与社会的相互联系,我们可以举社会主义时期民族与阶级、政党、国家等社会现象的相互关系为例,作一些论述。

在阶级社会里,阶级在民族形成发展中的历史作用,马克思主义是给予了科学的评价的。在社会主义时期,尽管国家性质、阶级结构已经发生根本变化,但这些社会诸因素对民族和民族关系的作用和

①马克思、恩格斯:《德意志意识形态》,《马克思恩格斯选集》第1卷,北京:人民出版社,1972年5月,第43页。

影响仍是存在的。资产阶级和其他剥削阶级作为阶级已不再存在,民族内部因阶级关系发生根本变化,但这些社会诸因素对民族和民族关系的作用和影响仍是存在的。资产阶级和其他剥削阶级作为阶级已不再存在,民族内部因阶级关系发生根本变化而呈现空前的稳定和统一,那么阶级对民族是否还起什么作用呢?就现在我国各民族的关系基本上是劳动人民之间的关系来说,在劳动人民内部还有工人阶级和农民阶级,阶级的社会作用是不言而喻的。作为社会主义生产方式的主要体现者,工人阶级及其政党起着团结民族和发展繁荣民族的核心作用,它以自己的组织、路线、政策来领导民族,以马克思主义来影响、推进民族的接近和联合,这一过程并不因社会主义改造的完成和剥削阶级的不存在而结束。这种历史作用还将要继续下去。

国家和民族也是彼此有联系但属两个不同的范畴。国家也是一种共同体,由于其职能,对民族的作用是不能低估的。历史表明,往往国势强盛,民族也因之稳固发展,反之,民族对国家亦往往如此。民族共同体和国家共同体存在着一定的联系,是没有疑义的。因为国家所具有的主权、领土和人民等要素,同民族这个人们共同体所具的共同地域等特征,有着某些内外在的联系。我国古代一些民族消失和其国家存亡的历史,以及世界近代以来资产阶级民族运动的兴起和民族国家的建立的历史,都能证明这一点。恩格斯在《论封建制度的瓦解和民族国家的产生》一文中曾指出,民族是建立国家的一定基础,在欧洲每一个大的民族都有一个国家为其代表,"日益明显、日益自觉地建立民族国家(nationale Staten)的趋向是中世纪最进步的重要杠杆之一"。斯大林把西欧资本主义民族的形成和民族国家形成的过程联系在一起,也认为国家和民族形成发展过程是互相作用的。19、20世纪以来,特别是两次世界大战后,亚洲、非洲拉丁美洲许多民族发展为现代民族,都和其建立独立民族国家的历史有关,也是有力的证明。这是一个带普遍规律性的问题。

我国各民族在形成发展过程中,有的曾建立过国家政权,但历史终于发展到结成统一的多民族国家。长期的多民族国家的生活和各民族的生存发展互相作用,互相影响,产生许多重大历史活动。如从秦汉魏晋,中经两宋,至元明清,不论是汉族还是少数民族,不论当时是国家统一或国家分裂,各民族的君臣无不以入主中原图天下为己任,以中国正统自居,这对各民族的历史发展、也对多民族国家的形成起了重大作用。新中国成立后,国家的权利属于全体人民,各民族平等地参加了国家的管理,少数民族同时又在自己民族的区域建立了相应的地方国家制度——民族区域自治。人民民主专政的国家制度是改造社会的"杠杆"。少数民族发展为社会主义的民族,从某种意义上说,是通过无产阶级领导的国家机器,经过一系列社会改造才实现的。民族平等、团结、互助的关系,除依赖于经济外,在很大程度上还需要国家制度来巩固和发展。我们强调祖国统一,反对民族分裂,这不仅仅是某一个民族的利益,而是和各民族自己的发展繁荣休戚与共的,是社会主义时期民族过程新趋向的历史要求。

人民民主专政的国家制度,协调着国家和民族、统一和自治、中央和地方之间的关系,这在我国宪法上有充分体现。特别是民族区域自治制度,它是国家政权的一种民族的、地方的形式,体现了在统一国家中少数民族当家自主的平等权利,对民族和国家、社会起着调节作用。在多民族国家里要发挥国家对民族和民族关系的积极作用,必须实行民主。民主也是一种国家制度。社会主义民主的制度也要用法律来体现、来保障,法律规定人民行使民主的程序和民主管理国家的程序,从而使国家通过法律对社会各机体起调节作用。"保障少数民族权利的问题,只有在不离开平等原则的、彻底的民主国家中,通过颁布全国性的法律才能解决"。[1]新中国成立三十余年来的实践反复证明,在我们这个以汉族人口占绝对多数的国家里,为了充分保障少数民族的平等权利,促进其发展繁荣,搞好民族关系,十分必要,具有迫切意义的是建立和健全社会主义法制,其中包括少数民族的立法。随着我国新宪法和民族区域自治法的颁布实施以及民族经济、文化、教育等方面的立法,必将对民族的繁荣和民族关系的改善产生深远的影响。

三

从以上所述,不难看出民族与社会的相互联系应是我们研究民族问题规律的重要的方法论原理。这种联系既有宏观的,也有微观的。这个问题,马克思主义经典作家给我们提供了重要启示。1913 年列宁在阐述资本主义时期民族问题的发展规律时,提出"两个历史趋向"的著名论断[2],并指出这一规律是资本主义社会的基本矛盾在民族问题上的反映,这就是从社会的宏观方面考察民族和民族问题的范例。斯大林说过,对于共产主义,这两个趋向是一个问题,即被压迫民族摆脱帝国主义压迫这一问题的两个方面[3]。列宁的这一原理和方法论是研究现代民族和民族关系主要过程的指针,特别是其方法论

---

①列宁:《关于民族问题的批判意见》,《列宁全集》第 20 卷,北京:人民出版社,1963 年 7 月,第 28 页。

②"第一个趋向是民族生活和民族运动的觉醒,反对一切民族压迫的斗争,民族国家的建立。第二个趋向是民族之间各种联系的发展和日益频繁,民族壁垒的破坏,资本、一般经济生活、政治、科学等等的国际统一的形成"。见列宁:《关于民族问题的批判意见》,《列宁全集》第 20 卷,北京:人民出版社,1963 年 7 月,第 10 页。

③见《斯大林全集》第 6 卷第 128 页。

原理，对我们考察社会主义时期民族和民族问题的发展趋势仍然有重要的指导意义。我们认为，社会主义时期这两个历史趋向的运动法则还是存在的，只是其内容发生了重大变化，不再是对抗性的矛盾，而转化为民族发展繁荣和民族接近、逐渐趋向融合这两方面的辩证统一的关系。因为民族的发展取决于其社会生产及其和外部交往的发展程度；民族关系的发展程度好坏，不仅同各民族的发展水平有关，更重要的是取决于国家的社会性质、总的社会关系、政治形势和国家的路线政策等。在这里，民族和社会的相互联系和作用，从宏观上说，具体表现为，在社会主义的规定性和规律的作用下，民族和民族关系发生着历史性的变化，这种变化的总趋势是，民族要发展繁荣，民族间在社会各个领域的交往越来越密切而互相渗透。一方面民族压迫消除了，民族运动(斗争)作为一种历史过程已经结束，民族得到复兴和自由发展繁荣；另一方面民族间的各种联系更加频繁，各民族的经济、政治生活、科学技术、文化和社会意识愈益接近和趋向同一性。这两个方面也就构成相反的矛盾的运动法则，但和资本主义时期的两个趋向无论从内容或性质来说，都大不相同了：前一方面是民族因获得解放和平等地位显出了自身的新的活力、新的凝聚力和统一性，从而表现出民族的个性和民族间的差别性；后一方面是民族外部交往的发展，社会生活的族际化、国际化，民族间的平等联合。而且在社会主义体系之中，这两个方面又互相联系，互相作用，推动民族团结关系的发展，民族间的共同性越来越多，差别性越来越少，民族堡垒日益消失，民族这个人们共同体也不断变化，它们在相互依存中逐渐走向融合的道路。这是构成整个社会主义时期民族和民族关系的辩证统一的历史过程，社会主义的民族过程是社会主义基本规律在民族问题上的作用和反映。

新中国成立以来，我国民族和民族关系的过程基本上反映着上述的客观规律性。我们这个统一的多民族国家,新中国成立后各民族在全国社会主义发展的总趋势下,在党和国家的政策指导下,已经确立了社会主义民族关系。这种关系的基本特点,从内容说它是平等、团结、互助的关系,从阶级实质说它基本上是各族劳动人民之间的关系。这种关系,一方面在社会主义生产方式基础之上,各民族成员在生产中的地位、作用和对生产资料的关系基本相同,建立了一体化的生产关系,阶级结构和经济结构基本趋于一致,国家制度和政治生活统一,民族间的敌对关系已经消灭,代之以平等、团结、互助的关系,占人口绝大多数的劳动人民决定民族关系的历史发展方向,各民族人民的根本利益是一致的,只有在这时,民族利益和全体人民的利益才得到和谐统一;民族之间的各种联系和交往不再受到剥削阶级的阻挠破坏,而得到空前扩大和自由发展;爱国主义、社会主义和共产主义是人们社会生活的共同准则和思想信念;各民族的伦理道德和社会行为规范同现代生活的内容和方式逐渐相适应;对外开放和城乡经济体制的改革,推动现代科学技术知识的普遍迅速推广和国际化,民族之间各种社会联系、信息传递、文化交流和情感融通空前扩大和频繁。这一切即社会的发展不能不使民族的发展面貌发生着越来越深刻的变化,具有共同的社会主义的民族"精神面貌和社会政治面貌"。另一方面,民族经济、民族语言、民族文化艺术等也因此得到更自由的发展;各民族的生活方式、风俗习惯普遍受到尊重;民族特征、民族统一性和稳固性充分体现出来,显出各自的个性,只是它们的社会内容起了变化,如民族心理素质上的民族意识、民族感情、民族利益感等就因社会主义对民族的作用而赋予了新的色彩;民族之间还因城乡差别、工农差别、脑力劳动和体力劳动差别以及经济差别、文化差别等社会因素而产生各种矛盾,等等。上述两个方面的相互联系和矛盾统一运动,就是我国社会主义时期的民族和民族关系过程的历史总趋势。

应该看到,在我国社会主义的现阶段,这后一方面的趋向仍然占有一定的优势,各民族物质生产、经济政治制度和社会意识的统一性,没有排除也不可能排除民族特点的差别性。因为民族既非经济基础,也非上层建筑,二者密切联系而且有其存在的独立性;即使物质生产和物质文化的族际化、国际化以及在这方面民族差别逐渐减少或消失,但作为民族特征性的东西还是含蕴未失的。在精神文化领域方面的民族特性则显得更突出了。精神文化的内容,包括语言、文字、文学、艺术、科学教育、职业选择以及风俗习惯,特别是民族心理等的差别,在各民族之间是明显的。还有宗教,它深入民族的家庭生活和社会风俗,影响人们生活的许多方面,宗教信仰的不同,也是民族间的一种社会差异。由于社会因素的复杂性,民族发展的两个历史趋向的矛盾运动反映在各民族的物质文化和精神文化上,也是错综复杂的。就物质生产而言,既是统一性增多,又是多样性还存在,许多少数民族的生产水平还是低且不平衡,工农业现代化水平也低,在民族地区建立的具有先进设备的最新企业里,当地民族的劳动资源和劳动技能严重缺乏,要达到先进民族生产发展水平,还有相当距离。就精神文化而言,差别性显得突出,但共同性的因素还是在不断增长,如语言,历史上形成的民族语言和汉语并用的情况,在社会主义条件和现代科学技术革命的迫切需要下,通用汉语已成为各民族人民密切交往的必不可少的工具,两种语言并用的范围将日益增大。可见民族问题上的两个历史趋向的共同性和差别性是互相渗透、互相错杂的,这正是由于民族和社会相互联系的缘故。我国社会主义现代化建设和现代科学技术革命给这两个趋向和矛盾运动灌注了新的内容,从而使民族过程的发展具有新的社会特点和时代特点。每个民族要使自己的活动符合历史的趋势,既要发展本民族高度的物质文明和精神文明,也必须加强民族间的交往和互助合作,正确认识和运用社会主义时期民族问题的规律。从总体上说,就是要对这两个方面进行宏观的分析和管理,这是建设具有中国特色的社会主义大题目中的应有之义。

（本文发表于《云南社会科学》1986 年第 3 期总第三十一期）

民族问题和商品经济

民族问题在我们统一多民族国家的国家生活中占有重要地位，它是建设有中国特色的社会主义总问题的一部分。改革开放十年来，少数民族的社会主义建设有了很大发展，社会生活发生了重要变化。社会主义建设是以经济建设为中心，以改革总揽全局，改革开放这个总方针要贯彻到民族工作的各个方面去。在少数民族地区推进改革开放的首要任务是大力发展商品经济。商品经济的发展，使民族和民族问题发生新的变化，民族平等、民族区域自治、民族法制建设、民族地区经济开发、民族教育的发展、人才培养和科技开发等都面临着许多新情况和新问题，民族工作也必须转变观念，深化认识社会主义初级阶段的民族因素，研究政策，以适应大力发展商品经济，推进少数民族地区改革开放的需要，本文提出商品经济观念可否导入民族理论和政策的命题，供研究讨论。

一、现代民族和商品经济

在现代民族生活中，商品经济有着特殊的意义。共同的经济生活是民族共同体形成和发展的一个重要条件。世界近代和现代的历史表明，现代民族的形成发展是与商品经济相伴随的。远在原始公社时期，随着社会分工的发展和商品货币关系的产生，在民族共同体形成过程中，人们之间的交往因经济联系因素的作用而日益频繁起来，社会由低级向高级发展，商品货币关系也就在民族共同体的生活中逐渐普遍化,它促进共同体内部紧密联系的作用越来越显著。

在资本主义时期,现代民族的形成和发展,民族内部的经济联系以至共同语言、共同文化心理的形成,都和资本主义商品经济的发展分不开。资本主义生产社会化、商品化,商品流通急剧增长,各地区间的经济联系因之日益加强,各个地方市场逐渐联合为统一的民族市场,这对民族内部凝聚统一的过程起了十分重要的作用。

在全世界上,资本主义战胜封建主义的时代是同民族运动联系在一起的,这种运动的经济基础就是为了使商品生产获得完全的胜利,建立统一的民族市场。资本主义创造出的生产力所以比过去一切世代创造的全部生产力还要多,还要高,就是因为商品经济的充分发展,即尽可能使一切生产转化为商品生产。正是在资本主义商品经济的发展过程中,现代民族和民族国家如西欧和东欧的许多民族应运而生了。

在资本主义商品经济条件下,在现代民族形成发展过程中,民族平等、民族权利自然地被提了出来。在资本主义商品经济的价值规律中,人的劳动的平等和同等效用得到体现,商品生产者之间的关系是各自独立自主而又相互依赖、等价交换商品的关系,并在此基础上建立起广泛的社会联系。随着商品经济的普遍化和资本主义经济的发展,权利平等的要求即被提上日程,尽管这一要求是为了工业和商业的利益而提出的,而它在政治上对建立资本主义新秩序的作用是无法估量的。商品生产者和市民们广泛的社会联系必然打破封建等级观念和封建宗法关系,增强自主平等和民主意识,民族平等和民族权利就是在这种条件下作为社会共同体参与国家生活的民族要求被提出来了。由经济生活中产生的这种对政治权利的要求是破除一切等级压迫和封闭锁国制度的锐利武器,使个人和社会群体包括民族这样的人们共同体真正意识到了自己的存在和价值,这是现代民族形成和发展的重要历史条件。所以"市场是资产阶级学习民族主义的第一个学校",商品经济是潜在的民族自我意识和民族觉醒的催化剂和粘合剂，使民族共同体增强了凝聚力，促使了现代民族的形成和发展。

二、社会主义商品经济和民族的发展繁荣

新中国成立前我国各民族都没有经过现代资本主义经济充分发展的阶段，少数民族脱胎为社会主义前的母体大都是前资本主义社会的不同发展阶段：约有 60 万人口的十多个少数民族还保留着较多的原始分社的残余；约有百多万人口的彝族地区存在着较为完整的奴隶制度；约 400 万人口的藏、傣、维吾尔族(个别)地区存在着领主经济占统治地位的封建农奴制度；3000 多万人口的 30 多个少数民族地区存在的封建地主经济和汉族地区也还是有着发展上的差距。

新中国成立后我国进入社会主义社会，少数民族的发展如何呢？应该说，新中国成立以来，党和国家对民族问题是很重视的，民族工作取得了巨大成绩，民族政策是深得人心的。但是我国是一个落后的多民族大国，有着沉重的历史包袱，又有建国后 30 余年中由于某些失误而付出了重大代价，各民族发展繁荣的进程，遭受到严重的阻滞。党的十一届三中全会到十三次代表大会对社会主义建设问题进行了全面深刻的总结，提出了社会主义初级阶段的理论，以此来观察我国的民族问题，可以引起许多反思，对国情再认识。现在我国少数民族发展的基本状况是：民族地区都是农牧区、边远山区和贫困地区，至今尚有 20%以上人口的温饱问题没有解决；少数民族人口 80%以上为农牧民，农牧业生产水平很低，基本上是简单再生产；科学技术文化教育落后，文盲和半文盲的人口比例很大；封建的和小农经济的习惯势力和观念较深；文化传统和宗教信仰差异很大。在少数民族

地区进行的民主改革和社会主义改造把生产资料的所有制转到了公有制,但没有使生产力得到应有的发展,有的地区自然经济和半自然经济的状态基本没有改变。这一切都说明,少数民族仍然处在社会主义初级阶段的最低层次,与现代民族的发展水平相比差距很大,这是现阶段民族问题的重要根源。

在相当一段时间里,我们往往离开生产力来抽象地谈论社会主义,用政治取代经济,把理想当作现实,把社会主义教条主义地理解,作为固定的统一的模式;在抛弃资本主义制度的同时,连商品经济也不要了,正如把婴儿也连同脏水一起倒掉一样,把商品经济观念都当作资产阶级思想批判。对于民族问题,尽管我们也讲少数民族与汉族存在着发展上的差距,但在实践中仍是忽视少数民族社会历史发展的实际和基本特征,搞一体化、单一化的统一模式;对民族问题的方针政策教条主义地理解,把某些在马克思主义名义下的错误观点强加于民族政策,用抽象的原则来处理实际生活;在小生产和产品经济条件下,民族问题上两个发展趋势的矛盾运动,由于工作的失误而出现不正常的跳跃式的大幅度摆动,阻滞了民族现代化的进程。实践证明不经过社会主义商品经济的发展阶段,不大力发展生产力,即使革命改变了生产关系(所有制),民族也仍然处于不发达水平,进不到现代化的行列,这是一个严酷的现实。党的十一届三中全会以后,贯彻一个中心两个基本点的路线,经过十年改革开放,特别是在商品经济有很大发展的少数民族地区,生产和生活发生了历史性的变化。从1981年到1988年,全国民族自治地方工农业总产值平均每年增长10%;在1988年民族自治地方农村社会总产值中,第二、第三产业已占23.3%;1981年到1988年民族自治地方的社会商品零售总额平均每年增长16.3%,超过前28年间年均增长9.1%的速度。工农业生产向商品生产转轨,第二、第三产业以及乡镇企业的兴起,展示着民族地区商品经济的发展,农村经济的活跃和城乡差别的缩小,进入了一个新的台阶。人民生活随之有了很大提高,如甘肃河西肃南裕固族自治县 1988 年全县牧民人均收入 952 元,比 1978 年增长 5 倍多。改革开放前后对比的事实充分说明,社会主义商品经济对于民族的繁荣发展具有何等重大意义! 社会主义初级阶段理论有两个重要观点:一是社会主义的根本任务是发展生产力;二是社会主义经济是有计划商品经济。现在我们已经从现实社会生活中得出了比较明确的结论:"任何民族都不可能超越商品经济充分发展的阶段,而成为现代民族"。①这一认识对民族理论和民族政策的发展无疑是具有重要意义的。

三、社会主义商品经济观念与民族理论和民族政策

社会主义初级阶段是商品经济充分发达的阶段,由产品经济转到商品经济和商品经济的发展,必然产生与之相适应的商品生产和经营活动的观念、思想、理论,为巩固和发展商品经济服务。商品经济及其观念的普遍化,不仅支配着一切经济领域,也渗透到社会生活包括政治、文化、教育、思想、意识和社会心理等各个领域,从而引起社会关系和其他观念的深刻变革,也会引起民族关系和民族意识,民族文化心理的深刻变化。改革开放以来,随着商品经济的发展,少数民族地区正在发生深刻的变化,"六五"期间是新中国成立以来经济发展的最好期,当然各地原来的基础不同,发展也是很不平衡的,特别是少数民族地区和沿海内地发达地区比较,差别很大。从 1981 年至 1985 年少数民族占很大比重的西部地区工农业总产值年均增长率

①陈俊生:《沿着民族团结和共同繁荣的道路前进》,《民族团结》1988 年第 6 期.

为 9.7%，这样高的速度也仍低于全国平均水平，差 1.3 个百分点；人均工农业总产值与全国平均数差距由 1980 年的 327 元升到 605 元，4 年中差距拉大，几乎相当于过去几十年内累积起来的差距。估计今后一段时期内，这种差距的绝对数可能还要增大。这一发展趋势说明，在改革前的产品经济时期，全国普遍穷困，人们整日为生存温饱而奔忙，社会在普遍穷困中可以保持相对稳定，在平静中保持相对平衡，因而民族间、地区间的经济发展差距虽也存在，但大家都是趑趄不前，所以问题还不显得那么突出。随着产品经济转向商品经济，少数民族地区虽也在迅速发展，但与先进地区比，相对来说发展就慢，差距显得大了，不平衡矛盾就突出了。要回到过去相对稳定平衡的老路上去是不可能的，只能是少数民族地区更有必要大力发展商品经济，并且是全方位的。商品经济对民族的发展的作用不仅在经济领域，其在文化教育、思想观念以及社会心理等方面也是显著的。就以民族文化、民族意识而言，民族间的各种联系和交往更加密切，社会生活的同一性趋势增强。同时，民族的语言、文化艺术、生活方式的特殊性也得到自主自由的发展，充满新的活力，民族的凝聚力和统一性得到加强。特别是民族发展的自主意识从被自然经济所封闭压抑的潜在状态下冲出来，进一步增强了、强化了。少数民族从现实中感到事实上的不平等，意识到自己的落后和差距，但自身又无法超越这一现实而感到惶惑，产生复杂的心理感情，强烈地表现出要求发展的主体意识；对反映少数民族社会历史的电影、文学、文艺作品和社会科学论著中出现猎奇、失实以至轻蔑歧视性的描写，特别敏感而激动。这些强烈的民族平等感和自主意识正是由商品经济导发出来的，是民族关系向深层变化的新情况和新问题（当然这个问题是复杂的，应该估计到其他的因素，容另文分析）。这就很自然地向我们提出了一个问题，即民族理论和民族政策如何适应正在深刻变化着的民族问题方面的新情况，民族理论和民族政策如何适应和促进商品经济的发展，商品经济观念能否引入民族理论和民族政策。

长久以来，民族平等团结和各民族共同发展繁荣，是党和国家一贯坚持的民族工作的基本政策，问题是在新的形势下，理论和政策是要发展的，我们要研究新的条件下少数民族地区社会主义建设的理论和实践，转变不适应新形势需要的观念和做法，在实践中发展新观念。既然改革开放和商品经济的发展给民族和民族关系注入了新的因素、新的机制和活力，并使之起了变化，则把商品经济观念引入民族理论和政策，用以观察和处理民族问题，丰富和发展民族平等团结、各民族共同繁荣的理论和政策，乃是理所当然、势所必至的了。

不论何种商品经济形态，都有一些共同的观念和原则，如等价交换原则、利益原则、市场观念、竞争观念以及节约、效益、风险等观念。这些观念一般是可以在处理民族关系中加以适当运用的，它和民族平等团结、共同繁荣的原则是不矛盾而一致的。下面就此作一些简略的分析：

等价交换原则。商品生产就是为了交换，这是不言而喻的，没有交换的需要就没有商品生产。社会分工是商品经济的前提，分工程度越高，交换频率越高，表明生产力越发达。商品经济使地区之间、社会群体之间、民族之间的交往日益扩大、广泛而深入，它加强民族内部和民族间的密切联系，改变人们的相互关系、行为方式、生活方式、思维方式和价值观念，加速民族现代化的进程。民族越交往开放，越兴旺发达，这是各民族共同繁荣的规律之一。

社会主义商品经济将在经济上赋予民族平等以新的意义。"商品是天然的平等派"。①在商品经济的占有和交换关系中，自由平等原则

①马克思：《资本论》，第 1 卷，北京：人民出版社，1975 年 6 月，第 103 页。

和自主意识鲜明地表现出来，等价交换原则培育着人们的自由平等观念。因为"平等和自由不仅在以交换价值为基础的交换中受到尊重，而且交换价值的交换是一切平等和自由的生产的现实的基础"。①从社会主义商品经济生活中产生的自由平等的要求，很自然地获得普遍的意义，从而赋予民族平等以新的意义。商品经济等价交换原则引入处理民族关系的经济问题，无疑是一种新的机制，会产生新的活力。过去那种在少数民族地区的无偿调拨和无偿支援的做法，是违背商品经济规律和等价交换原则的，有些已经不适应了。

竞争观念。商品生产是在提高经济效益，增加赢利中生存的，效益、赢利、资本增殖只能在竞争中提高。作为商品经济基本规律的价值规律是通过自由竞争发挥作用，在竞争在生产者个人、集体、单位和地区必须不断地进取，在生产中减低劳动消耗、降低成本等，以求得生存和发展。有竞争才能有创造，使每个社会生产的承担者意识到自己存在的价值，焕发出蕴藏着的潜力，从而促使生产发展和社会进步。处理民族关系的经济问题也必须按商品经济规律办事，在竞争中少数民族和民族地区并不完全处于劣势，特别在资源、能源、原材料、开放发展的空间上有其优势和"人无我有"的条件，可以而且应该参与全国以至国际的竞争，在竞争中求发展，提高民族的素质。当然我们的竞争是社会主义条件下的竞争，在建立社会主义商品经济秩序过程中，国家将通过计划和经济的、法律的、行政的手段进行必要的管理、检查、指导和调节，使竞争手段符合社会主义原则，使民族地区的经济健康发展。竞争是在对内对外开放、横向联合中竞争，在取长补短、互通有无、平等自愿、互助互利、互补互济中竞争。竞争不是不

①马克思：《经济学手稿（1857—1858年）》，《马克思恩格斯全集》第46卷，北京：人民出版社，1979年7月，第197页。

再实行支援帮助,国家和发达地区对少数民族地区从人力、财力、物力、科学技术等方面的行之有效的支援帮助,仍须继续进行下去,但也要采取合乎经济规律的做法,提高效益,在政策上作相应调整。社会主义竞争不是以邻为壑,不论后进或先进地区都将在竞争中得到发展,国家要通过宏观调控帮助少数民族和民族地区改善参与竞争的环境和条件。各民族在竞争中将冲破封闭自守状态,激发民族发展的主体意识,不断进取,从而实现各民族的共同发展繁荣。

市场观念。市场是商品生产和经营活动的天地,市场中有交换的自由,每一项交换都是自由的和平等的,市场和市场观念开发人们的生产经营活动,启迪人们开放思维和价值观念。市场的形成是自然经济解体的结果,培育市场又促使自然经济解体。古代西北许多少数民族地区是丝绸之路的通道,有过繁荣的情景,后来随着情势的转移,封疆关闭,商业贸易日趋冷落,致使至今没有形成现代的民族市场或地区市场。有的少数民族长期生活在天苍苍、野茫茫、日出而作,日入而息,自给自足的状态中,鄙薄经商,耻于牟利。因此启迪商品意识,转变观念,建立和培育民族市场,包括生活和生产资料、劳务、科技、信息、资金等生产要素的市场体系,对民族的繁荣至关重要。民族地区的市场必须是更开放的,敞开前后门,通向国际国内,划地为牢不利于国内分工和国际贸易;根据市场导向原则,发展生产,积极参与竞争。市场是学习商品经济的生产和经营管理的学校,是科技文化等一切信息交流的场所,是城乡关系沟通的渠道,是物质文化和精神文化的荟萃之地。市场的发达,城市的兴起是民族现代化的标志。可见市场观念对发展少数民族经济和文化教育都具有重要意义,将其引入民族政策处理民族问题是必要的。

利益观念。社会主义商品经济也有赢利观念,赢利是为了提高生产力,改善生活,它和资本主义经济的赢利是有区别的。在以公有制为主体多种所有制同时并存的社会主义初级阶段，存在着生产者本身、集体和国家的利益矛盾。在我们多民族国家里，由于民族交错而居的复杂情况，民族利益和上述各种社会利益交织难分。在商品生产和经营活动中，民族利益很难得到整体体现，在大多数情况下，它体现于民族地区利益、集体利益、社会利益之中；商品经济原则和观念一般也非民族之间的直向交流，而往往是通过地区之间、企业之间、单位之间、群体之间其至个人之间的经济活动中得到体现，这是一个十分复杂的社会互动现象。如何正确处理生产者本身包括地区、企业、单位等的特殊利益和全社会共同利益的矛盾，在推进整体利益上实现特殊利益，这在社会主义经济活动中不可能自然而然实现的，这也必须通过国家计划和经济的、行政的、法律的诸种手段，进行指导调节和控制来实现。为了协调各民族的利益，在采取这些手段时，必须充分考虑民族问题的因素；在研究和制定民族政策处理少数民族利益问题时，引入新的商品经济观念，运用商品经济原则也是必要的。

党的十三大总结了十年改革的经验，根据社会主义初级阶段的理论，对少数民族社会经济发展的现实情况应在深入调查的基础上，进一步反思，作出清醒的估计。现在已经提出了一些新思想，如对少数民族经济发展的战略布局，借重东部沿海地区，逐步加快西部地区的开发，各展所长，互相开发，平等交换，形成合理的区域分工和地区经济结构；对少数民族贫困地区给予必要的支援，进一步研究和制定符合这些地区实际情况的扶贫政策，增强其自身发展的活力；对少数民族地区的改革要充分注意其民族和地区的特殊性，从实际出发，分类指导。有些改革措施在少数民族地区一时有困难的，可以分步实施，或采取过渡的办法，政策上放宽一些，不搞一刀切。不论是经济建设，各民族共同繁荣，民族区域自治都离不开改革开放，改革开放这个总方针、总政策贯彻于民族工作的各个方面。但是要实现这些发展民族社会经济的战略思想，有一个很重要的问题仍是民族理论和民族政策在观念上的转变。显然少数民族地区改革开放的首要任务是发展商品经济，民族理论和民族政策就必须与此相适应，要开拓新视野，发展新观念，全面研究改革开放发展社会主义商品经济这些方面的实践，从脱离生产力抽象谈论社会主义、谈论民族问题的旧观念中彻底解放出来，使民族理论和民族政策的研究进入新的境界，更好地为民族工作服务。

（本文发表于《西北民族研究》1989 年第 2 期）

红军长征与党的民族政策

中国工农红军二万五千里长征是中国革命历史上的空前创举，也是世界军事战争史上之荣绩。长征也是党的民族纲领的伟大实践；长征对我党民族政策的形成——马列主义民族问题理论和中国革命实际的结合都产生了重要作用和影响。

一、长征前党的民族纲领

1. 中国共产党成立后就提出民族纲领

中国共产党建立初期就重视国内民族问题，提出了民族纲领，规定了党在民族问题方面的任务。

1922 年 7 月，党的"二大"宣言中明确提出："推翻国际帝国主义的压迫，达到中华民族完全独立"；"统一中国本部（东三省在内）为真正民主共和国"，"蒙古、西藏、回疆三部实行自治，成为民主自治邦"；"用自由联邦制统一中国本部，蒙古、西藏，建立中华联邦共和国"。宣言同时对此主张作了一些说明：

1924 年国共合作共同制定了民族纲领，在我党承认的中国国民党第一次全国代表大会《宣言》中表述为"国民党之民族主义，有两方面之意义：一则中国民族自求解放，二则中国境内各民族一律平等"；"国民党敢郑重宣言，承认中国以内各民族之自决权，于反对帝国主义军阀之革命获得胜利以后，当组织自由统一的（各民族自由联合的）中华民国"。

1928 年 7 月党的"六大"决议提出十大政纲,其中第三条规定:"统一中国,承认民族自决权。"在江西苏区中体现为"统一中华……蒙、满、回、藏,章程自定"(1929 年《红军第四军司令部布告》)。

1931 年 11 月和 1934 年 1 月中华苏维埃第一次和第二次全国代表大会通过的《中华苏维埃共和国宪法大纲》、《关于中国境内少数民族问题的决议案》以及代表大会的《报告》中都重申了党的民族问题。

2. 几点分析

长征前党的民族纲领可以归纳为以下几点:

(1)中国共产党从它成立起就是代表全中国各民族人民利益的马克思主义政党,尽管长征前我党活动的区域基本在汉族地区,和民族地区接触很少,但仍很重视国内民族问题,及时提出了党的民族纲领。

(2)民族纲领的目标,对外反对帝国主义的压迫,求中华民族的解放,少数民族的解放是中华民族解放的组成部分。中国民族问题是中国革命问题的一部分;对于统一中国,主张国内各民族一律平等、中国一统的思想是明确的。

(3)在国内民族问题上,主张民族自决、承认各少数民族有完全的自决权。对自决权的理解,是按照斯大林的观点来阐述的。事实上,这一时期党领导的革命基本是在汉族地区,尚很少接触到少数民族,从某种意义上说,少数民族问题和民族工作还未提到实践的议事日程,因而民族纲领出现理论与实际的某些脱节现象乃是不可避免的历史局限性。

(4)团结国内少数民族,反对共同敌人,提出要注意少数民族地区生产力的发展、文化程度的提高与当地干部的培养与提拔,发展他们自己的民族文化和民族语言,消灭民族间的仇视与成见,作为党在民族问题上的重要任务。

二、长征期间民族工作的实践及其影响

长征期间民族工作的实践，大大促进了马克思主义民族理论与中国民族问题的实际相结合，为党的民族纲领的自身完善和发展，真正成为中国化的马克思主义民族纲领提供了丰富的经验和理论依据。

1. 长征指明了少数民族解放的革命道路

长征红军既是攻无不克的革命武装队伍，也是宣传队、政治工作队。红军所过湘、黔、滇、桂、川、甘等省，遍历广大苗、土家、瑶、侗、彝、壮、布依、藏、回等少数民族地区，向他们宣传抗日救国的主张，翻身解放的革命道理，唤起了广大劳苦大众的阶级觉悟和民族觉悟。

2. 组织少数民族的革命武装，发展革命势力

1934年冬，中央红军路过湘黔边境，帮助苗族人民组织了游击队。1936年春，二方面军在黔西北、黔西、大定、毕节、赫章等县组织了各族人民自卫队，参加人数达五六千人之多。在红军过后，这些游击队在黔桂边区活动，发展为重要革命之力量，给国民党反动派统治以沉重打击。1935年春，一方面军路过四川会理等彝族地区，彝族青年成批参军，仅越西一地就有七八百人。在冕宁，红军帮助彝族人民建立了"中国彝民红军沽鸡支队"。红军在各地帮助建立的革命武装都产生了重大影响，后来有的发展为革命队伍，许多则成为反对国民党统治的起义的星星之火。

3. 帮助少数民族自治，建立革命政权

长征红军在少数民族地区停留时，尽力帮助他们组织自己的人民革命政府，反抗反动势力的压迫和剥削。1934年，二方面军在湘、鄂、黔边远区建立土家、汉、苗等族联合的革命根据地。一方面军在冕

宁彝族地区,帮助彝汉人民建立了冕宁县苏维埃革命武装"抗捐军"。红一方面军在四川阿坝藏区停留时,在瓦布梁子召开藏民大会,在组织6个乡人民政府的基础上,成立了瓦布梁子区藏民革命政府。1935年四方面军在西康停留时,在小金建立了苏维埃政府,宣布取消土屯和土司制度。在卓斯甲、党坝、棱磨、卓先基、甘堡、四南达、阿坝等地召开藏民大会,成立苏维埃。在甘孜藏区的泸定、丹巴、乾宁、道孚、泸霍、甘孜等地,分别成立了苏维埃政府和博巴政府。1936年5月召开人民代表大会,宣告中华苏维埃博巴自治政府成立,选举白利寺格达活佛为主席。这是中国人民革命史上首先建立的少数民族的自治政府,也可以说这是我党民族区域自治政策的第一次尝试,尽管它不久就被反动派所扼杀了,但却给后来留下了十分可贵的经验。1936年8月西征红军在宁夏豫旺、海原地区建立的豫海县回民自治政府也是其中一例。

4. 长征是我党民族工作的一次很大实践,大大增强了各民族的凝聚力

我国西南、西北少数民族地区,民族情况各异,长期处于交通阻塞,封闭落后的状态,红军长征打破了这里千百年来的沉寂,也使党的民族政策有可能变成了现实。在具体实践中沟通了汉族与少数民族之间的关系,增进了彼此的了解,红军每到一地即传播了先进的思想,又了解到各民族的社会民情和风土习俗,把党的民族纲领与各民族地区的实际结合起来,制定和执行具体政策,开展各项工作。无数事实教育了各族群众:红军是人民的子弟兵,共产党是为回、藏等少数民族解除痛苦的党,从而增强了各民族之间的凝聚力。

5. 和民族宗教上层人士建立了联系,促进了民族统一战线的形成

长征经过的少数民族地区,大多保留着各种不同的政治制度。红

军要和喇嘛、活佛、土司、头人、王公贵族和阿訇等打交道,这是一个新情况、新问题。当情况已经发生了变化的时候,革命的策略,革命的方式和方法也必须随着改变。做好民族上层人士的工作,是保证红军长征减少阻力,增加助力,胜利完成战略大转移的一个重要问题,也是党对民族上层人士统一战线的一次实践。1935 年 5 月红军先遣队刘伯承将军在冕宁拖乌彝族地与彝族头人小叶丹歃血盟誓一事早已饮誉中外;红二方面军在迪庆藏区中甸时,贺龙将军到中甸喇嘛庙接见喇嘛,解释政策,赠送"振兴藏族"红幅和礼物;1935 年 9 月一方面红军进入甘南迭部、卓尼时,土司杨积庆和美武寺院法台热旦嘉措,在甘肃地下党的影响下,接济红军粮食,协助红军胜利北上;以及红军经过甘肃等回民地区,与清真寺阿訇老人建立联系等等,事实都证明,同少数民族中的民族宗教上层人士建立统一战线,不仅是必要的,也是可能的。1935 年 8 月,党中央在《中央关于一方面军会合后的政策形势与任务的决议》(毛儿盖会议)中指出:"估计到少数民族中阶级文化程度与社会经济发展的条件,我们不能到处把苏维埃的方式去组织民族的政权。在有些民族中……还有民族统一战线的可能。"它为红军争取到更多的朋友,支持了革命,扩大了政治影响。

总之,红军长征是我党、我军民族工作的一次伟大的实践,对于我党掌握我国的民族情况和民族问题,为后来把马克思主义民族理论与中国民族问题的实际相结合,进一步制定和完善党的民族纲领、特别是对建立统一的多民族的国家体制,而不是在此之前提出的联邦制设想有着十分重大的意义。

(本文系红军长征中的民族政策研讨会论文;作者系西北民族学院副院长、教授,本文发表于《贵州民族报》1990 年 10 月 29 日,星期一,第三版)

民族学院在高等教育中的地位及其方针任务

我国现有民族学院 10 所①，是具有中国特色的社会主义高等教育机构。研究这一类型结构的教育，应是高等教育发展战略研究的重要课题之一。本文所论，意在引发有关方面的关注和研究。

一、民族学院在高等教育中的地位和作用

民族学院属高等院校，是我国高等教育的组成部分，但它在整个高等教育领域内的地位和作用，在社会的共识和反应中，甚至在理论和实践上，似乎还是一个模糊的问题。

现今我国民族高等教育已经发展为三大块：20 世纪 50 年代初创立的民族学院；50 年代后期开始在少数民族省（区）建立的部分高校；改革开放以来内地普通高校开办的民族班，这三部分院校构成了我国民族高等教育的体系。于今，这后两部分是后来居上，发展势头足，在这一新的发展格局中，民族学院如何找到其合适的坐标系，并充分发挥其应有的作用，这个问题就是在领导部门也不是没有意见分歧的。

这 10 所民族学院从 1950 年至 1958 年先后成立至今，在几十年的开创探索和艰难曲折中前进，为建立新中国的民族高等教育体系

———————————

①10 所民族院校是部委所属的中央、西北、西南和中南等 4 所民族学院，省（区）所属的西藏、云南、贵州、广西、广东、青海等 6 所，民族学院。

开了先河,今天成为我国高等教育具有的特色之一。遗憾的是从 50 年代后期起,民族学院就停滞不前,以至有的被停办,有的合并,有的被撤销,直到党的十一届三中全会以后才相继得到恢复和发展。但因原来基础比较脆弱和其他因素的制约,近几年来学院的发展面临着严峻的挑战。

民族学院在高等教育中的地位是与民族问题在我们国家生活中的地位联系在一起的。这 10 所民族学院在全国 1000 余所高校中还占不到 1%,但它面向全国 9000 余万少数民族,辐射全国面积 64% 以上的地区。民族问题的普遍性、复杂性、敏感性、长期性和在国家生活中的重要性是人所共知的;而民族问题的最终解决,必须依靠培养造就的一批又一批的德才兼备的少数民族干部队伍。人才的培养靠教育。民族学院就是为解决国内民族问题专门培养少数民族干部而创办的。前政务院关于《培养少数民族干部试行方案》和《筹备中央民族学院试行方案》中明确提出,为了国家建设、民族区域自治与实现共同纲领民族政策的需要,从中央至有关地方应普遍而大量地培养各少数民族干部。为此目的,在北京设立中央民族学院,并在西北、西南、中南各设立民族学院。这一重要的战略决策,不论过去和现在,不论对民族问题或教育发展,都具有重要的理论和实践意义。

几十年来的实践证明,作为培养民族干部的摇篮,各民族学院发展了它的个性,形成了从招生、教学到生活管理的一套办学模式。如招生对象 90% 以上为少数民族;根据不同时期民族地区对人才的需要,开设专业,逐步形成多科类、多层次、多形式的办学体制;教学上实行双语教学;生活管理上照顾民族风俗习惯,尊重民族心理感情……在承担民族高等教育任务中,发挥了特有的作用,为少数民族和少数民族地区民主改革、社会主义改造和社会主义建设各历史时期培养了一批又一批的干部,许多都成为当地的骨干力量,为实现民族平等团结,维护祖国统一和安定的政治局面,发展少数民族的政治经济和文化,彻底解决民族问题起了重要作用,它已植根于少数民族群众之中。

在实践中,民族学院也形成了一定的办学优势:有一套办学模式;建设了一批具有特色的专业;有一批即懂民族政策又熟知教育工作,具有双语能力,熟悉少数民族的生活习惯、心理情感,同民族地区有密切联系的师资队伍和管理人员;民族研究(民族历史文化、民族语言文学、民族理论和宗教研究等)有一定力量。这些都为民族高等教育积累了可贵的财富。当然,民族问题方面的历史任务还远未完成,在民族高等教育中仍需要民族学院承担其培养少数民族人才的使命。

民族学院的存在及其历史地位是由其本质特点即民族性与教育高层次性的统一决定的。教育是有民族性的,这种民族性不是抽象的,也不是"按民族分校",把民族隔离开来的,而是民族的社会生活、历史文化传统、语言文字、民族心理意识以至宗教意识在教育上反映出的特点。文化教育的基本要求和内容只能通过同民族形式、民族特点相结合,才能被接受,扎根于民族社会之中,否则就失去了族际、国际的交流,教育的现代化也将陷入困境,这可说是教育的普遍规律。我国少数民族还存在社会经济发展、历史文化传统等的差异和特点,这是建设民族高等教育的根本依据。民族学院正是适应这种民族性成为我国民族高等教育的原型,而与一般普通高等院校区别开来。如果将民族学院等同于一般普通高校,在办学模式、招生制度、管理方式、教学形式和经费分配等方面,与之一律看齐,一刀切,则民族学院的任务也就可以由别的院校去承担,而无存在的必要了。无视共性与个性的差别性,民族高等教育势必会走入死胡同。另一方面,作为高等教育的民族学院,它的办学指导思想,教育的基本内容和要求以及教育制度等方面必须遵循高等教育的共同规律,与民族特点相结合,加以规范,也才能纳入高教行列,占有一席之地,这就是所谓"安其位"。如果只顾民族的特殊性,自囿于高等学校之外,不分教育的层次性、类别性和发展的阶段性,将高等教育与中等教育的任务混同,由民族学院统包起来,这就会模糊民族学院的性质和任务,民族学院就成为全方位、全能的囊括各级各类教育的学校了。这可谓之"越位",违背了教育的基本规律,对民族学院以至整个民族教育的发展都是不利的。

实践表明,民族学院是培养少数民族干部的一种成功的教育制度,在新形势下,从理论和实践上加以总结,科学地确立它在高等教育中的地位,对于建设现代民族高等教育体系是有重要意义的。

二、民族学院的方针任务

民族学院的方针任务是与上述问题相联系的,它是根据民族学院的历史经验和发展现实而作为一个问题被提出来的。

从历史经验看,1950年原政务院提出培养少数民族干部的方针,是"以培养普通政治干部为主,迫切需要的专业与技术干部为辅"。对于中央民族学院及其分院①的任务规定为"为国内各少数民族实行区域自治及发展政治、经济、文化建设培养高级和中级干部",并规定"各民族学院目前分长期和短期两个班次",长期班培养知识分子干部,学制二至三年,招收高中毕业及有相当学历的各民族学生;短期班培训县、区级干部。1958年教育部和中央民委联合召开民族学院院长会议,进一步确定:民族学院应是为少数民族训练社会主义

①1950年民族学院创建时,西北、中南、西南等民院称中央民院分院,后改现名。

革命和社会主义建设的政治干部,同时培养专业人才的高等院校。在上述办学方针的指导下,各民族学院由创建而发展,循着由干训起家、文科为主的路子,在不太长的时间内具有了一定的规模。但从1958年后特别是从1963年后,由于当时的政治形势,民族学院的办学方向突然发生急剧转折,于1964年中央民委、高等教育部联合召开民族学院院长会议,讨论学院的方针任务、思想政治工作、教育革命和管理体制等问题时,将民族学院的方针改变为"要把轮训和培养少数民族政治干部的工作列为首要任务,加强轮训在职干部的工作;调整本专科,切实办好预科"。此决定经中共中央宣传部批准。其后在贯彻执行这一方针任务中,大办"社教运动"积极分子班(二至三个月一期),紧缩(停招或撤并)本专科,实际把民族学院转轨为临时体制的一般政治人员的训练学校。及至"文化大革命"中,民族学院终于有的被停办,有的被撤销,直到1978年才逐个恢复或重建。这个历史教训是深刻的,应引以为鉴。

1979年在国家民委和教育部联合召开的第五次全国民族学院院长会议上,根据新时期全党工作重点的转移,确定民族学院的方针任务为培养政治干部与专业技术人才并重。此方针执行迄今已十余年了,民族学院有了长足的发展。但是现在国家的形势发生了深刻变化,全国经济发展正向着第二步战略目标前进,西部地区(主要是少数民族地区)开发的步伐将会加快,产业的战略西移有可能提前。面对西部经济发展战略的新形势,民族学院的发展存在不少困难和问题,主要是:

1. 各民族学院都已形成具有办学的多层次、多形式、多学科的综合性质,甚至较一般综合大学更"综合",这就有一个今后的发展方向的问题,还有要求民族学院恢复50年代办高中、初中的"一条龙"、"一贯制"的意见;在培养方向上对"政治干部与专业技术干部并重"

也有不同看法。

2. 民族学院作为民族高等教育的组成部分，其外部和内部的关系没有理顺，与内地普通高校民族班、少数民族地区部分高校在办学方向和任务方面关系不协调。

3. 在民族学院内部，从招生到毕业分配的教育全过程，都程度不同地存在着问题。如教育经费拮据，办学的开放性与封闭性，局限性与回旋余地，专业的适应性与稳定性、教学质量与教学条件等的矛盾以及教育的共性与个性问题等。

上述情况和问题集中到一点，就是民族学院的方针任务和发展方向问题。

教育的发展要与经济发展相适应，同时又要有超前性。鉴于我国少数民族在进入社会主义前，社会发展处于不同的落后阶段，现在生产力发展水平仍然比较低下，处于社会主义初级阶段的"低层次"；民族差别显著；民族之间、地区之间的发展差距在短期内还不能消除；民族教育特别是基础教育和中等教育的滞后状态只能逐步摆脱，从现在起到本世纪末下世纪初，民族教育还是"低层次"性的。这是发展民族高等教育要考虑的基本实际，也是讨论民族学院方针任务的出发点。

民族学院是综合性的高等院校，它的特点体现在由民族差别而形成的"民族"性上。首先在服务方向上是专门为少数民族和少数民族地区培养高级人才，除聚居区的少数民族外，也应招收一定数量的散杂居地区的少数民族和长居民族地区的汉族。其次在教育结构上具有多形式、多层次和多学科，较之普通综合大学更为"综合"，但不可能包揽一切，更不能把民族地区的各级各类教育都搬到民族学院，办成大中小、高中初、无所不包的"学苑"。必须坚持它作为高等学校的性质和地位，同时应根据其任务和条件，适当控制其"综合"规范。

第三在教学质量上某些具有特色的学科居于全国的前列，有些学科专业是排在高等教育的低名次，但在少数民族地区来说，又是能适应当地需要的高层次的专门人才。这也就是民族学院所承担的历史任务，这一历史任务在一个相当长时期内是其他高校难以完全替代的。

讨论民族学院的方针任务，有必要就民族学院，普通高校民族班和少数民族地区的部分高校的关系理顺，统筹协调，作出合理分工，明确各自任务，既有竞争又不挤兑，既有协作又不重复叠加，各安其位，各展所长。这既有利于民族学院的发展，也有利于民族高等教育整体结构体系的建设。

民族学院的办学要紧密结合民族地区的实际，其专业设置招生方向等尽可能与需求相适应。也要改变过去那种与国内其他高校联系协作少，与社会联系少，与国外交流更少的封闭和半封闭式的模式。要对内外开放，积极开展交流协作，促进教育的现代化。民族学院由于其自身特点和条件，教育改革遇到的困难更多，回旋余地少，需要领导部门分类指导，给这块教育领域以更适当的政策措施和具体支持，扶持其发展。

多年来民族学院所形成的以培养政治干部和以文科为主的专业结构，已不能适应"以经济建设为中心，全面发展少数民族的政治、经济和文化"的需要。当前在经济、科技和企业等部门，少数民族人才极少，有的是空白。应给民族学院创造条件，适当增设某些急需专业，改变文科多理科少、基础学科多应用学科少、老化专业多新专业少的状况，增强其适应性和服务能力。这是关乎民族学院发展方向的战略性问题。从民族地区的实际出发，应以培养有一定理论基础的应用人才为主。文科政法、经济等专业应侧重为民族地区实行区域自治、行使自治权利培养各种管理人才（包括公务员培训）；理科农医等专业主要要为州县级和中小型企业培养专业技术人才和中学（包括中等职业学校)教师;干部培训应将学历教育逐步转为县、乡级公务员培训;预科还要继续办好,但不宜扩大,定向牧区、边远山区;以办好本科为主,适当发展专科,有选择地少量设招研究生。

讨论民族学院的方针任务,还不能不联系近几年来面临的生源困境、质量矛盾日益突出,招生制度存在弊端的问题。

——高考成绩普遍低下,基本是降分录取。有一个省从1983—1988年少数民族学生共录入高校2870余人,其中75.5%是降分照顾录取的。

——牧区、边远山区和山区生源少,质量更低,西北新、青、甘(甘南和河西三自治县)有关地区居于滞后地位。多年来照顾分居高不下,远远超出国家教委所规定的下降分数段。有的省(区)则对民族学院采取按计划招生,从高分到低分录取,录满为止,无法规定分数线。

——省(区)之间划定的分数线差距很大。入学新生文化水平参差不一,悬殊过甚(从500多分到100多分),给组织教学带来巨大困难。

——有的省(区)对民族学院生源地限制在少数民族聚居区(自治地方),散杂居少数民族基本摒除在外;对长居少数民族地区的汉族考生,因一般录取线的限制不能录取,无法体现政策。

——民族学院与其他高校在招生上有对挤现象。

招生上的无限度降分录取的做法,理所当然地引起了少数民族有识之士和社会的关注,认为揠苗助长,违反教育规律;在政策导向上促使质量降低,盲目追求高层次。这给民族学院办学带来一系列难题,使教育质量陷入严重困境而无法摆脱,其直接后果是人才合格率下降,不仅关系到民族学院名声的评价问题,也影响少数民族大学生的社会观感,挫伤了积极性,不利于人才的培养,不利于民族团结。这种急功近利的短视行为,将造成恶性循环,与良好的主观愿望相反,对民族素质的提高将是有害而无益。因此，既要结合少数民族的实际，又要遵循教育规律，认真研究民族学院的招生制度，进一步健全政策导向，是讨论民族学院方针任务的题中应有之义。

（作者丁汉儒系西北民族学院教授、院教学指导委员会暨学位委员会副主任委员、中国民族理论学会理事、甘肃省高等教育发展战略研究会常务理事，本文发表于《甘肃高教发展战略研究》1991 年第 3 期总第十一期）

从苏联解体谈民族问题

一

苏联解体,是社会主义运动的重大历史事件,可以对它做多种分析,其中民族问题是一重要的因素。20 世纪 20 年代,俄共在正确地解决各民族共和国的联合问题,建立苏维埃联盟之后,致力于发展各民族共和国的政治、经济和文化建设,巩固各民族的联盟关系,取得巨大成就,为二战中经受住考验,赢得胜利创造了重要条件。同时严重的民族矛盾也成为联盟解体的催化剂。

苏联改制,使世界形势发生巨变,与我近邻,其影响所及,不言而喻。由于互为近邻和频繁的历史交往,又有一条长达数千公里的漫长边界线,有十几个跨国境而居的民族,现在各自都正在经历着不同的巨大社会变动,新的形势和趋向,使相互之间的联系和影响就具有新的意义了。

独联体及有关各国的发展,虽前景未可妄测,但给我国特别是西部、北部边疆民族地区的对外开放、输出引进,互通有无,互补互益带来了新的机遇。我国西北少数民族地区应充分趁此发展趋势,加快改革开放步伐。

随着这一形势的发展,边境地区将打破昔日的宁静,交往日趋频繁,社会治安、生态环境也将出现新的情况,应当未雨绸缪。

我国与苏联的西段边界争议,长期未能解决,现在留给与俄罗斯和中亚有关国家交涉。老问题新情况,从速解决这个问题不论对我国边疆民族地区的发展和政治稳定,对巩固国防,对睦邻友好,争取和平的国际环境,都具有更加迫切的意义。

形势是复杂而可能多变的。我们面临着重大的挑战,有的已是现实,有的才露端倪,不论何种挑战,都和我国西部、北部地区的民族问题分不开。这在客观上使我国民族问题特别是边境地区民族问题具有新的国际和国内意义。以此为背景,重新探讨马克思主义民族问题理论的某些论断,不是没有意义的。

二

民族和民族问题这一人类社会历史现象,复杂纷纭,色彩斑斓,它随着社会的发展而不断变化,人们对它的认识也就没有完结。近十几年来我国民族理论界对民族、民族问题概念和民族形成问题的讨论从未间断,二三十年代,60 年代和 70 年代关于民族理论的几次大讨论就是说明。"概念"是人类认识思维的一种形式,是对客观事物的科学概括,它是否科学,要经过实践来检验。概念来自于现实,不过是现实的典型,概念一旦形成,就具有界定性,但是客观事物是不断发展变化的,作为一种思维形式,人们的概念也必须随之灵活变动,而不应当把它僵化。对民族概念的运用就是这样。十月革命后,苏俄宣布了一系列民族政策法令,对民族识别作了很多研究。然而,这个多民族国家究竟有多少民族,得不到一个确定(法定)数目①。30 年代后,苏联在民族理论研究上不仅有民族、部族、民族集团等的划分,还

①据有关资料,1926 年调查时,有 194 个民族;1936 年在《关于苏联宪法草案》的报告中说,约有 60 个民族;1939 年统计是 62 个民族;1959 年统计是 126个民族;1970 年是 119 个民族,此外还有 120 个或 100 多个民族和部族的说法。

有社会主义民族和社会主义部族的划分。为研究民族的发展过程,对各种民族共同体加以概念上的类别区分是必要的,姑且不谈其评价。这里所讨论的是,这种划分和社会政治的现实的联系,我们的直觉是在现实生活中,称不称"民族"是一个较敏感的社会政治问题,"殖民地人民(一般是落后的民族——笔者按)也是民族",这一观点仍有现实意义。当然世界上的民族千差万别,一国之内各民族的发展也不平衡,但在一国之内,不论各个民族的发展水平如何,从现实的发展的观点都应称为民族,这是关系到每个民族获得同等政治待遇的问题,对实行民族平等,消除民族歧视和隔阂,加强民族团结有重要作用。在苏联,一方面讲社会主义社会有民族和部族之分,强调民族的民族性;另一方面又宣扬社会主义民族论,还提出新的历史性的"人民共同体"论,渲染族际主义,超前强化族际一体化,强调民族的社会性,在国家决策和政策实施中,存在着强烈的倾向性。结果事与愿违,促使民族主义、沙文主义的滋长,成为腐蚀和最终摧毁民族联合的催化剂。民族这个复杂的社会历史现象,始终是一个动态过程。它一旦形成之后,既具有相对稳定的状态,又不是凝固不变而是不断变化的,除了特殊的历史变故外,其变化又是很缓慢的。这是一个自然的发展过程。对待民族如何把握民族的本质,观察和处理好民族这个人们共同体的民族属性和社会属性的矛盾统一的关系,是值得深思的问题。

三

南斯拉夫和苏联的民族冲突和国家分裂是国内社会经济危机和政治弊端深刻化的必然反映,是几十年来在深层次逐渐积累起来的,经济发展迟滞、商品短缺、市场紧张、人民生活困窘,导致了民族摩擦,而民族积怨、民族偏见和民族分离主义的泛滥,反过来又推动社会经济危机的加深和政治动荡的加剧。这一历史剧变再一次说明民族问题与社会革命总问题的联系，它对于我们这个多民族的国家有着重要的借鉴意义。民族问题具有普遍性、历史性、长期性、复杂性和敏感性等特点，它与其他社会经济问题、政治、阶段、文化心理意识等都有普遍的联系，从而构成民族问题本身的多元复合结构。社会在发展，民族问题也随之变化。谈总体，决不能对一部分掉以轻心，加以抹煞或忽视；谈部分，不能离开总体或对总体仅仅是简单的从属和被动的关系。正确认识和处理这一部分和总体的关系，并非易事，重要的问题在于实践。

把民族问题只看作是社会政治问题，而与民族关系问题对立起来，有失偏颇。在私有制社会里，民族问题主要是政治问题，是消灭民族压迫和不平等的问题；是附属国和殖民地被压迫民族求解放的问题，但总归是民族矛盾的范围，而且由民族差别而产生的问题是同时存在的。在公有制社会里，没有民族压迫，民族问题主要是民族差别问题，而消除民族差别，主要是经济问题，同时政治问题也是存在的。不能认为社会主义社会没有民族问题，借口"社会主义"了而否认民族问题，忽略民族问题的基本属性即民族的因素；或以政治问题而抹煞民族问题的因素，这同把民族问题与阶级问题混淆等同起来是同一性质。这两种误识殊途同归，都会产生相同性质的后果，这是旧话重提了。

与此相联系还有一个引起人们注意的问题，即苏联超前宣布民族问题已经解决。1936 年苏联就宣布已经消灭了民族纠纷的社会基础和民族互不信任的心理，造成民族问题已经完全解决的印象。在苏维埃政权初期新建立的民族区和村，以后不久大都取消了，许多民族机构如民族事务人民委员会在联盟成立后即被撤销或关闭。1956 年苏共 21 大上提出民族问题已经解决，加盟共和国边界已失去原来的意义。后来勃列日涅夫又提出，苏联已经一劳永逸地彻底解决了民族问题。把民族工作的成就绝对化,时兴空泛的歌颂,以一种倾向掩盖另一种倾向,这种论断和做法本身就潜伏着民族关系的危机。

对于民族问题长期性的认识,在继承和发展了马克思主义民族理论的故乡,竟然出现了误区也不是不可理解的。事物的联系是复杂的,人们在实践中因为形势的变化和需要,认识出现偏差或忽略问题的某一方面是常有的事,但通过实践而得来的这一教训,付出的代价太高了。民族问题的长期性是客观存在的,我们也是通过十年动乱后思想理论上的拨乱反正,才达成了共识,才比较深刻地理解"首先是阶级消亡,而后是国家消亡,而后是民族消亡,全世界都是如此"的科学论断。

民族问题的辩证法是民族问题和与它相联系的、对它的存在和发展产生影响的各种要素同处在不同的变化之中,民族问题的变化依赖于这些条件的变化,反过来又影响着这些条件的变化,所以民族问题的联系和发展观是民族问题的根本观点和普遍规律。在社会主义条件下,民族问题和国内社会经济、阶级状况、政治结构以及国际国内形势的变化互为条件,互相影响,因而它的解决是与不断调整和完善社会政治制度和经济制度的改革息息相关。只有不断改革和发展社会主义的政治和经济,民族问题也才能得到完全解决。正如人们不能理解一个能上月球的国家竟然缺鞋穿,一个拥有核武器的世界第一武器大国竟然缺少黄油和面包一样,一个建立了民族平等联合关系已七十年的社会主义大国,竟然一旦分崩离析。如果把鞋子、面包和民族分离联系起来,问题的答案就有了,一切取决于对人民日益增长的物质文化的需要解决得如何而定。社会主义越是向前发展,经济关系越来越居于民族关系的主导地位。

四

民族与国家的关系也是民族问题的联系和发展观的重要组成部分。民族与国家既有区别又有联系,后者较前者更为重要。民族平等权利是民主主义的一个方面,国家民主化是实现民族平等的重要条件。因此,一个多民族的国家,国家形式是否适当和不断完善,对国内民族问题具有十分重要的意义。

当今世界多民族国家通常是以一个大的或较先进的民族和若干小的或较落后民族结合而成的,其国家形式包括管理形式、结构形式等因各国的民族构成、历史条件、社会经济条件、阶级力量等不同而不同。按照马克思主义的国家学说,社会主义应建立集中统一制的大国,同时要强化国家机器。苏联和我国都是依次而建立的多民族统一的中央集权制的国家。不过,我国和苏联情况不同,民族构成、历史、社会经济条件不同,国家结构形式不同,管理和组织形式也有所区别。苏联和南斯拉夫原都采取复合制的联邦形式,前者是中央集权制,后者是各民族共和国分权制,但都同样遭到分崩离析的命运,民族冲突达到了如此尖锐而紧张的程度。除了其深刻的民族关系历史的根源外,如何评价联邦制国家形式对解决民族问题的作用,社会主义国家如何组织各民族的国家生活,是一个值得深思的问题。列宁、斯大林采取联邦制解决了当时俄国的民族问题,是正确的,问题在于联邦制作为走向集中统一制的过渡形式对"过渡"如何理解,要不要有个"过渡"? 苏联盟成立后,急切地、径直地采取了实际上的中央集权的单一制,这虽然有着当时的国际国内背景,但与当初缔结联盟条约和宪法的规定悖行,不仅给各民族打上了心理上的阴影,而且由于社会主义的初建,这种急于求成的高度集中制就可能受到旧的官僚主义的影响,何况还有沙俄帝国殖民历史的痕迹。正如列宁说的:"我们这里有人总是把集中制同专横和官僚主义混淆起来。俄国的历史很自然地会引起这种混淆，然而这对于马克思主义者来说，却仍旧是绝对不能允许的。"后来政治经济体制上的弊端所造成的情况使列宁的话不幸而言中。

民族是否要采取国家形式或以何种形式以实现和保障其民族权利，这几乎成为当今世界一些多事地区如独联体、东南欧的一大难题。民族在形成发展过程中，与国家有密切联系，对于社会主义，民族的国家形式仍是关系民族权利和发展的大问题，关键还是国家的民主化，"民族和平只有在彻底实行民主主义的国家里才能实现"。多民族的社会主义国家不论是复合制或单一制，都要通过国家民主化手段不断完善其国家形式而获得政治上的长期稳定。民族权利是随着资本主义民主而提出的，通常又是通过建立民族国家而实现的，所以资本主义民主趋向于民族分立。社会主义民主是对资本主义民主的否定之否定，本质上是趋向于民族联合的。社会主义民主不是一定终身，一成不变，而应该是不断发展完善的。因之，对民族更具吸引力，民族联合亦应随之得到巩固和发展，反之，或者滑向资本主义民主，国家就将失去对各民族的吸引力，导致统一国家的瓦解。资本主义时期民族问题上的两个历史趋向，在社会主义时期仍起作用，人们运用这一规律，只能根据民族发展的客观实际，因势利导，不可强加以主观意志，使两个历史趋向的相互态势失去发展的常态，其结果与人们的主观愿望相反，引起民族分离和国家崩溃。

不论是复合制的或单一制的多民族的国家形式，都存在一个统一与自治（自决）、集中与分散、中央集权与地方（民族共和国或自治区域）分权的问题，这一权力分配同时具有与民族权利这一特殊问题的重叠性，它与一般的中央与地方的分权有所区别。这在理论上马克思主义是有明确论断的，列宁在论述中央集权制与自治的问题时说，中央集权制"对纯粹地方性的（区域的、民族等等）问题实行官僚主义干预,是整个经济和政治发展的最大障碍之一,特别是在重大的、根本的问题上实行中央集权制的障碍之一"《关于民族问题的批评意见》),必须保证每个具有民族特点的区域的自主权。同样,一切按民族划分的分散主义也是实行集中制的重大障碍,是不利于民族繁荣发展的。中外历史上这个问题都未能妥当解决。现在看来,多民族的社会主义国家也尚未解决好,苏、南就是这样。中央集权与分权历来是国家制度的复杂问题,也是马克思主义国家学说中建立多民族大国的要害,它集中反映各民族的政治权利和经济利益。不论是联邦制或单一制,都有一个集权与分权的关系,要处理好。否则就会成为多民族国家产生摩擦的根源之一。在适当的"度"的范围内,二者关系如何协调平衡,是一个多层次的复杂的大系统,这已非本文所论及的了。

五

国际主义与民族主义的关系也是一个可以重新审视的问题。民族主义与国际主义都是近代资本主义的产物,前者是资产阶级为建立资本统治的民族国家作思想理论和舆论宣传的一面旗帜,后者是无产阶级登上历史舞台为推翻资本主义统治,实现本阶级乃至全人类的解放,打破民族、国家的界线,聚集阶级力量而提出的思想武器,从这个意义上说,它们之间是根本对立的关系,但是作为一种精神文化来考察,它们之间有无历史的继承性,特别是在同时代产生的思潮彼此有什么联系呢?

原始的民族观念在古代就已存在,"对他自觉为我",忠于本族的传统,产生某些有本民族文化孕育出来的价值观念和行为方式。只是到近代以来,这些不成体系的观念意识在资本的催动下,才活跃形成较系统的思想形态,并与建立民族国家的民主主义、爱国主义结合在一起,具有世界性、普遍性的意义了。资本主义初期民族主义有其历史的必然性、合理性和进步性;在已获得民族解放的前殖民地和半殖民地的民族和国家,它仍然是维护民族独立和主权的思想旗帜;即使在发达的资本主义国家,其作用也仍然存在。在社会主义国家,用国际主义取代民族主义,但民族主义的某些原则的作用和意义是否完全失去,没有存在的合理性和正当性呢?在社会主义社会里既然民族还存在,民族原则就不会消失,这不以人们的主观愿望而定。其次国际主义是在和民族主义的对立斗争中产生的,它们之间有着前者对于后者的否定之否定的扬弃的继承关系。考之近代的民族主义是与爱国主义相联系的,人们爱自己的民族是因为这个民族创造了自己的文化,形成了人们生活在其中的价值观念和行为方式,而民族国家为民族的存在和延续提供了重要保证,因而人们爱自己的国家。从这个意义上看,民族与国家、民族主义与爱国主义就有相互的联系。马克思主义提出的无产阶级国际主义并不要排斥爱国主义,相反它与爱国主义有一致性,它必然是、也只能是与爱国主义结合才能得到实施。同时,它承认民族原则的正当性合理性,主张无产阶级与一切被压迫民族、被压迫人民联合起来,主张民族平等,尊重民族主权、民族历史文化传统、民族特点、民族利益和民族情感等,这些民族原则对于民族主义也是一定意义上的继承,民族原则在社会主义、爱国主义的联系上找到共同点。应该说,国际主义原本指无产阶级的国际联合,因此,应该承认民族原则在社会主义时期还有其合理性和正当性,不可一概抹杀,同时又必须使这种承认不致衍化成一种民族利己主义和民族特权,从而成为社会主义的一种新的对立。它们之间的区别界线是很细微的,必须十分谨慎。民族问题上的思想理论宣传教育的偏"左"偏"右",政治、经济工作中的政策举措不当,都将产生消极现象,招致不良后果,这方面的许多现象和经验教训值得深入研究。

（本文发表于《西北民族研究》（半年刊）1993 年第 2 期）

谈宗教问题

宗教问题首先是一个思想信仰问题，社会意识形态问题。宗教信仰具有超现实性的特点，是对某种超乎人（自我和社会）而可直接认知依从的观念或理想的信奉、持守和追求，就是信仰或不信仰宗教即有神与无神的问题。这是人类认识史上一个古老而长期存在争论的话题。

有神论与无神论都是人类认识世界的两种不同的方式。他们是上古以来人类生产实践和社会发展的产物，二者互相对立，对应而行。原始的自然崇拜（自发宗教）是最初的有神论观念，是在原始时期人类生存斗争中，人与自然的关系处于首要地位的情况下，受自然压迫而生产的。人类思维活动在人与自然的联系和斗争中不断发展。在原始有神观念产生的同时，人为在生产、生活实践中，渐渐地改进了生产工具，提高了劳动技能，也就发展了战胜自然，获得生存的积极手段和主动性，其中包括对各种自然力的科学认识的增长和经验的积累，从而引发对自然界变化规律性的认识，促进了朴素的唯物无神论思想的萌芽。最初人类有神与无神的观念杂糅在一起，并无分别，从解释宇宙生起、自然现象的生灭变化、人类种族的起源到文明的肇始，都蕴含着人类的认识。它们是正确与错误、唯物与唯心、有神与无神的混合物，反映在氏族部落最初的神话中。许多原型神话既是有神论的萌芽（宗教神话起源说），同时也蕴含人类认识世界的粗糙朴素的唯物无神论观念，各种意识形态浑然一体，包罗了关于自然、哲学、艺术和伦理道德等内容。而有神论作为一种认识世界的思维方式,既孕育了文明时代哲学思辩的萌芽,也是科学发展的一种障碍。

随着人类文明的脚步前行,阶级社会的出现,有神与无神的观念在思想理论上获得长足的发展,成为两种对立的世界观。前者承认世界万物由神所造,由神灵主宰,神灵先天地宇宙而存在;后者否定唯灵论、神创论,不承认有超自然的神,无有灵魂不灭和鬼神之说。二者形成唯心论与唯物论的分野,成为哲学上的思维与存在、精神与物质的关系问题。有神论是唯心主义,但唯心主义不等于宗教;无神论用唯物主义的自然观批判有神论,但无神论不等于唯物论。长久以来,中国社会有神论与无神论的矛盾基本上是在思想政治领域围绕着天人关系、天道与人道、人与神、形与神、命与非命、生与死、现世与彼岸、吉凶与祸福、富贵与贫贱等关系展开争论,在对自然、人、社会的世界结构的认识上存在分歧。

宗教有神论是宗教的核心,对宗教问题具有质的规定性。宗教信仰除了以经典教义为主而形成的神学向教徒提供对世界和人生的认识的系统外,还用神话、偶像、祸福的价值观及仪礼规范等更具影响其行为。在中国汉代以前除了以天神、地祇、人鬼和物灵崇拜的传统宗教以外,没有其他宗教,不存在宗教关系问题,但有思想意识和政治伦理领域里的有神与无神的分野。其后随着道教的产生和佛教、伊斯兰教、基督教等其他宗教的传入,便产生复杂的多宗教的关系。单纯的有神论与无神论的矛盾,主要是一种抽象的哲学问题和文化问题,但宗教是一种社会历史文化现象,又是一种社会实体,它与其他社会现象有着必然的密切关系,由此产生的宗教问题就具有复杂的社会内容而各自表现出其特殊性。信仰上的有神论与无神论的矛盾只有当它与政治伦理和其他社会问题相联系时,分歧和其社会意义才显出来,如佛教初传中国时,以其独特的宗教信仰、规范、礼仪和生活习俗,与中国传统文化发生矛盾,到魏晋南北朝时期达到尖锐化,围绕着神灭、神不灭和因果报应,展开了一场批判与反批判的斗争。这场有神无神的论战,实质上是佛教传播泛滥,寺院僧团膨胀,破坏了社会政治经济,所谓"浮屠害政"、"吏空于官府,粟罄于堕游,货殚与泥木",佛教礼俗,违背儒家的名教和习俗,所谓"桑门蠹俗"、"家弃其亲,人绝其嗣",发展为尖锐的社会矛盾,这是政治经济和社会伦理等问题在宗教上的反映。历史和现实都能说明有神与无神的矛盾,其内在的社会内容,它或隐或现,直接或间接与一定民族、社会阶层、集团以至国家的利益相关,与一定的政治路线、政治派别、政治理念、政治组织、政治运动相联系。

宗教有神论的终极目的在于为信仰者提供人类命运和人生问题的解答。为论证神的存在和神性的神圣性,宗教家一直在寻找有效的证明。但是它所追求的目的和所追求的方法之间存在着不可克服的矛盾。它脱离人的现实和社会,以超经验的信仰来回答人生的、社会的各种问题,对于超验的最高存在的神,并无力确认它的存在,只能是人在虚幻想象基础上或用直觉神秘主义方法来认识它,从而限制人的自由,成为历史进步的障碍。但人类历史上有神论与无神论的不断论战,又互相启迪,推动了两种思潮的发展,推动了人类思想史的发展。另一方面无神论对有神论的批判,历经千百年来,至今还未能完全否定"上帝"存在,只能在真理的长河中去解决。这样有神或无神就只能成为个人在信仰问题上的抉择,交给个人的信念去决定。这就是在对待宗教信仰问题上为什么只能采取宗教信仰自由政策的重要依据。

宗教问题是复杂的社会政治问题。宗教是一种社会实体,是社会大系统的一个子系统。它与外部大社会系统之间的关系,包括宗教与民族、国家和社会政治经济文化的复杂关系。宗教问题与民族国家问

题、宗教意识与国家意识、宗教思想感情与民族思想感情、宗教生活
与世俗生活互有联系，互有差异，有差异就会有矛盾。在一定社会历
史条件下，矛盾往往会激化，造成社会动荡。宗教与外部的矛盾冲突
又往往有助于宗教内部的凝聚力，从而更助长内外的对立。此一宗教
与彼一宗教之间的差异和同一宗教内部派系之间的分歧，其所产生
的宗教问题也都是社会问题。后者是宗派、门户之见或正统与异端之
别以及集团间利益的冲突，前者除宗教信仰上、纯粹观念上的相互排
斥的矛盾外，往往与文化传统差异，或民族、国家、种族、阶级的利益
冲突密切相关。

　　宗教学特别是宗教社会学派都重视宗教与社会生活的关系，从
社会学角度出发，研究宗教与社会的关系，论述宗教的社会功能、社
会属性、社会价值等，为人们考察宗教问题提供了一定的理论基础。
按照历史唯物论的宗教观，作为社会历史现象和观念形态的宗教的
产生和发展都由社会经济生活的过程所决定，同时它也反作用于社
会经济基础，而政治是经济的集中表现。在阶级社会里，宗教在社会
政治经济斗争中，往往扮演着相当重要的角色。马克思、恩格斯对于
宗教与社会的关系，着重从政治经济斗争的角度来考察的，他们一生
的主要理论和实践集中在无产阶级和全人类的解放事业上，只是在
与此相关的情况下，关注宗教问题主要关注其对社会的消极方面，而
对宗教的文化因素等方面，较少重视。这与马克思所处时代的革命批
判精神是分不开的。宗教与社会的矛盾不仅反映在政治斗争上，当然
还表现在其他方面，而且是错综复杂的。除了政治因素之外还有非政
治性的其他社会公共生活因素。如前述佛教初传中国时，它与社会的
矛盾不仅在士大夫知识阶层与僧侣之间的神灭神不灭之争，更多更
普遍的是在老百姓中的夷夏之分和人伦习俗之争。直到现代社会，宗
教信仰者与非信仰者、僧与俗之间，宗教生活习俗和世俗生活习俗等

文化上的矛盾,仍然是社会矛盾反映在宗教问题上的多发现象。

宗教问题不是一个孤立的问题,它从多角度、多层面、多方位与社会发生千丝万缕的联系,产生性质不同,内容不一的问题。宗教问题又是一个历史的动态过程,在一定的社会历史条件下产生,并依人们的社会生活条件、社会关系而变化,或其政治内容消退,或文化矛盾突出,或信仰冲突。近现代以来,在宗教问题上有一个重要现象,就是宗教日益重视社会参与和政治参与,宗教的现代化、世俗化和政治化趋势日益明显。一方面宗教信仰在个体中日渐淡化,却又出现宗教的某种复兴,宗教复兴中包含有大量的社会经济、政治和民族等领域的问题;另一方面宗教复兴中日益彰显其文化的社会功能,扩大宗教的影响。全球经济一体化,政治多元化的形势,尤其是宗教的政治化是当代宗教的问题的重要表现,宗教冲突,教派纷争与民族、国家冲突交织,宗教干预政治,参与权力斗争。如美国的选举,反堕胎;犹太教极端势力采取恐怖手段,企图阻止中东和平进程;塔利班借宗教纲领夺取政权;中亚地区宗教极端势力企图倾覆现政权等等。宗教问题关系到社会的治乱、民族的兴衰、国家的安危和人民的祸福,这就是它的全部社会政治意义。

宗教问题是一个群众问题。宗教信仰的群众性是不言而喻的,宗教离开了信仰的群众,它也就不存在了,这是宗教的根本特点之一,也是宗教不仅是意识形态而且是一种实际社会力量的实践和理论依据。充分认识宗教的群众性,才能充分把握宗教、宗教问题的实质和它们在社会各个层面的表现。无论历史的或现实的宗教问题本质上都是群众问题,而宗教社团组织则是这一群体的代表。

宗教问题的当事者都是社会群体。为处理与宗教信仰群体有关系的社会公共事务,宗教社团组织产生了,它最初由宗教专职人员形成,而后发展为一种由共同的宗教信仰、宗教行为、宗教生活为基础而联结为一体的信教者的社会群体。宗教社团组织具有较高的统一性、稳定性,僧侣人员负责为信众的宗教事务服务,信众则有供养僧侣和遵守所规定的宗教社会法规的义务。为此,宗教社团既是一种有统一信仰的宗教团体,又是一种社会实体,一种实际的社会力量。这种二重性,一方面宗教群体与外界群体保持着一定的距离,不仅对彼此的界线加以保护,防止被混淆,关注其内在的"纯洁性",这种"我们""他们"的认知线,对"我们"形成归属感,对"他们"形成隔离感。另一方面通过社会生活的实践活动与外界群体发生联系,作为一般社会成员,享有世俗的权利,承担世俗义务,与世俗组织一样,服务社会,关心和参与各种社会生活,判断是非与价值,与非宗教群体在政治经济等诸多方面有着共同的联系。这种二重性表现了宗教群体不同于一般社会群众的特殊性,与神圣观念相联系的诸多社会生活层面,是在宗教群体与非宗教群体间发生矛盾的常见现象和原因,表现出宗教问题的社会影响的张力。

宗教问题的群众性有着深层次的哲理,宗教所以能取得千百万群众的信奉,不仅在于它的神圣性,更在于它折射出的人道主义、人性的内容,对人世间生死、善恶、祸福,甚至宇宙生灭变化等境遇问题,常常以此而表现出现实批判的态度,如原始基督教、原始佛教和初期道教都以社会的下层群众为同情的对象,大胆地抨击当时的奴役者和剥削者,反映受自然和社会压迫的人们特别是劳动群众的心声,从而引起他们的共鸣,引导其信仰。这是宗教具有人民性和群众性的根源之一,是宗教信仰群众性的依据。恩格斯在《论早期基督教的历史》中指出:"基督教……在其产生时也是被压迫者的运动:它最初是奴隶和被释放的奴隶、穷人和无权者、被罗马征服或驱散的人们的宗教。"但是宗教并不能科学地解释这些社会现象产生的原因,甚至认为是人因原罪(如基督教)、业报(如佛教)、人性堕落(如犹太教)

而致咎由自取，于是就由现实批判转为维护现存秩序而制造神圣的根据。为了摆脱苦难，宗教又制造了救赎论、涅槃解脱论和弥赛亚降临等说教。历史上许多人民革命运动也曾从宗教救赎论中找到理论依据，就是宗教外衣论，这也是宗教问题的复杂性、群众性的重要一面。

我国是一个多民族、多宗教的国家，宗教文化遗产十分丰富，不论是固有的传统宗教，还是外来宗教，已是我国历史文化的组成部分。作为社会历史文化现象和社会实体的宗教，不仅因为它本身的多形态、多宗派，还因它与民族、国家和社会的密切联系，在每个宗教内部、在各宗教之间、在宗教与外部之间形成错综复杂、互相依存、互相作用的关系，在社会不同领域衍化延伸，产生诸种宗教问题。宗教问题是特殊的社会问题，也是思想信仰问题、政治问题。中国宗教问题受中华民族一体多元文化格局的作用的影响，是大一统的中央集权制国家里各宗教共处的关系。商周以后宗教与政治定位，教权从属王权。两汉以后，儒学获得独尊地位，在大一统的中央集权制下，在儒家文化的统摄下，其社会的政治伦理道德一直是传统宗教文化的核心，由于儒家仁恕中庸思想和礼乐文化的浸润，对各宗教采取包摄、宽容、广纳的态度，无派别轩轾之见，也没有居特权地位的宗教。各宗教经过初传中国时在思想信仰和文化上的差异和碰撞，逐渐磨合，在大一统的氛围中，当政者以儒家政治伦理标准而不以宗教信仰差异来对待和处理宗教关系，各宗教基本上都能和平相处，既没有剧烈的宗教冲突，更没有宗教战争。宗教徒与非宗教徒、有神论与无神论，在老百姓中各信各得，自行其便，司空见惯，约定俗成。

中华人民共和国成立后，在新的社会主义制度下，改天换地，一切都变了，宗教也不例外。特别是它作为社会实体也发生了深刻甚至结构性的变化。但是经过世代传承下来的反映宗教神圣性的宗教信仰和宗教生活行为,仍然为信教群众所关注、所需要而习守信奉的。由是宗教与社会的关系,转变为宗教与社会主义(制度、思想体系、政治学说)的关系,二者将长期共存在现实生活中,这一关系具体体现为领导社会主义革命和建设的以马克思主义无神论为指导的工人阶级政党与被领导的宗教有神论群众之间的矛盾,矛盾的主导方面是坚持社会主义的执政的工人阶级政党,面对的是亿万信教群众,这个矛盾将长期存在。从意识形态说,宗教有神论和马克思主义无神论是对立的,不可调和的矛盾;从社会制度和文化方面说,二者又是互相联系、互相包容、互相渗透的;从政治上说,二者也是可以开展对话,互相认同,相互协作的。这种对立统一的关系,决定着社会主义时期宗教问题的基本内容和性质。如何正确认识、对待和处理这一矛盾,是社会主义社会生活和政治生活的重要问题。

（本文发表于《西北宗教论丛》第 1 辑）

专著类

中国宗教理论和政策纲要

导 言

一、宗教学是研究宗教的科学

宗教是一种古老的社会现象,人们对宗教的研究,古已有之,然至近代才产生专门研究宗教的科学。

研究宗教的学科是一个庞大的知识体系,最基本的是宗教学。宗教学,顾名思义就是研究宗教的科学。随着科学的发展,在这一研究体系中又分出若干支系,有比较宗教学、宗教史学、宗教现象学、宗教哲学等。此外还有宗教与其他社会现象相联系而在科学研究上彼此发生交叉的边缘学科,如宗教社会学、宗教心理学、宗教考古学、宗教民俗、宗教艺术、宗教语言等。

对于宗教学的研究范围和内容,在西方宗教研究中存在着争论(参见吕大吉:《宗教学通论新编》导言部分),而其分歧均受社会思潮的影响。一种是以宗教现象作为研究对象,而避开宗教本质及其规律的理论研究;一种是把宗教与神学的研究结合起来或在神学的影响下使宗教学研究神学化。马克思主义宗教学,是运用辩证唯物主义和历史唯物主义的基本观点和方法研究宗教的本质及其产生、发展规律的科学。

本课中国宗教理论和政策纲要是应研究生的需要而开设。

宗教理论以阐明宗教的特征,揭示宗教的本质,研究宗教在社会生活中的地位、功能和作用,认识宗教产生、发展的一般规律为主要任务。其内容为:宗教的本质及其结构和分类;宗教的起源、发展和演变;宗教的社会功能和作用;我国社会主义时期的宗教及其发展趋势等。

宗教政策主要研究党和国家对宗教的基本态度以及制定的相关法律、政策。内容包括:中国当代宗教信仰的情况和特点;党和国家的宗教政策和法律;中华人民共和国成立以来的宗教工作;宗教与社会主义相适应的问题等。

二、宗教研究的方法论原则

神学的研究主要是以宗教寺院、教堂为中心的僧侣、神职人员研究宗教,提出各种神学理论和学说,产生大量文献资料,包括各种宗教经典、注疏和其他神学论著。在古代,宗教的研究者主要是寺院、教堂的神职人员和虔诚的宗教信徒,他们有自己的神学立场、观点和方法,在从事宗教活动的实践中,为求生命永恒而不断向超越现实的彼岸世界寻找"终结",从而形成了构成宗教的一系列完整体系(包括从思想理论到生活习俗),也就为世俗社会研究宗教提供了极为丰富的经典和其他文献资料。当然,神学家的宗教研究,一般都是为神学信仰作论证和宣传的,以信仰主义为基本立场,以护教为主要目的。其研究方法是思辨的, 如德国神父 W. 施米特就认为:"在研究宗教史上,一个有信仰的学者,比一个无信仰的学者更占便宜,而且前者的造就是后者难以追及的。如果宗教是内在的生命,那么就唯有借着内心,不断把握宗教的真义,所以唯有意识中具有宗教经验的人,对于宗教问题,才能有深刻的明了。无宗教信仰的人来谈宗教,真可说是危险重重,就好比盲人谈颜色、聋子谈音乐一样。勒南认清了这一点,然而他认为曾经信仰过宗教而又背弃了宗教的人,再来研究宗教,比较适宜些,这是不能令人承认的,因为背弃宗教者,既然对于真理下了一种很强烈的批判,他的客观的态度自然地就受了威胁。"(《比较宗教学史》,上海文艺出版社影印本,第 7 页)所以神学家的宗教研究都是为宗教信仰作论证和宣传的,以信仰主义为基本立场,以护教为主要目的。但他们的研究和那些神学著作,却为宗教学的研究提供了丰富的资料。

有史以来,不少哲学家、历史学家、思想家、文学家和政治家,从不同角度对宗教的起源、发展、社会作用以至本质性的问题,进行了大量的研究和论述,有的曾经产生过重大的历史影响,反映各个时代人们对宗教认识的广度和深度。他们中有的从哲学的即世界观的角度研究;有的从政治斗争的角度来研究;有的从社会伦理道德的角度来研究;有的从社会文化习俗的角度来研究,等等。这些研究各自从不同的侧面来反映宗教的现象和本质。宗教是一个十分复杂的历史文化现象,人们对其研究的立场、观点、方法不同,从而对宗教的现象和本质的反映也就有千差万别。近代以来,随着资本主义的发展,新的社会思潮不断涌现,宗教研究也进入了新的发展阶段。从欧洲文艺复兴发端的人文主义运动到 18—19 世纪提倡科学民主和理性思辨,都直接或间接与宗教思想发生冲突,使人们对宗教的认识和研究别开生面。除神学院之外。社会的专业研究人员和专门机构逐渐出现。19 世纪下半叶,把宗教作为一种社会现象,专门以宗教为对象进行科学研究的宗教学应运而生了。宗教学成为一门学科,研究范围日益扩大,题材日益广泛,涉及社会科学、人文科学和其他科学。对宗教进行批判性研究有了新的突破,宗教神学思潮也有新的发展。在研究方法上,百花齐放,凡近代以来出现在人文科学中的信仰主义、实证主义、客观主义、新形而上学等方法在宗教研究中,均各有重要影响。信仰主义的方法将宗教的科学研究导向神学研究;实证主义的方法则是把宗教学视为单纯描述性的学问,认为宗教是超经验的存在,无法证实,因而在研究中摒弃理论思想;新形而上学力图摆脱实证主义的缺陷,用新的形而上学概念来考察宗教的本性,论证宗教信仰的终结实在性,为宗教信仰提供某种形而上学的或哲学的理论。

马克思主义研究宗教的基本方法是辩证唯物主义和历史唯物主义。它的科学性在于从经济基础去阐明一切上层建筑包括宗教在内的本质和规律性。应用本方法要掌握几个基本原则:第一,从社会经济基础中寻求宗教的根源和本质,不能从其他精神现象解释宗教。第二,从社会发展的历史进程中探索宗教的发展规律。第三,人与神的关系要用人的社会关系、人与自然的关系去说明。宗教是依赖人、社会而存在,不能用宗教本身来说明宗教。此外,两分法、因果律、比较研究法以及社会科学中的一般研究方法也都是要具体采用的方法。

宗教是一个很复杂而又较为敏感的社会历史文化现象,研究宗教力戒偏见和主观,应有宽容、公正、客观的态度,这也反映出一个研究者的素质和学风。

三、宗教研究的意义

理论意义:有助于深化人类的认识史、进化史以及其他社会文化研究;有助于树立正确的世界观、人生观和价值观。

实践意义:为社会主义现代化建设服务;为制定宗教政策服务;为正确处理宗教问题、搞好宗教工作服务。

上篇　宗教理论

第一章　宗教及其本质

第一节　宗教的本质

一、什么是宗教

"宗教"一词在我国出现于近代。中国古籍上无"宗教"一词，有"宗"和"教"，分别用之。宗从"宀"、从"示"，尊祖庙也（《说文解字》），有祭祀祖先之意（《大百科全书·宗教》），神祇所居之所。教，"上所施，下所效也"（《说文解字》），"修道之谓教"（《中庸》），"圣人以神道设教"（《易·象传》）。佛教传入中国后，"以佛陀所说为教，以佛弟子所说为宗，宗为教的分派，全称宗教，意指佛教的教理"（吕大吉：《宗教学通论》）。今宗教一词，从英语 Religion 译来，有人神联结之意；亦可释为奉祀神祇祖宗之教，合我国古已有之的神道设教之意。

宗教与神学有别，后者是论证神（上帝、天帝、佛等）的存在本质，研究教义、教规的学问，宗教是人对于神的崇拜体系。宗教与宗教信仰亦有别，后者是指服从和虔信超自然的神灵。宗教与宗教学亦有别，后者是以宗教为对象研究宗教的专门学科。

究竟什么是宗教？由于人们的理解不同，因此，对其界定表述也就不一，综合起来可分为以下几种。

1. 以宗教信仰崇拜的对象来规定。此说多为宗教史家、宗教人类学家所论。如：

"宗教就是对某种无限存在物的信仰。"（麦克斯·缪勒）

"宗教是对于精灵实体的信仰"。（泰勒）

"宗教是对超自然和超人间的权威力量讨好并祈求和

解的手段"。(弗雷泽：《金枝》)

宗教定义有主观和客观之别，"从主观来说，宗教是人系属于一个或多个超世而具有人格之力的知识和感觉，根据这种知识和感觉，人与此力有一种相互的交际。从客观来说，宗教即是表现这主观宗教的一切动作的综合，如祈祷、祭献、圣事、礼仪、修行、伦理的规条等"。(威廉·施米特)

以上诸说，均把宗教释为神、上帝的等同物，以历史事实和人类学事实为依据，把宗教规定为崇拜"异己力量"的体系：神—神圣物—比人更高的力量。从哲学上说是客观主义。

2. 以宗教信仰的主体——个人的体验来规定。此说多为宗教心理学家、宗教现象学家所论。如：

"宗教就是各个人在他孤单的时候由于觉得他与任何种他认为神圣的对象保持关系所发生的感情、行为和经验"。(威廉·詹姆士：《宗教经验之种种》，转引自《宗教学通论》)

"对神既敬畏又向往的感情交织"，即个人对神圣者的直觉体验。(鲁道夫·奥托)

"宗教中最本质的东西是人与神的交际和感通"。([英]麦奎利)

蒂里希把宗教定义为对"终极"的关切。在他看来，真正的终极乃是"存在"本身，即上帝。

弗洛伊德把宗教说成"无意识中的犯罪感的产物"，这个产物也是通过把"父亲"投射为"上帝"而造成的。

以上诸说，强调宗教主体的宗教体验，把宗教看做人的意识的产物，但不可避免地要涉及体验的对象——异己力量。它动摇了宗教观念和教会的权威。从哲学上说是主观主义。

3. 以宗教信仰的社会功能来规定。此说多为宗教社会学家所说。如：

> "神明不是什么别的东西,无非是被造的和被象征地表现出来的社会。是信奉者团结到道德团体之中的、与'神圣事物'相关联的信仰与行为体系"。(涂尔干)

> "人们借以和生活中的根本问题进行斗争的信仰和行动体系"。(密尔顿·英格)

上述说法的必然逻辑是"非宗教的宗教"、"世俗宗教"、"准宗教"、"社会主义也是宗教"等以宗教的社会功能作为唯一的宗教界定,其结果将陷入宗教是"永恒的",但也都是把社会功能同异己力量的信仰联系起来。

4. 从人的本性出发来解释宗教。此说多为宗教人类学家所说。如：

> 费尔巴哈认为,"人在宗教中只是和他自身发生关系,他的上帝只是他自己的本质……即当他站在有神论或人类学的立场上时,便把人的本质当做神的本质来崇拜"。

人在宗教上把人的本质与自然分开,并把这些本质以夸大的形式变为假象的本质——上帝。费尔巴哈的认识体系只是停留在人是自然的产物,仅仅是把宗教的本质归结为人的本质。但是人的本质并不是单个人所固有的抽象物,在其现实性上,他是一切社会关系的总和(马克思)。费尔巴哈对宗教的解释之所以是人类学的和人本主义的解释,是因为抽象地理解人,没有考虑人所活动和生活(其中包括宗教活动和生活)的现实社会,从而阻碍了他去认识宗教是一种社会现象,一定的宗教是一定的社会关系的产物,"宗教感情"本身是社会的产物。

5. 其它有关的释义。

《宗教词典》："相信在现实世界之外,还存在着超自然、超人间的神秘境界和力量,主宰着自然和社会,因而对之敬畏和崇拜的信仰观念和行为。"宗教是建立在超自然、超社会的实在性,并对之加以崇拜的基础上的,具有一整套系统性的人生观、社会观、伦理观以及宇宙观的思想信仰和行为体系。

《牛津字典》："宗教是人类对一种看不见的超人间的力量的承认,这种力量控制着人类命运,人类对他顺从、敬畏与崇拜。"

《苏联大百科全书》："宗教是社会意识形态之一,是统治着人们的自然力量和社会力量在人们意识中的歪曲和虚幻的反映,是对超自然力量、神、魔鬼、灵魂等存在的信仰。"

《大美百科全书》："宗教是以'终极'、'死亡'和'神'为核心的一种信仰和礼仪模式,人们企图由此凭借通常的现实经验与来世相通,并希望获得有关来世的灵性感受。"

《中国大百科全书》："宗教是一种社会历史现象,是人的社会意识的一种形态,是感到不能掌握自己命运的人们对自然、社会与人生的自我意识或自我感觉,因而企求某种超越的力量作为命运的依托和精神归宿。"

此外还有其他种种表述,在此不再赘述。

二、宗教的本质

任何事物,都有其现象和本质之分,有本质和非本质之分。本质是事物内在的本性,它决定着本事物的基本特征和规律性而与其他事物区别开来。宗教的一种社会文化历史现象。宗教是什么? 只有透过其现象,掌握其内在的实质,才能真正有所了解。

马克思和恩格斯是从多角度来说明宗教的本质属性的。

虚幻的、歪曲的反映说。"国家、社会产生了宗教即颠倒了世界观,因为它们本身就是颠倒了的世界。宗教是这个世界总的理论,是它的包罗万象的纲领,它的通俗逻辑,它的唯灵论的荣誉问题,它的热情,它的道德上的标准,它的庄严补充,它借以安慰和辩护的普遍根据。宗教把人的本质变成幻想的现实性,因为人的本质没有真实的现实性"。

自我意识说。"宗教是那些还没有获得自己的人的自我意识和自我感觉。但人并不是抽象地栖息在世界以外的东西。人就是人的世界,就是国家、社会"。

"宗教最深的根源在于人本身,在于人的自我感觉和自我意识,这是宗教产生的根源"。(赵复三)

宗教鸦片说。"宗教里的苦难是现实的苦难的表现,又是对这种现实的苦难的抗议,宗教是被压迫生灵的叹息,是无情世界的感情,正像它是没有精神的制度的精神一样。宗教是人民的鸦片"。鲍威尔兄弟、海涅、费尔巴哈都曾用鸦片、麻醉剂、酒精等来与宗教相比。列宁说过:"宗教是麻醉人民的鸦片——马克思的这一句名言是马克思主义在宗教问题上的全部世界观的基石。"(《论工人政党对宗教的态度》)对于马克思"宗教是麻醉人民的鸦片"一语应与"现实的苦难"、"被压迫生灵的叹息"相联系来理解,而不能割裂地孤立地去看,也不能笼统讲,它是就当时基督教的负面社会作用而言的。在社会主义社会,鸦片并不能概括宗教的一切作用。

恩格斯对宗教做出了概括性的解释,他说:"一切宗教都不过是支配着人们日常生活的外部力量在人们头脑中的幻想的反映。在这种反映中,人间的力量采取了超人间力量的形式。"(《反杜林论》)

恩格斯对宗教的界定,抽象概括了一切宗教的相同属性和本质属性,把宗教作为一种社会历史现象、一种意识形态、一种反映,从宗教的生产、宗教的社会根源和认识论等角度总结出宗教不同于其他社会意识现象的基本特征,从而形成比较科学的宗教概念,基本反映了宗教的本质。

首先,宗教是一种特殊的社会意识形态,它同其他意识形态不同(反映方式和性质),其根本区别在于它是歪曲的、颠倒的反映。宗教所崇拜的对象是超自然、超社会的神秘力量,而这种力量又是支配着人们日常生活的自然和社会力量在人们头脑中的幻想的反映。对外部力量幻想的反映正是作为意识形态的宗教的特殊性的体现。人类幻想有两种:一种召唤人们前进,克服困难;一种驱使人们从现实中走向虚无世界,滑落至消极无力。宗教意识便属于后一种。

其次,宗教对外部力量(自然和社会)的反映采取超人间力量的形式,是宗教本质的又一特点。

不同的意识形态各按自己的方式反映社会生活。如科学以规律和科学概念反映世界;宗教则以非科学的纯粹的思辨哲学(从概念中推出实在,使客观世界服从于人的思维)、幻想的臆造、歪曲的狂言或妄语反映世界。这些幻想、狂言又离不开人的周围的现实和人民生活的时代和条件,所以说,在宗教的反映中,采取了歪曲的超人间的形式。宗教中的反映论是意识与物质相分离、主观与客观相矛盾,其认识对象的原型仍是客观世界,不过在宗教里是经过加工制造的东西了。就是说,神作为世界的制造者、守护者和统治者是与世界和自然界相对立而存在,他们包括天堂、地狱都离不开现实感觉到的材料。"天才们无论怎样说大话,归根结底,还是不能凭空创造,描神画鬼,毫无对证,本可以专靠了神思所谓'天马行空'似的挥写了,然而他们写出来的只不过是三只眼、长颈子,就是在常见的人体上增加了一只眼,增长了颈子二三尺而已"。(鲁迅:《且介亭杂文二集》)如佛教所描绘的佛国是按照有着森林和庄园的热带美景来塑造来世的乐土。佛教的基本教义是解决人生如何从生老病死中解脱出来。生老病死是一种客观存在的自然现象和法则,任何生命无法避免。而佛教则要追求对这一必然规律的超越,永远摆脱生老病死,进入涅槃。这一境界当然就成为与自然、与人间绝对对立的超人间了。宗教超自然的东西,是不服从特质世界的规律的,它总是与人间的现象和事物相对立;变化的事物现象与无限的、不变的上帝相对立;有罪的、软弱的人同全能至善的上帝相对立。我们说,超自然的东西不是客观存在物,而是一定的思想观念即人的意识现象,它具有虚假错识的性质,与现实客体不符,这并不等于说,对超自然东西的信仰没有现实的人间基础。不过宗教就是对之加以改变,创造了虚幻的本质属性和联系的虚幻世界,作为现实的补充,甚至取代现实并与现实相对立。如果不是这样,也就没有宗教了。所以超人间力量的形式,乃是宗教存在的基础,也是其本质特征之一。

再次,宗教所反映的外部力量是那些"支配人们日常生活的"异己力量。

并非一切外部力量都是宗教所反映的,当外部力量已经为人们所掌握控制了,它就不再是主宰人们生活的力量,而恰恰是为人服务的工具了,因而在人的认识中就得到了正确的反映。正是有的外部力量还未被人所认识,成为一种"异己力量",被人视为生活所依或生存所系的主宰力量,幻想为神圣之物,与人对立并对之敬畏崇拜。

宗教的本质是人的异化的一种形式。宗教的本质在于人,在于人是社会的存在,而不在于神。宗教是"人类自我异化的神圣形式";"在宗教中丧失了自己的本质,失去了自己的人性"(马克思)。这是因为使用一个高于人类本身的原则来解释人,并造成人的自主权的异化。"世俗的基础是自己和自己本身分离,并使自己转入云霄,成为一个独立王国"(恩格斯)。如前所述,人,特别是原始人在未认识外部自然力量时,"自然界起初是作为一种完全异己的、有无限威力的和不可制服的力量与人们对立的"。原始人对这种威力无能为力,为求生存,他们往往会采取巫术的力量来力图制服它, 当他们获得某种胜利时巫术就成为一种鼓舞的力量了。到了阶级社会,阶级的压迫以及各种社会的弊病和灾难又成为人们的一种"异己"力量。人们为了求生存,就用诅咒或借助神明的"威力"等打着宗教的旗帜进行反抗,就是说颠倒了的世界使人用颠倒的世界观来拯救人类。所以说,宗教是人的本质的异化。

第二节　宗教信仰的特征

宗教信仰是存在于人们头脑中的一种思想观念, 是宗教的核心内容,决定宗教的本质属性,有其本身的特点。

1. 宗教信仰作为一种思想观念, 是以信仰超自然物的存在为前提,即以信仰人格化的神灵为前提。不仅是超自然物的观念在意识中存在,而且必须对之信仰和崇拜。这是神话、民间传说与宗教信仰的区别。服从和虔信超自然神灵是宗教的重要特点。信仰有自觉信仰和盲目信仰的区别,前者是理性的,后者是非理性的,宗教信仰是属于后者,是广义上的迷信,但和封建迷信是有区别的。中国共产党的宗教政策是把宗教信仰和封建迷信严格加以区别的。宗教信仰一般是依据一定的经典教义、教理,遵循比较规范的宗教礼仪、修持制度、生活习俗,有实践和维护其信仰的活动场所和组织团体。而封建迷信则是依托精灵鬼怪,制造和散布各种眩惑的谶语巫术,采取蒙骗、欺诈手段,秘密的组织和活动,以迷世乱俗、骗取钱财为目的。

2. 宗教信仰必须是和超自然的东西或人格化的神灵保持一种有感情的联系。作为一个宗教信徒不是简单地相信超验事物的现实性,而是很有感情地体验自己和超验事物之间的联系(心灵向往、情感指向）。教徒在其宗教信仰中包含着对超验事物客体的虔诚、尊崇、敬畏、祈求、盼望、慰藉等等的情感。这是宗教信仰和其他思想信仰不同的重要特点。

3.宗教信仰体现出人与超自然物之间的两种特殊的关系：一是从属依赖关系，确信超自然物的真实存在，而且能主宰影响自己的生活和命运。二是祈求关系，相信通过特殊活动，可以影响和讨好超验事物，从而可以达到祈求的目的，借助神的力量代替自己的力量以实现人类的需求。这是一种虚构的关系，但又是一种实践的关系。

第三节　宗教结构的诸要素

宗教结构的要素是宗教与其他意识形态、文化现象、社会现象相区别的重要内容，反映了宗教的特征和本质。宗教是复杂的构成物，其基本要素可作如下分述：

一、宗教思想观念

宗教思想意识在宗教构成中，具有首要地位，对宗教的本质属性具有决定意义。各种宗教都有一套说明和论证其信仰的思想观念体系。宗教思想观念是宗教活动行为的内在根据，是宗教组织制度赖以建立的理念，它构成宗教的世界观、人生观、价值观、思维方式，是宗教体系的基础或根据。

宗教思想观念，本为主观意识，但其宣传、传播须用文字表现出来，如佛经、《古兰经》、《圣经》。用语言文字表现就超越了个人体验和内在信仰的范围，而具有社会作用和意义了；成为意识形态中的一种特殊形式，它对人类发展史、认识史具有重要的意义。

宗教思想观念的主要内容，是以所信仰崇拜的神为核心的教义、信条和教理，以及集中于从事宗教思想研究的神学，此外还有宗教哲学以及关于政治、经济、法律、艺术等的神学观。宗教思想研究的内容,最本质的东西是关于神的观念,其中灵魂观念、神灵观念、神性观念是主要内容。

1. 灵魂观念

灵魂观念是古老的宗教观念,可能在旧石器时代中晚期就已出现。古代原始的灵魂观念,是被视为物质性的东西,"附形之灵为魄,附气之神曰魂"(《左传》昭公七年),"魂"、"魄"与"形"、"气"相随。"阳之精气曰神,阴之精气曰灵"(《大戴礼·曾子天园》)。《说文》:"魂,阳气也。魄,阴神也。""每个人体内都藏着一个隐秘的存在,由生命的本原赋予它活力:这就是灵魂"。(涂尔干:《宗教生活的基本形式》第八章灵魂观念)。宗教认为,不仅人有灵魂,万物皆有灵。以后这一观念发展为独立于形体之外能活动的非物质性的,所谓"魂气归于天,形魄归于地"。(《礼记·郊特牲》)人死后,灵魂不灭,可以离开肉体任其所往。

2. 神灵观念

任何宗教都有其崇拜的对象——神、佛、真主、耶稣、基督、雅赫维、太上老君。神为何物? 就是"人格化的超自然存在"。神之所以被人崇拜,因为具有人所加给的"人性",才能与之交往,发生崇拜与被崇拜的关系。"阴阳不测之谓神"(《易·系辞上》)。"神也者,变化之极,妙万物而为言,不可以形诘者也"。神灵观念由灵魂观念发展而来。

神灵具有若干形象分类:一曰自然神,即宇宙山川草木日月水火之神。"天子祭天地,诸侯祭社稷,大夫标五祀(门、行、户、灶、中雷)"(《礼记·王制》,一说五祀为春夏秋冬四季之神,加中央后土、句芒、祝融、蓐收、玄冥均乃地祇神)。二曰氏族神(图腾)。"神不歆(受祭)非类,民不祀非族"(《礼记》)。"鬼神非其族类,不歆祭祀"。"非此祖也,不在祀典"(《礼记·祭法》)。三曰职能神,如爱神、女神、医神、守护神……此外,还有高位神、至上神、绝对唯一神。

3. 神性观念

神性乃人的特性(自然和社会属性)的异化。是人赋予神具有意志、命令、支配和操纵自然的变化以及人间的生死命运的性能,这是神性的根本。表现形式如天命观、天神感应、占星术、天启以及种种神迹、神物、圣地、神通、修炼等。

二、宗教体验(宗教感情)

宗教体验是宗教信仰者对神圣物(神、神力)的某种内心感受和精神体验。宗教信仰者对神圣物崇信,便在心理上产生一定的观念形态和概念形式(如神灵观念等),并可能具有某种体验,在情绪上产生种种反映,从而激起某种感情。这种与神相遇交会合一的直观,具有浓厚的神秘主义色彩,宗教学称之为神秘主义。各宗教都把它视为真实性的根据。如释迦牟尼在菩提树下七日悟道成佛;摩西在西奈山上亲见上帝面受戒命;耶稣在约旦河受洗后眼见天裂开,有圣灵如鸽者降临其身;穆罕默德在希拉山洞听迦伯利传天启等事属理不可信,然宗教经验是存在的。内容主要是心理上的宗教意念、各种情感(喜怒哀乐)。

所谓宗教体验是信仰者对支配的异己力量的敬畏感、依赖感、惊异感、罪恶感、羞耻感(神对自己行为的审判)、安宁感(仁慈宽恕)、爱慕感、神秘感(与神际遇)等。

宗教体验并没有客观的、实在的感知对象,他的对象是超验对象,是信仰者主观观念的对象化,即在神明身上将自己的欲望、要求、情绪、理想客观化,并且又同神明建立互相交往的关系。人同某些超人力量建立联系这种事情,除了用对生命渴求来解释以外,不需要任何别的解释。

三、宗教行为(宗教活动)

宗教观念和体验通过外在的人的身体动作和言语形式得以实

现,表现为宗教行为活动,构成宗教的外在形式。

宗教行为和活动有巫术、禁忌、祈祷、祭祀、礼仪等。巫术如占卜、蓍龟、五行、数术、谶纬;禁忌种类繁多;祭祀是重要的宗教活动,包括典礼、仪式、牺牲(祭献)、圣礼、礼拜、斋戒、祈祷、布道等。除祭祀外,其他活动繁多,如传教、讲法传经、管理宗教组织机构、平时的念经、礼拜等。宗教活动有其场所、设施和手段,如庙宇、教堂、宗教用品、宗教艺术(建筑、绘画、雕塑、音乐)等。

宗教行为的重要意义,在于宗教信仰者通过宗教活动和行为,不仅可满足其信仰的宗教要求,激发宗教感情,得到某种心理上的满足,亦可满足其非宗教的要求,如美感的享受、人际交往等。同时,由宗教行为实践而形成的相关的道德和社会行为规范,相沿成俗,成为宗教文化的重要组成部分。

四、宗教组织与制度

宗教组织是宗教信徒过宗教生活,进行宗教活动的机构、团体、会社、社区的群体;宗教制度是维系宗教组织、规范宗教生活、指导宗教活动的教法、规章、体制、惯例和传统。彼此互相联系,是构成宗教的外在的形式,是宗教社会化、实体化的体现。

宗教组织制度具有二重性,即宗教性和世俗性(社会性)。宗教组织是一定社会条件的产物,反映一定社会的政治、经济和文化状况。宗教组织制度与社会组织制度交叉重合,直接或间接参与社会的政治、经济、文化教育、医疗慈善、社会服务以至军事活动,因而它与社会组织制度有密切的联系。另一方面,宗教组织制度的二重性,决定了它是不断发展变化的。

宗教组织制度是宗教的重要载体,是宗教社会性的具体体现。它的建立,强化了宗教与现实社会的联系,使宗教同时成为一种现实的社会体系和力量,成为社会文化的一个组成部分,从而深深影响了信仰者的社会生活、行为以及价值观念等。宗教组织制度是对其宗教思想的信仰和崇拜行为的重要保障。

第四节　宗教的五性

宗教是一种社会现象,具有社会性特征。这一特征通过宗教的长期性、民族性、群众性、国际性和复杂性而具体体现,宗教五性应是宗教的本质属性之一。

一、宗教的长期性

宗教有其产生、发展和消亡的过程。宗教的长期性已为其历史所证明,不仅其产生、发展的过程是漫长的,其消亡也同样将是一个漫长的过程。在社会主义社会,宗教还要长期存在。社会主义社会,宗教发生了变化,宗教存的阶级根源已基本消除,但社会根源和认识根源仍然存在。我们改革开放解放了生产力,但生产力的提高、物质财富的丰富和科学技术的发展,还不足以克服自然的压迫。社会主义社会,人们在法律上是平等的,但社会力量对人的盲目支配的现象还存在,诸如婚姻、家庭、经济生存、医疗卫生等物质和精神的不堪重负;贪污腐化,巧取豪夺,杀人越货和拜金、权利欲等社会弊病以及历史上形成的鬼神崇拜、命运、迷信等传统影响,在民间有广泛而深厚的群众基础,这都是宗教存在的丰沃土壤。传统影响和宗教生活对人们的习俗和心理的渗透,具有相当的稳固性和延续性。包括宗教在内的社会意识又往往落后于社会存在。总之,宗教存在的自然根源和社会根源,将是长期存在的,对宗教的长期性应有足够认识。

二、宗教的群众性

全世界各国的宗教都拥有众多的信教群众,各自组成教团,成为社会群体。我们是一个多宗教的国家,信教群众在 1 亿人以上。据统计:五大宗教,共有宗教活动场所 8.5 万余处,宗教团体 3000 多个,宗教院校 74 所,宗教教职人员 30 余万,其中:伊斯兰教信徒 1763 万,有清真寺 3 万余座,伊玛目和阿訇 4 万余人;佛教信徒 3000 余万,寺院 1.3 万余座,出家僧尼 20 余万(其中藏传佛教喇嘛、尼姑 12 万人,活佛 1700 人,寺院 3000 余座;巴利语系佛教比丘、长老近万人,寺院 1600 余座);道教有宫观 1500 余座,乾、坤道 2.5 万余人;天主教有教徒约 400 余万,教职人员(主教、神父、修生等)4000 余人,教区 115 个,教堂会所 4600 余座,修道院 31 所;基督教有教徒约 1000 余万,教堂 1.2 万座,简易活动场所(聚会点)2.5 万余处,教牧传道人员 1.8 万余人(摘自 1997 年《中国宗教信仰自由状况》白皮书)。宗教信仰问题,从一定意义上说,也是群众问题,群众是社会力量,对待宗教问题一定要有群众观点。

三、宗教的民族性

世界各民族都有自己的宗教信仰。一切宗教,首先都是从一定民族的社会和政治条件中产生和成长的,然后才由民族的宗教发展为国家的、世界性的宗教。我们除汉族外,回、维吾尔、哈萨克、柯尔克孜、塔塔尔、塔吉克、乌孜别克、东乡、保安、撒拉等 10 个民族信仰伊斯兰教。藏、蒙古、土、裕固和白、羌、锡伯、朝鲜、满、傣、布朗、纳西、傈僳等族信仰佛教。宗教对民族的发展有重要影响,由此产生宗教与民族、宗教问题与民族问题、国际问题的联系和交错的复杂情况,成为当今世界许多国家和地区十分尖锐和敏感的问题。

四、宗教的国际性

千余年来,佛教、基督教和伊斯兰教发展为世界性(或国际性)的宗教。这些宗教在世界各国的传播,产生国与国之间宗教界的互相交往,而且与各国的政治、经济、文化互相联系影响,从而直接或间接地产生国际效应。既有宗教团体、宗教人士间的国际友好交往,促进文化交流和经济合作,也有各种宗教势力的扩张或排斥,或受某种政治背景的利用,从而引发诸种事端。

五、宗教的复杂性

宗教除上述的长期性、民族性、群众性、国际性之外,还具有复杂性。宗教的复杂性,除它自身是一个复杂的系统,有多种的社会功能之外,还表现在:宗教的形式多种多样,教外有宗,同一宗教之内又有派;传统宗教之外,新教层出不穷;各教教义、教规、教仪、制度、组织差别殊异;各宗教在意识形态领域与各民族的哲学、伦理、文化、艺术等有密切联系,互相影响;作为一种社会实体,宗教又与政治生活、社会经济生活以及日常生活密切相连。宗教人士是各派政治力量争取的对象;宗教问题上的非对抗性矛盾和对抗性矛盾有时变异,交错混淆,所有这些,都反映出宗教的复杂性。

此外,宗教问题还具有敏感性、突发性、变异性、扩展性的特点。

第五节 宗教是一种社会历史文化现象

宗教不仅仅是一种单纯的主观观念, 同时也是客观存在的社会文化历史现象,不仅是信仰超自然力量的单个个人,同时也是与一定社会密切联系的现实社会力量。也就是说,它既是一种世界观意识形态,也是一种社会组织和生活方式。

当宗教这种观念形态,超越个人主观信仰的范围,成为社会的群众性信仰规范,并表现为信仰的外在行为,取得了它的物质形式(外壳或载体),就成为一种客观的社会现象。宗教在取得其物质存在的形式的过程中,与各种社会行为、社会组织以及人们的政治、经济、文化、教育生活都发生的相互的关系,使自己社会化(虽然所有宗教几乎都讲离世脱俗),渗透于社会各现象之中,而成为相对独立的社会现象,宗教信徒作为社会的个人,在宗教信仰中找到其归宿和认同,宗教群众的凝聚力也就成为一种社会力量。

　　宗教也是一种文化现象。宗教与文化关系密切,其产生和发展彼此几乎都不可割断,其中以艺术最为明显。原始艺术在最初以宗教形式出现,在图腾、巫术、岩画、石器、陶纹中体现,即通过宗教活动而表现出来,或存在于宗教之中。艺术史可以说明,在相当长的历史时期,宗教艺术是主导。只是到了后来,宗教与文化逐渐分离,然而其相互渗透和影响始终存在着。人类文明的诸领域,政治、经济、道德、伦理、文学、哲学、习俗以及科学,都有宗教的影响。而宗教自身,有一套思想体系,包括世界观、人生观、价值观、思维方式、心理特征、审美情趣、符合系统、寺院建筑、宗教经籍、用品以及其它物质形式是人类精神和物质文化之一,是一种文化形式。其中有许多已成为人类文化宝库中的珍品。把宗教作为一种文化现象,从广义文化的角度研究宗教,能比较冷静客观地对待宗教现象。但是要注意把宗教完全等同于一般文化的倾向,而忽略宗教内容、宗教境界和宗教直观,模糊宗教的特征,也是宗教界所不赞同的。

第二章　　宗教的起源和演变

第一节　　宗教的起源

一、宗教起源诸说

对于宗教是怎么产生的,人们有不同的看法。

1. 神启说

　　神学家和有的唯心主义者认为,宗教是先天地而存在,因为"世界就是上帝造的";有的认为宗教是无起源的,宗教信仰、宗教感情是人类的天性,人也是上帝造的;有的认为宗教是"天启"的,是上帝通过圣人传授下来的。

2. 旧唯物主义者的宗教起源说

英国自然神论者丘贝利(1582—1684)认为："宗教是骗子——神甫创造的。"法国启蒙运动者伏尔泰(1694—1778)认为："宗教是由于糊涂虫和骗子手、傻瓜和神甫相遇而产生的。"其积极意义是揭露了宗教不是超自然的，是人创造的，对批判宗教做出了重大贡献，但其解释是形而上学的，是从意识中找意识——宗教的根源，认为宗教的起源不是人类发展的一种历史现象，而是偶然的迷误。

3. 马克思主义的宗教起源观

"宗教是在最原始的时代从人们关于自己本身的自然和周围外部自然的错误的最原始观念中产生的"(《费尔巴哈与德国古典哲学的终结》)。历史唯物主义者认为，宗教起源于人类最原始的时代的最原始的观念中。这一观念的产生：一是由于人类对自己本身的自然(如生理现象)的错误认识，二是对人周围外部自然(如各种自然力)的错误认识。

4. 宗教学派的起源说

马克斯·缪勒认为，宗教起源非单一直线式的，起源形态应是多元的，不是千篇一律的模式。任何宗教都有"无限"的体认，不同的神灵是人们使用不同的词语和名称来表示"无限"之物而已，宗教产生于人所固有的一种对"无限"的追求之中。

英国人爱德华·伯尼特·泰勒提出，万物有灵崇拜是一切宗教的最终根源。一切宗教从最低级到最高级都存在着对精灵的信仰。在人类实物崇拜、祖先崇拜之前，就有了万物有灵的信仰和崇拜。

英国人斯宾塞认为，祖先崇拜就是一切宗教的起源。原始居民的神乃是已经死去的首领，对死去祖先的灵魂(祖灵或鬼魂)的崇拜是一切宗教的起始。

英国人詹姆士·乔治·弗雷泽提出巫术是宗教的始端，弗雷泽之前有 J.H.金氏也提出此论,是反对泰勒万物有灵论的。其后,其弟子马雷特不同意其师的万物有灵论,而提出所谓前万物有灵论。认为原始宗教不是用思想而是用舞蹈之类的行动来表现。此类行为反映了原始人在某种神奇的超自然物和力面前,产生的恐惧、敬畏、惊奇、赞叹等感受或直觉,成为其行为的直接原因。这是宗教起源论的心理学分析。

与泰勒同时代的史密斯和稍后的涂尔干、弗洛伊德都把图腾崇拜视为宗教的起源。

德国天主教神父威廉·施密特力主"原始一神说"("原始启示说")。

二、人类从何时开始有宗教

宗教既非于天地同生,也不是与人类同时产生的。现代科学证明,人类在 50 万年前出现的北京猿人洞穴里没有发现能够说明有宗教观念的任何痕迹。在距今 4 万年至 1.8 万年前的"山顶洞人"时代,人类才有宗教观念的痕迹(旧石器中晚期——智人和新人阶段,发现三副人骨,附有殉葬品,并有赤铁矿粉末)。如果人类有 200 万年历史,宗教的出现则是很晚近的时代才出现的,在几万年至十几万年前的漫长岁月里,人类并不存在宗教,这和人类初期的物质生活水平和原始人的思维发展是相适应的。

宗教当然也不是谁专门想出来的和人为地强加于人的。宗教创始人只是在迷信的基础上制定了其宗教观的体系——神学时期神学观点适用于一定的目的。骗子手和神甫对宗教的存在固然起了一定的作用,但不是其根源。宗教的起源不在任意臆造,而在人们需要这种臆造的那个生活条件。宗教观念本身是神秘的、甚至也许是荒谬的,但如果生活中没有产生这种观念的更深刻的原因,即使愚昧无知的人也不会接受这些观念。正因为物质生活条件的原因,不仅无知者,而且不少受过教育的甚至科学家也接受神学观念。

三、宗教产生的根源

1. 自然根源(人与自然的关系)

史前时期的原始时代,人从动物分离出来,生存受到自然界的威胁和压迫,几乎无能为力,使原始人茫然不解,在心理上产生依赖、恐惧,同时生存欲望产生欲求。在仪式中出现将不解的自然现象与他们自己进行类比,产生幻想、虚假观念和臆想,赋予自然物以他们自己的感情、行为能力,用敬畏、依赖的态度来对待他们。这种虚幻观念一经形成,就成为原始人和自然界作斗争的一种补充。此即原始人最初的宗教观念,它是从原始人的"周围外部自然的、错误的、最原始的观念中产生的"。

2. 认识根源(人自身)

宗教观念是人类的高级思维活动,只有当人类思维发展到能够脱离经验的现实,形成一般的表象和观念的程度,宗教观才能产生。一般认为灵魂观念是最初的原始宗教观念之一,它的产生是原始人自己从自己本身的、自然的错误观念中,首先是关于梦和生老病死等的错误解释中形成的。在原始人的思维中有感觉制约的粗陋朴素的实在论占主要地位,他们对自己的感觉和印象,包括梦境在内不能理解,以为其真;抽象思维活动二重化,错误地认为在人的肉体之中,还有一个同躯体相伴随的东西——"灵魂",它可以和躯体相分离而独立存在。这一观念是原始人的思维能力达到不仅对客观的真实材料,而且对虚妄的经验材料(梦境)都能加以运用,在逻辑上造成错误的结果。其他如对生老病死等的认识上的限制以及人的感情的影响,亦是产生宗教观念的原因。灵魂观念的产生,是原始人思维的抽象活动的升华,是人类认识能力的飞跃,其作用和影响不仅对于宗教的发展以至对整个人类社会的发展,不论怎么估价都不为过。

3. 社会历史根源(人与社会的关系)

人类进入阶级社会后,阶级压迫,社会历史的制约和局限,甚至较自然压迫有过之而无不及,这是宗教观念进一步发展,形成人为宗教的重要根源。统治阶级为巩固其压迫剥削制度,致力于上层建筑的作用,其中也包括宗教。出现对原始宗教观念加以改造制作和整理,使之更好地适合于阶级社会的需要。于是自然宗教发展为人为宗教。这是宗教存在和发展的主要根源。

4. 心理根源

宗教的产生还同人的精神、情绪、情感和体验相关。"恐惧创造神"(古罗马诗人斯坦希亚),此外还有痛苦、悲伤、孤独的情感、消极低沉的情绪,都有助于与死亡、命运等问题相关的宗教观念的产生。

第二节 宗教的发展演变及其历史形式

一、宗教演变形态的分类

经过漫长的历史发展,宗教随社会而不断发展演变。在原始社会,宗教信仰的基本形式是原始信仰,可称之为自然宗教。到了阶级社会,发展为人为宗教。由古代宗教到现代宗教,宗教学家根据宗教历史发展、崇拜对象、传播范围做不同的分类。列表如下:

原始社会	阶级社会
自发宗教	人为宗教
原始信仰	古代宗教、现代宗教
自然宗教、多神教	多神教、一神教
氏族部落宗教	民族宗教、国家宗教、世界宗教

二、氏族部落宗教及其特点

宗教观念作为群体的一种信仰，是经过漫长的萌芽和渐生过程才形成的。从人类学、考古学、人种志等研究来看，一般认为原始宗教观念是起源于原始人的巫术行为、对自然（动植物、日月星辰等）的崇拜、万物有灵和图腾崇拜等。如自然崇拜，原始人最初是把自然物和自然力视为与人一样，具有同样的生命、意志以及伟大能力，并非以后与自然分开而后又以自然物为信仰对象的神灵崇拜。"自然是宗教的最初的原始对象"（费尔巴哈：《宗教的本质》）。"自然界起初是作为一种完全异己的、有无限威力和不可制服的力量与人对立的，人们同它的关系完全像动物同它的关系一样，人们就像牲畜一样服从它的权利。因而，这是对自然界的一种纯粹的动物式的意识（自然宗教）"（马克思：《德意志意识形态》）。对自然现象和动物崇拜经历了一个将自然拟人化和自然力神化两个相继联系的发展过程。开始的自然崇拜的对象是与人一样有感情的活的实体，后来才逐渐被升华、神化了。到了阶级社会，这种崇拜就转化为对守护神的崇拜。

原始宗教信仰的出现，大约与4万年前至1万年前的早期氏族制形成有密切的联系，与氏族部落制相适应，经历了由母系氏族社会的宗教形式向父系氏族社会宗教形式的发展。

自然宗教的出现，是原始人对周围世界和人自身的认识的反映，是人类在脱离自然界的史前时期的文明曙光，是人类认识史的发端，具有重要意义。自然宗教形成、发展的过程，同时也是人类认识进步的过程。人们创造了自然宗教，又用自然宗教来为其生产和生活秩序服务。在自然宗教中包含着原始社会人们与自然界作斗争的经验，孕育着人类的文化，增强了氏族部落的凝聚意识和团结力量，促进了对氏族部落的发展。

部落时期的原始宗教信仰形式是多种多样的，与氏族部落制相适应,主要有自然崇拜、万物有灵、巫术、图腾崇拜、祖先鬼魂崇拜、生殖(女阴、男且)崇拜、精灵神灵崇拜等。

氏族部落时期的原始宗教信仰的特点如下:(1)反映低下的生产力、人与自然界矛盾的各种崇拜,是自发的宗教;(2)信仰内容、崇拜形式简单,各种信仰活动与生产和生活活动不可分割,浑然一体,不具有鸦片作用的欺骗性;(3)与氏族部落的血缘关系有密切联系,如图腾崇拜、祖先崇拜;(4)信仰对象和崇拜形式多样化,各氏族部落各有自己的神灵,互不相属,不是同族的神不祀,神也不受祭;(5)信仰是全体氏族人员的共同活动,反映了同一个氏族成员之间的平等关系,神也是平等的、无等级的。

三、民族宗教、国家宗教的特点

氏族部落制瓦解,民族、国家产生,由此导致新的宗教出现。在古代世界各国,氏族部落宗教的发展,进入人为宗教,出现有隶属于某一国和某一民族的宗教,盛极于历史舞台。如印度的婆罗门教和印度教、以色列的犹太教、波斯国的琐罗斯德教(袄教)、摩尼教、古埃及宗教、中国道教、玛雅宗教、日本神道教等。

民族、国家宗教的特点是:

1. 这些宗教是在原有的基础上发展而形成的,宗教思想、教义逐渐系统化、理论化以及形成以语言文字为载体的经文,反映了阶级社会的特点,具有一定的社会属性。

2. 崇拜对象由多神向一神发展,神分为等级和隶属关系,分主神和附属神。统一神的出现与君主的出现密切相联系。

3. 专门的宗教神职阶层——巫祝、祭司、教团等出现,教阶制度形成。

4. 祈祷、祭祀、礼拜、禁忌、献祭等各种仪式规范化、制度化,组织严密化,并成为社会制度的一部分,有的被定为国教。

5. 宗教从教义到活动组织得到了人为的强化和发展，越来越远离经济基础,阶级的作用明显,成为人为宗教。

四、世界宗教的特点

民族、国家宗教有的发展为世界宗教。所谓世界宗教是指历史上的具有世界性倾向的那些宗教,主要指佛教、基督教、伊斯兰教。它们的共同特点是:

1. 打破了民族、国家的界限,超越了地域、血统、民族、语言和国家界限,传播于世界各地。

2. 世界宗教由民族、国家宗教发展而来,经过人为的改造制作,其宗教观念(教义、思想)超越种族、地域以及等级观念的狭隘性,是人们能比较普遍接受的,如佛教中的"慈善平等"、"普度众生"、"人人皆有佛性"等观点;伊斯兰教崇拜的"真主"是无方位、无形象、全知全能的;基督教崇信的"上帝"为一切人的主等,都具有普世性,其宗教神学具有较高的理论深度,经典教义理论化,宗教礼仪趋向规范化,简单易行。

3. 通过创建人的宗教活动和信奉者的皈依以及由此而形成的严密的教阶、教团组织,对其成为世界宗教起了重要作用。

4. 某一宗教发展为世界性宗教的历史过程中, 与盛行该宗教的国家政治、经济、军事势力的扩张有重要关系。罗马帝国之于基督教,孔雀王朝和贵霜王朝之于佛教, 哈里发帝国之于伊斯兰教, 就是这样。

五、近现代宗教

近代以来,宗教发生了很多变化,各世界宗教都有所发展,同时出现了许多新教派和变异宗教。18 世纪伊斯兰教复兴运动的瓦哈比派出现;19 世纪中叶,泛伊斯兰主义运动继起;19 世纪末 20 世纪初,伊斯兰改良主义运动兴起;二战后,先是伊期兰民族主义思潮,继而是伊斯兰原教旨主义复兴运动。基督教新教如20世纪初的自由主义神学，美国的基要派，二战后的新正统神学、解放神学、普世教会运动。天主教在20世纪上半叶出现过"现代主义"，二战后，特别是第二次梵蒂冈会议后，天主教也改变以往的保守传统，进入一个开放发展的新时期。20世纪50年代以来，我国宗教随着社会经济、政治的改革，发生了重大变化，基督教经过反帝爱国、"三自"爱国运动，摘掉了"洋教"的帽子，独立自主，自办教会。伊斯兰教、佛教、道教经过废除宗教中的封建特权和压迫剥削制度，宗教信仰真正成为公民的私事。

近现代宗教变异复杂多样，而邪教在许多地区的出现是一种乖谬的社会现象。邪教借宗教为名，行反人类、反科学之实，有强烈的社会政治图谋。它并非宗教。

第三章　宗教的社会功能

宗教体系就其本身来说，是封闭性的，以超世脱俗自守。但宗教是社会性的。宗教固然是一种思想意识，是一种特殊的意识形态，同时也是一种社会文化历史现象，是一种社会实体。

宗教的社会性，首先在于宗教是因人而存在，宗教意识、教义、宗教礼仪、宗教行为、宗教活动和宗教组织等，都是因人而存在，即以信徒为载体，才使宗教成为一种社会客观存在。对神的崇拜不过是人的自我崇拜的曲折反映，而人的本质是一切社会关系的总和。

宗教作为一种社会文化历史现象，不仅体现在其自身的本质内涵，而且它与其他社会现象的发生一定的关系。它与政治、经济、文化、文学、舞蹈、音乐、绘画、建筑、医学、天文、历算和科学等社会现象有联系，包含着丰富的社会内容。宗教还具有五性特征，如前所述。正是因为宗教的这种社会性，所以宗教具有多种的社会功能和作用，宗教的社会功能是宗教在社会中的功用和潜能。宗教的社会功能犹如一把双刃剑,具有正面和负面作用。

第一节　宗教神学的社会功能

一、认识功能

宗教之所以能够摄取人们的心灵,首先在于它作为一种意识形态,有其教义和神学理论的社会作用。这种作用又是通过其中最重要的神灵观念(天道、上帝、真主、佛)来实现的。宗教站在"神圣"的立场来审视世界,神灵观即对超人间力量的信仰观念是宗教认识宇宙、自然、社会和人的根本前提,以神、精神、意识为第一性,被认为是独立于物质之外、创造世界的绝对力量,但这并不妨碍宗教去探寻宇宙的奥秘,提出他们对世界的感受、情感反映和自我感觉以及人在世界上的地位、人的本质等。宗教神学作为一种哲学,它是在一定社会历史条件下产生、发展,并受到其制约的,但它又反作用于社会。宗教不能不研究世界的本质,研究自然、社会和人,研究它们的存在及其相互关系以及由此而形成自己的世界观、人生观、价值观等。尽管宗教往往是从"神圣"概念出发的,但在社会生活中,它与个人、社会群体和民族的思想意识领域、精神面貌息息相关,对之具有显现的或潜在的影响和作用。从原始时代起,宗教"最野蛮和最古怪的仪式以及最奇异的神话,都传载着人类的某些需要以及个体生活或社会生活的某个方面";"任何宗教都是对既存的人类生活条件作出的反映,尽管形成有所不同"(涂尔干:《宗教生活的基本形式》,上海人民出版社)。正是这种"需要"和"生活条件",才启动人们对"神圣"和未知事物去做永远的追求和探索。

在人类历史发展过程中,宗教起初代替了或包含了哲学和科学,"它强调个人及群体的灵性存在,寻觅终极意义,体悟升华意境,以虔诚笃信来超越自我";"人类借此在认识人的有限、相对之际,表达其对无限、永恒、绝对的倾慕、向往"(任继愈主编:《宗教大辞典·绪论》)。这种向往、倾慕、追求,往往给人以激励,召唤人渴求生活的最终目的,这对人类的认识发展史起过历史作用。在评价宗教思想教义的社会功能时,特是在宇宙观、人生观、价值观上,可以看到理性的和非理性的同时并存;为现实辩护和超越现实、否定和批判现实同时并存;真善美的理想和虚妄的幻想同时并存;既参与社会同时又与社会保持一定的距离,其社会功能的正面和负面是同时存在的。一方面,宗教认为神创造了世界和人,在人和自然以外有一个独立的神的世界或理念的世界,神的启示是人的认识之源。因而它从根本上窒息了人认识真理的正确道路。另一方面,人类的认识史,总免不了是在与"神秘"打交道中逐渐演进的,总是面临着人与自然、社会的矛盾。在认识的长河中,正确与错误、唯物与唯心同时存在。旧的矛盾解决了,新的更高层次的矛盾又出现了,人对自然和社会的未知领域可说是永远存在的。当人在向自然宇宙和社会人生做出探索和进取而处于无力无奈,同时又必须继续向前追求时,追求的欲望更紧迫、焦虑,促使人回到自己的内心世界,去追求另外的"力量",来解释自然和社会的"奥秘",实现对自然和社会的"改造",于是在宗教那里,便产生了神学领域里的思维形式,他从彼岸的视角来审视此岸世界,形成诸如本体论、宇宙论、时空观、自然观、人本主义、目的论、自然神论、泛神论以及人性、道德、生命观,等等。在这些方面,各个宗教都有自己的丰富内容,形成其思想文化体系,它们既是神学理论、宗教哲学,又是具有某种人文主义精神,其中不乏与现实社会息息相关的交汇点(如人道主义),而显现出其思想理论的价值意义,对启迪人类智慧,对信仰该宗教的民族,乃至世界文明的发展,都曾产生过积极的作用和影响。如佛教对中国社会历史文化,其功能作用不可低估。至于宗教信仰对教徒个人的思想信念、行为和生活实践的功能作用,则是不言而喻的。

二、补偿的功能

宗教的补偿功能,是指宗教用自己的方式"充实"现实的功能,正如列宁所说的"宗教的慰藉"。世界存在神秘的或为人还不能控制的事物,需要加以解释,宗教以其独特的方式给予"补充",赋予"新"的意义。在宗教里,一切社会矛盾在清修、静虑中被化解,使信徒们获得一种心理上的平衡和超自然的生活方式:社会的不平等在报应中变为平等;仇敌在慈悲平等中化为友谊;人的软弱无力为万能的上帝所补偿;死者可以升入天堂"永生";罪恶和不公正的世界被天堂所代替,等等。佛教讲"一切众生皆有佛性";"放下屠刀,立地成佛";摩诃萨埵王子舍身饲虎;尸毗王割肉喂鹰救鸽⋯⋯宗教对个人的补偿功能,体现在消除心理的冲突和紧张。这种精神上的补偿,使人暂时摆脱现实的困境,却无助于实际问题的解决。这就是一种精神生活的满足,也是对现实生活缺陷的一种补充;既是对幸福期望的虚幻许诺,也是对现实苦难的抗议。"宗教是人民的鸦片",是对一定社会历史条件下的宗教的批判。

人类在改造自然和社会的实践斗争中,创造物质与精神的财富,满足自己的需要。在此过程中,成功与失败、欢乐与忧伤、幸福与灾难同时并存。当人们的实践无力克服自然和社会的压力以至生存都遭到威胁时,不仅渴望改变其处境,也需要精神上的抚慰,以弥补心灵上的创伤。宗教以其"神圣"的价值观、超自然的神秘力量的护佑,博得信徒们的认同,使之获得解脱,消释其心理的不平衡状态。虔诚的信徒就是这样通过神灵的洗礼,从内心体验到真主的关怀、上帝的爱、佛的慈悲,给人以自信和力量;或者以上帝的安排,主的启示,用因果报应宿命论来顺应遭遇之不幸;或者以清心寡欲、去世离俗求得精神上的升华。这都显示出宗教补偿功能的正面和负面作用。

第二节　宗教实体的社会功能

宗教不仅是一种特殊的社会意识，同时也是一种特殊的社会实体、一种社会力量。宗教通过其实体的组织、制度、活动与社会政治、经济、文化、民族、国家、道德、伦理发生错综复杂的关系，产生相应的作用和影响。

一、交往功能

宗教通过其实体组织、宗教活动，如祭祀、礼拜、祷告等，不仅实现人神之间的交往，同时也使信教者之间达到交往的目的，满足他们的宗教生活和非宗教生活的需要。对许多信徒来说，宗教实体组织是他们实现社会联系和自我肯定的一种纽带和手段（包括生产、经济、教育以及其他方面）。

宗教还具有传播功能，宗教组织的教职人员到各地云游，传播教义，发展信徒，扩大组织，建立教堂、寺院，进行普世性的传教活动。通过他们，实现和促进群体间、民族间、地区间的思想文化的传播交流和相互吸收融合，至今仍在起着重要作用。

二、调节功能

宗教建立有维护和巩固其宗教体系的规范和价值系统。这套规范和价值系统，不仅调节教徒们的宗教行为，也调节人们的社会行为。如教规、教律，教团内的层次等级制度，教堂、寺庙的经济，各种崇拜祭祀礼仪规范以及它们所蕴含的文化意义是调节宗教关系、社会关系、僧侣关系、家庭和日常生活中的关系的调节器。宗教的自我定位、自我调节的功能，使宗教在对现实社会的弊端持批判态度，与社会保持一定距离的同时，找到与社会的契合点，有助于宗教与社会的协调和适应。

三、整合功能

宗教通过其组织团体对特定信仰、对神灵的崇拜行为和礼仪模式而具有使其集团、社会团结凝聚的功能,以超自然的方式实现社会控制,使教徒个体获得认同和归属感,从而有利于社会的稳定。对同一信仰的氏族、部落、民族以至国家的凝聚力的形成,有促进作用。这种宗教的凝聚功能,在某种情势下(如宗教化趋势)也可成为煽动宗教狂热的动力,引起宗教和教派团体之间的敌视和争斗,影响社会的安定。

宗教的社会功能的效应及其社会作用(功能效应的结果),因社会、时代不同而不同,并随之而发展变化,在宗教化趋势的社会里,表现明显,在世俗化(个人和社会摆脱宗教影响,政教分离,商品经济发展,科学和工业发达等)社会里,其功能范围则相对缩小。

第四章　宗教与政治

在原始社会里,人们的灵魂观念、巫术和各种自然崇拜无不渗透在生产和生活等一切活动中,浑然一体而不可分割。这些原始崇拜到了文明社会,逐渐被人格化、神化,离开物质生活越来越远,形成神秘的、神圣的精神王国。在我国先秦时期,宗教生活几乎成了与饮食男女一样,不可须臾或缺。

阶级、国家的出现,在上层建筑中,政治处于首要地位,宗教逐渐远离经济基础。宗教与政治逐渐分离,但都是上层建筑,彼此联系密切。宗教思想与统治者的政治思想意识之间、宗教团体与政治之间、宗教与社会国家之间的关系,基本上都是宗教与政治的关系。

第一节　宗教在政治生活中的地位和作用

一、宗教与政治的渊源关系

原始社会,人类在生存斗争中,由血缘关系结成氏族部落,彼此聚族而居,过着共同生产、共同分配、相互依存的生活。一切活动包括原始崇拜,都是以氏族部落为单位的集体活动,逐渐确立了具有基本模式的氏族部落的社会性活动和行为规范,包括氏族组织、生活方式、伦理秩序(由原始游群、血缘家族群婚制到母系、父系氏族社会)、社会行为和习俗等,构成了氏族部落制度和政治法律体系。随着人类语言和思维的发展,氏族部落社会统一的生产和生活秩序、行为规范和价值标准被赋予神圣而不可亵渎的意义。如在各种生产以及血缘复仇和抢掠等活动前后举行的种种礼仪、禁忌和规定,既是氏族部落重要的社会政治(包括战争)生活,也是其他思想信念上的原始崇拜活动,二者浑然一体,没有区别。在这里,宗教与政治的渊源是统一的,它们互相利用,相互促进。

原始社会,人们的崇拜活动是以氏族部落为单位,全体成员都参加,人人都可以举行祭祀神灵的活动。随着时间的推移,祭祀神灵的任务逐渐集于少数人之手,专任祭司出现,我国古代称为巫觋。做巫觋者,一般都是聪明而拥有较丰富的经验知识,被认为是能与神交通,感召神明,降福于民,因而受到人们敬畏的人。如《国语·楚语下》说:古者"民之精爽不携贰者,而又齐肃衷正,其智能上下比义,其能光远宣朗,其明能光照之,其聪能听彻之,如是则明神降之,在男曰觋,在女曰巫,是使制神之处位次主,而为之牲器时服"。

巫师既有着原始信仰方面的权威,自然在氏族部落中具有相对应的社会政治地位。他们职掌神圣事务,被认为具有超人的能力,维系氏族部落的祸福安危,其活动就是氏族部落的社会政治事务。随着社会的分工,财富的个人占有和等级的出现,形成了专司巫术、祭祀、通神是鬼的宗教职业者阶层,人人皆可为的公众巫师逐渐被专职巫师所取代。后来巫师阶层也发生了分化,原来就是公众巫师的氏族部落酋长自然兼为巫师们的首领,主持全体氏族部落的宗教仪典,被奉为能洞察一切、聪明智慧而圣明的超人。他们中的少数人成为大小巫师的头目,多数则散布于部落之中,但已是自由从事宗教活动的专业人员了。

二、古代的政治与宗教

步入阶级社会,宗教与政治逐渐分化,但经过了长期的发展过程。初期,氏族部落酋长逐渐转化为奴隶主,他们通过其生产地位、政治地位和权力,取得了对宗教的垄断权,又以神权维护其统治权,沿袭着原始社会遗留下来宗教与政治不分的传统。《淮南子》和《吕氏春秋》都有这方面的记载:

> 昔者汤克夏而正天下,天大旱,五年不收,汤乃以身祷于桑林,曰:"余一人有罪,无及万夫。万夫有罪,在余一人。无以一人之不敏,使上帝鬼神伤民之命。"于是剪其发,磨其手,以身为牺牲,用祈福于上帝,民乃甚悦,雨乃大至。则汤达乎鬼神之化,人事之传也。(《吕氏春秋·顺民》)

商代还有大巫、巫咸等。夏禹也是一个大巫。他们都集宗教和政治权力于一身。

古代,重大的军事、政治活动,几乎都要举行宗教活动,如祭祀、占封、蓍龟等。宗教活动与政治活动仍结合在一起,历史上多有记述:

> "我有大事,休?朕卜并吉"(大事即戎事。见《尚书·大诰》)。

> "用命赏于祖,不用命戮于社。余则孥戮汝"(《尚书·甘誓》)。

"肆台小子,将天命明威,不敢赦。敢用玄牡,敢昭告于上神后,请罪有夏"(《尚书·汤诰》)。

"国之大事,在祀与戎"(《左传》成公十三年)。

"汝则有疑,谋及乃心,谋及卿士,谋及庶人,谋及卜筮"(《尚书·洪范》)。

卜筮不但参政,而且是政治的决策者。

"自古圣王,将建国受命,兴动事业,何尝不宝卜筮以助善!唐虞以上,不可记矣。自三代之兴,各据祯祥……王者决定诸疑,参以卜筮,断以蓍龟,不易之道也。蛮、夷、氐、羌,虽无君臣之序,亦有决疑之卜,或以金石,或以草木,国不同俗。然皆可以战伐功击,推兵求胜,各信其神,以知来事"(《史记·龟策列传》)。

巫、卜、祝、史在古代政治生活中居于重要地位,乃历史的普遍现象。

"天子将出征,类乎上帝,宜乎社,造乎祢,祃於所征之地。受命于祖,受成于学。出征执有罪反,释奠于学,以讯馘告"(《礼记·王制》)。

用神道设教,治国安民,是历代沿用的政策。

《易·象传》:"圣人以神道设教,而天下服。"

《礼记·祭义》:"合鬼与神,教之至也";"因物之精,制为之极。明命鬼神,以为黔首则,万众以畏,万民以服"。

《礼记·礼运》:"故圣人参于天地,并于鬼神,以治政也。"

《礼记·祭统》:"凡治人之道,莫急于礼。礼有五经,莫重于祭。"

总之,敬鬼神,目的在于政治,所以把敬祭鬼神的礼仪纳于吉、凶、军、宾、嘉五礼之中，成为其重要的内容。到了西周，已设有职掌内涵宗教崇拜的礼的"春官"，成为国家政制的重要组成部分。《周礼·春官》记载，为了进行有序的宗教活动，规定："大宗伯之职，掌建邦之天神、人鬼、地示之礼，以佐王建保邦国。以吉礼事邦国之鬼神示，以禋礼祀昊天上帝，以实柴祀日、月、星、辰，以槱燎祀司中、司命、飌师、雨师，以血祭祭社稷、五祀、五岳，以狸沈祭山林川泽，以疈辜祭四方百物"；"小宗伯之职，掌建国之神位，右社稷，左宗庙。兆五帝于四郊，四望、四类亦如之"；"大祝掌六祝之辞，以事鬼示，祈福祥，求永贞……国有大敌、天灾，弥祀社稷，祷祠。大师，宜于社，造于祖，设军社，类上帝，国将有事于四望，及军归献于社，则前祝。"商、周之际，宗教神灵的崇拜活动逐渐成为礼的主要内容，几乎都与政治、战争有关。

降至秦、汉，宗教与国家政治分离，但在政治生活中，影响仍然很大。秦始皇、汉武帝都虔信神仙方术。《史记·龟策列传》："会上（指汉武帝）欲击匈奴，而攘大宛，南收百越，卜筮至预见表象，先图其利。及猛将推锋执节，获胜于彼，而蓍龟时日亦有力于此。"把战争的胜利竟归于卜筮，而无视将士的勋劳。

第二节　宗教与政治斗争

一、政权与神权相互为用

每个不同的阶级都利用适合自己的宗教，利用、扶植、控制或禁毁宗教，以实现其政治要求和经济目的。宗教则以其特殊的超世的姿态为一定的阶级所用。

统治者和被统治者以及不同的利益集团都利用各种神学理论，如"天命论"、"符应论"、阴阳谶语、因果报应等作为思想舆论工具，抬高其政治的权威性，达到"君权神授"或某种政治、经济的目的。自古帝王起事受命，或造符命，或造图谶。刘邦起事，造赤帝子斩白蛇的谶;刘秀即位,亦借"刘秀发兵捕不道,卯金修德为天子"的谶以自重;李唐皇朝借与道教祖老子同姓,以提高唐皇朝的神圣地位,扶植道教;武则天借重佛教造经,实施以周代李的改朝目的。历代君王多征召名僧高道,附庸名教,借以自重,南朝宋文帝利用沙门慧林参与朝政,时人称之为"黑衣宰相"。

宗教则依附于政治,借统治者以政护教。东晋名僧道安说:"不依国主,则法事难立。"(《高僧传·道安传》)北魏僧人法果言:"能弘道者,人主也。"(《魏书·释老志》)道士陶弘景被称为南朝梁武帝的"山中宰相",制造"水木刀为梁字"奉表萧衍以"应运之符"(《南史·陶弘景传》)。北朝道士寇谦之,自称以《图录真经》受"天命""辅佐北方太平真君"(拓跋焘)(《魏书·释老志》)。隋朝僧人昙迁讲:"世有三宗,各有光明……佛为世尊,道为天尊,帝为至尊。"名僧智𫘝临死时给隋炀帝遗书:"命尽之后,若有神力,誓当影护王之土境,使愿法流行,以答王恩,以副本志。"(《续高僧传·智𫘝传》)

所有宗教都附庸"君权神授"。《圣经·新约》说:"没有权柄不是出于上帝的,凡掌权的都是上帝命的。"《古兰经》说:"安拉任意赐人权柄,任意把人抬高。"《太平经》说:"帝王,天之子也,皇后,地之子也,是天帝第一神气也。"

二、宗教与阶级斗争

宗教是统治者实行精神压迫的工具,同时也是被统治阶级可以利用进行反压迫斗争的手段。中世纪农民反封建统治者的斗争往往是这样,"对于完全受宗教影响的群众的感情来说,要掀起巨大的风暴,就必须让群众的切身利益披上宗教的外衣出现"(恩格斯:《费尔巴哈与德国古典哲学的终结》)。我国历代的农民起义,如陈胜、吴广的"鱼腹丹书";黄巾军太平道的"苍天已死,黄天当立";元代红巾军的白莲教;太平天国的上帝教;欧洲16世纪的宗教战争,都是"对这种现实苦难的抗议"。以宗教异端的形式或以宗教改革表现对世俗社会的某种否定和不满,反映了宗教的政治批判功能。

宗教之所以既能为统治者或被统治者所用,是因为宗教具有超世俗的外表,而可掩盖其世俗的图谋。宗教所包含的哲学思想、伦理道德和艺术形式的影响和作用,是政治、法律所不可代替的;宗教影响普遍,从村夫到帝王,都为其思想所影响控制;宗教在其产生之初,是适应劳苦大众的需要而产生的。带有某些宗教色彩或打着宗教旗号的民间政治性组织,具有一定的政治图谋,其政治功能需进行具体分析,不可一概而论。

由此可见,宗教的政治功能是通过宗教的社会性,在阶级社会里主要是阶级和阶级斗争而得以体现的。在不同的历史条件下,其正负功能都是不同的,必须做出具体分析。

当今世界各国盛行政党政治,西欧、中东一些国家也有宗教政党。这是宗教与政治紧密结合,参与权力斗争的现代形式。

第三节　宗教与国家

一、宗教与国家的关系

人类进入文明社会以后,简单、朴素、粗犷、直观性、多样性的原始崇拜,逐渐变为精致、文雅、思辨、先验性、统一性的人为宗教。特别是阶级、国家的产生,人们的宗教生活由氏族部落的群体活动转入国家生活之中,而发生巨大变化。因国体、政体和时代的不同,宗教与国家的关系也是复杂多变的。

人类进入文明的门槛,原始社会以血缘关系为基础而组成的狭小的氏族部落社会,逐渐发展为以地缘关系为基础而结成的比较广阔的城邦社会;各氏族部落的传统秩序演变为贫富悬殊、阶级分化、等级分明的新秩序;氏族部落神逐渐消失,演变为民族、国家神;从事宗教活动的巫师及祭师们从氏族部落民中分离出来，成为专门的宗教专职阶层。氏族部落首领、氏族贵族转化为城邦国家的统治者——奴隶主阶级，他们凭借其特殊地位，仍然掌握宗教的主导权，宗教专职阶层则成为服务于国家权力和城邦统治者的工具。

宗教与国家政权的关系复杂，从宗教的历史发展来考察，这种关系有以下一些情况：

政教合一制度。政权与神权结合为一，神皇一体，宗教首领兼为政权首脑，僧俗并治。如伊斯兰教自创立起，从建立宗教公社到哈里发阿拉伯帝国，就采取政教合一制度。我国西藏地区从 13 世纪到 20 世纪 50 年代一直实行政教合一制度。政教合一既是宗教制度，也是政治制度，僧侣上层和世俗贵族联合执政，神权体现双重的社会功能。

神权高于政权。欧洲中世纪，天主教会罗马教皇以宗教首领集神权、君权于一身，将神权凌驾于君权之上，对西欧各国君王以神权实现世俗的统治。

国教。在历史和现实中，某一国家将某一宗教抬高，给以特殊的地位，法定为国家宗教。这种现象表面看神权高于政权，实际上国教地位不过是国家统治权力的赐予，宗教仍是从属于政治的，是从属于某一统治阶级或统治民族的利益的，从而制造了宗教的不平等和民族的对立。如公元 4 世纪(325 年)君士坦丁召开了尼西亚宗教会议，把基督教作为罗马帝国的官方宗教，其后正式禁止异教。日本于明治维新后把神道教定为国教，作为巩固天皇统治和充当向外侵略的政治思想工具。在中东地区也有国家把伊斯兰教定为国家宗教的。在国教国家里，宗教与政治生活相互渗透，宗教教团是统治阶级的一部分，参与国家政治活动，干预政治生活，国教具有一定的政治特权。

我国不是宗教国家，但宗教可在国内自由发展。历代统治者都允许各教各派自由存在，一个重要的原因是他们都遵守先王之道，都懂得宗教的教化功能。"圣人以神道设教而天下服"，就是说借鬼神之道，进行教化。《国语·周语》曰："古者，先王既有天下，又崇立上帝、明神而敬事之，于是乎有朝日、夕月以教民事君。"《礼记·祭义》说："合鬼与神，教之至也……因物之精，制为之极。明命鬼神，以为黔首，则百众以畏，万民以服。"因物之精灵，命名曰鬼神，尊敬之至，用祭祀之礼以教民，使民知所畏而不敢慢，知所服而不敢违，达到维护统治秩序，实现政治稳定之目的。

二、国家对宗教的管理

在我国，国家与宗教的关系，还通过对宗教实行管理、监督，同时又予以保护和扶掖而体现。传说的五帝时代，氏族部落联盟已有管理部落众人信仰的设职。殷商时有司卜筮的巫咸之官。周代政制已设有"掌建邦之天神、人鬼、地示之礼，佐王建保邦国"的大宗伯之职，其下有占、卜、巫、祝、史的具体之官。到了魏晋南北朝之后，国家设有专门管理宗教（佛、道和其他宗教）的机构和制度。以法律和行政手段处理国家和宗教的关系。将宗教管理纳入社会政治制度，是自古至今的普遍现象。古代儒、佛、道之争，宗教内部之争（如天主教的礼仪之争），教派之争以及外来宗教之传入中国（如基督教），都与国家政治有着密切的关系。宗教在现代国家生活中，仍然有着有形或无形的普遍影响，因此国家在立法、行政、司法以及文化教育等生活中有政策、法律、法规处理国家的政教关系，使宗教能化解社会矛盾，维护政治稳定，对经济发展起到积极作用。

宗教与国家的关系，一方面取决于国家政权对宗教所采取的政策、法律，另一方面也取决于宗教团体和教团组织领导集团对国家和政治经济制度、对政府是否采取认同的态度。

第五章　宗教与民族

第一节　宗教与民族的关系

一、宗教与民族是不同的范畴

从宗教学和哲学角度来看,民族与宗教各属于不同的范畴,二者不能混一。

民族是一种稳定的人们共同体,具有自己的本质特征。民族是氏族部落、部落联盟在打破血缘关系的基础上,形成具有共同地域、共同语言、共同经济生活和共同文化心理的稳定的人们共同体。作为民族,它具有一定的人类体质和生物学上的自然属性,同时也具有社会属性。民族是一个历史范畴,适应人类社会不同的历史阶段而分为不同的历史类型。宗教是属于精神文化领域的一种意识形态、一种社会文化现象,寺院、教团是宗教的载体和外在形式。作为一种信仰,信仰同一宗教的群众,也是一种人们共同体,但它不具有"民族"那样的人们共同体的自然属性,而只具有社会文化属性,只是一种社会群体。宗教特征和民族特征有本质上的区别,宗教不是民族的特征,也不是区分民族的界限。不能因为一个民族信仰同一宗教而把民族与宗教等同为一, 也不会因为一个民族改变了原来的宗教信仰而变成了另一个民族;不能因为几个民族信仰同一宗教而认为都是一个民族,也不能因为一个民族中有几种宗教信仰而将其分为几个不同的民族。故民族与宗教是分属两类不同的范畴。

二、宗教与民族的联系

宗教与民族是性质不同的范畴,但彼此仍有一定的联系,任何宗教都是产生自一定的氏族部落和民族中的, 现今的每一个民族都有一定的宗教信仰。宗教是民族中的一种思想文化，民族是宗教的载体，故宗教在形式以至内容上具有一定的民族性，即使是已经成为世界性的宗教，它在各民族中也是同中有异，具有各自的特点。恩格斯说："在每个民族中形成的神，都是民族的神，这些神的王国不越过他们所守护的民族领域，在这个界线以外，就由别的神无可争辩地统治了。只要这些民族存在，这些神也就继续活在人们的观念中；这些民族没落了，这些神也就随着消亡。"(《费尔巴哈与德国古典哲学的终结》)宗教对民族的形成、发展产生重要的影响，民族变化必然引起相应的宗教变化。原始氏族社会瓦解，各氏族原始崇拜的图腾神也就或消失或归于部落神。民族迁徙，社会经济、政治的变化，其宗教信仰也会随之变化，如回鹘人初信萨满教，后信摩尼教，再信佛教，最后信仰了伊斯兰教。有的民族在古代可能信仰单一的宗教，后来随着社会经济、文化的发展和人类交往的扩大，宗教信仰也多元化。汉族在古代主要敬天祭祖，汉代发展为道教，又传入佛教，继而传入天主教、基督教，宗教信仰多元化。

宗教对民族既是增强民族认同感和凝聚力的精神因素之一，也是民族之间交往联系的中介。佛教、伊斯兰教、基督教都曾分别充当过中印、中阿、中西文化的中介。宗教信仰多元化和宗教教派的存在，又能引发民族间或民族内部的矛盾冲突。宗教既可作为侵略和反侵略的工具，又可作为民族压迫和反对民族压迫的工具。宗教文化是民族的一种传统力量，它与民族文化有密切关系，互相作用和影响，包括语言、文学、艺术、心理、情感和民情习俗等，彼此既相互包含，又有区别。

第二节　宗教问题与民族问题

一、宗教问题与民族问题的联系

宗教问题即是宗教之间、宗教内部、宗教与世俗(社会和政府)之间的矛盾冲突。宗教问题除思想理论和教义上的分歧之外,主要是矛盾双方的权利和利益之争,是社会经济、政治和文化矛盾在宗教上的反映。中外历史上的宗教矛盾如基督教内部新旧之争和 11 世纪教皇发动的十字军东征,伊斯兰教异教派(哈瓦利吉派、苏菲派)的矛盾和对异教徒的圣战,我国历史上的灭佛事件、儒佛道之争等无一不是社会政治、经济和文化矛盾冲突的反映。民族问题是民族之间因民族差异和民族利益而产生的矛盾和冲突,它与宗教问题有着质的区别。但是由于民族和宗教有一定的联系, 特别是在宗教信仰占统治地位的民族中, 和在不同信仰的不同民族间, 宗教信仰的不同和民族的差异,宗教的排他性和民族的隔阂,互相对应和交错,往往使民族问题和宗教问题联系起来, 互相利用, 服务于一定的政治目的和经济利益,使问题更加复杂化。如中东巴勒斯坦和以色列的冲突就是较为典型的。

罗马教皇以宗教战争名义发动的十字军东征, 既是对东方穆斯林的野蛮侵略,也是基督教内部罗马教皇与拜占庭之间的权力斗争。自此以后直至近代, 利用基督教向世界各地进行武装的和非武装的殖民侵略和掠夺,是西方帝国主义的一贯伎俩,因此激起非洲、美洲和中东地区的黑人、阿拉伯人反对种族主义、殖民主义的民族独立斗争。时值当代,在一些多民族地区和多民族国家中,也存在交替利用宗教问题和民族问题,挑起纷争,制造宗教间或民族间的对立,以实现某种政治目的。中东阿以冲突、南斯拉夫和科索沃的分裂、克什米尔争端、斯里兰卡内乱等,已成为当代的斗争热点。

二、我国少数民族的宗教信仰和宗教问题

我国 56 个民族都有宗教信仰。有原始宗教、道教、佛教(汉传佛教、藏传佛教、上座部)、伊斯兰教、基督教、天主教。

宗教一般都具有民族性、群体性、长期性、复杂性、国际性的特点。宗教在少数民族中,信仰普遍,影响深厚,有的带有全民性。伊斯兰教在我国的回、维吾尔、哈萨克、东乡、撒拉、柯尔克孜、保安、塔吉克、塔塔尔、乌孜别克等 10 个民族中,有教徒 1800 余万人。藏、蒙古、土、裕固、纳西、门巴、普米等民族 700 余万人信仰藏传佛教。汉族、满、朝鲜、锡伯、白、壮等民族信仰佛教。傣、布朗、阿昌等少数民族约 200 万人信仰上座部(小乘)佛教。在汉族、苗、瑶、侗、黎、羌、仫佬、纳西等民族中,有许多群众信仰道教。明、清以来,基督教的三大教派传入我国,天主教、新教(我国称基督教或耶稣教)在汉族和西南的许多少数民族,如苗、彝、景颇、傈僳、拉祜、怒、纳西、白、羌、京、壮、黎等民族中,有信徒近 2000 万人。东正教信徒除俄罗斯族外,达斡尔、蒙古族中也有少数人信仰。此外,在 30 多个少数民族和汉族的某些地区还保留着许多原始宗教信仰,如天体崇拜、动植物崇拜、图腾崇拜、卜筮巫术等。上述少数民族的宗教信仰普遍而深厚,它与民族的文化、习俗、社会心理互相交织影响,形成复杂密切的关系。

由于历史和其他的原因,我国的宗教问题主要在伊斯兰教、藏传佛教、天主教和基督教中。当前比较突出的问题有:宗教极端主义、民族分裂主义与境外敌对势力,利用宗教旗号、民族旗号,制造骚乱,进行破坏民族团结和祖国统一的活动,甚至恐怖活动;利用宗教干涉民事、行政直至进行犯罪活动;对已被废除的宗教封建特权有伺机恢复的苗头;教派纠纷影响社会安定;如何推行寺院的民主管理、依法管理宗教事务的问题等。

第六章　宗教与道德

第一节　宗教与道德的关系

宗教与道德都是社会意识形态的形式。道德是一定社会调整人们之间以及个人与社会之间关系的行为规范的总和,它以善恶、正义与非正义、公正偏私、诚实虚伪等是非观念来评价和调整人与人之间的关系,用来教化人们,从而形成一定的观念、习惯和传统,以规范人们的行为。

宗教是一种意识形态。信仰宗教的教团组织作为一种社会实体与社会有千丝万缕的联系。为了宗教团体的社会内部和它与外部社会保持正常的联系和交往,就产生了相应的伦理秩序,这就是宗教道德。

在古代,宗教崇拜和道德规范关系密切,如我国商、周时期的敬天祭祖既是宗教崇拜,也是一种伦理道德规范。《礼记·祭统》以祭神为礼之最要紧者,"凡治人之道,莫急于礼,礼有五经,莫重于祭"。但是宗教与道德作为观念形态,反映的形式和内容是不同的,社会功能和作用也有区别。

宗教与道德的产生、发展及其形式都是以一定的社会经济关系为基础。道德离社会经济基础更近,人们在进行物质生产和生活中必然要发生彼此交往的关系,伦理道德遂由此而产生,宗教则为道德戴上神圣的光环,宗教与道德互相影响、作用。古代神学家或宗教的创始者为宣扬道德的神圣性,说道德是神的意志决定的,是上帝借助于某种启示,通过圣人或帝王定下的。柏拉图说:"道德是神把善的理念放到人的灵魂的结果。灵魂不同就产生不同等级的道德。"董仲舒在

《春秋繁露·基义》中讲："王道之三纲,可求于天。天不变,道亦不变。"
《尚书·皋陶谟》载:"天叙有典"、"天秩有礼"、"天讨有罪",君臣、父子、兄弟、夫妇的人伦,尊卑、贵贱、等级的品秩,天命有德之人,天讨有罪不德之人,皆天神所敕。这就是所谓道德是由天命定的。

什么是宗教道德?宗教道德实质是神化了的世俗道德。宗教为教团规定的生活行为规范,成为宗教伦理道德的标准。宗教为调节自身团体和教徒内部以及人神之间、人人之间的关系,而制定的一套行为规范,如对神灵的信仰、敬畏和爱以及宗教生活的戒律、禁忌,形成包括传统、习惯、价值观念等的宗教伦理道德。可见,宗教道德是以人神关系为直接依据,适应信仰者和信仰对象之间交往的行为,使之适合人神关系的要求的规范和准则。

宗教道德除了上述调节人神关系这部分之外,还有调节人人关系的一部分。这一部分在理论和实践上都是世俗道德的一部分。宗教为适应世俗社会的生活,不能不跟着社会,从宗教角度沿袭和继承社会某些固有风俗习惯和伦理道德,使之为我所用。这一部分顺世应俗的伦理道德,实质上是用来处理宗教与社会之间、僧人与俗人之间、人与人之间关系的世俗道德,不过它披上宗教的外衣,把世俗道德神圣化了。

宗教道德从本质上说,是社会关系的神化,是人赋予神以道德特性,其基本内容是人的社会性、阶级性的一种反映。佛教的五戒十善,基督教的爱主顺从,伊斯兰教的认主、施舍、善功,都是各自的宗教道德的表现。

应该把宗教与道德、宗教道德与世俗道德加以区分。伦理道德归根到底是社会关系和社会生活的反映,道德的真正保证是社会的人际关系而不是宗教。那种认为只有宗教对道德具有发言权,或者说道德从属于宗教(宗教对道德具有垄断权),把宗教道德化,或者道德宗教化,都是荒谬的。

第二节　宗教道德的社会功能

道德作为一种上层建筑,总是一定社会经济基础的反映,与一定社会相适应并为其服务。在人类道德领域,有一些观念如慈悲、平等、博爱、和平、返璞归真、顺应自然、爱屋及乌等中性概念,可以超越时空,被任何阶级利用,而赋予它以自己需要的内容。道德宗教是宗教与世俗社会的重要交汇点,是宗教精神职能的重要体现。宗教以超越世俗的态度与世俗社会保持一定的距离,在物质利益主义和世俗功利主义弥漫的现实中,宗教用这些中性观念充实到神性之中,向人们提供一种"警世恒言"和贬恶扬善的劝导,从而使宗教道德具有社会意义,对调节人们的精神失衡和对世俗的迷误,促进社会和谐有正面作用。它可以补充世俗道德和政治、法律规范的不足。

真正的宗教,都有对生命的执着追求,不过其方式不同而已。佛教追求涅槃、寂静,同时提倡"不杀生"、放生、"普度众生"、"众生平等",还有大量的诸如舍身饲虎、割肉喂鹰救鸽等故事。道教贵生尊命追求长生不老,认为上天有好生之德,"天地之大德曰生",崇尚自然。宗教伦理道德在对待人与自然(包括生命)的关系上,有许多论述,对今天的生态保护有其积极的意义。

宗教是以灵魂不灭、因果报应、天堂地狱、来世报偿等信念和教条规定,导人向善去恶,为其道德提供神圣的保证。在人类社会还比较落后,政治、法律等无以约束人们行为的条件下,宗教的道德行为在客观上对稳定社会秩序,遵守伦理道德,起到了一定的维护监督作用。但历史的肯定不等于现实。宗教用神的戒命和惩罚,用神秘主义、因果报应等恐惧和欲求心理,来达到善男信女对道德的实践,其社会意义毕竟是有限的,特别在现实中,无助于真正道德意识和义务感的培养。因为靠"惩罚"和"诅咒"的手段来维护道德,是否符合道德只有神才知道。

人们常常乐道的关于爱和人道主义是宗教道德对社会影响重大的一个课题。宗教家和神学家都是宣扬神的慈悲为怀、博爱等,宗教(上帝)是充满了爱的。如果我们客观地加以分析,就会发现,宗教道德的所谓慈悲、博爱,与真的爱和人道主义并不完全一致,基督教要求爱上帝胜过爱自己的父母、妻子、兄弟、姐妹和自己的性命,否则就不能做一个教徒。这种爱直接否定了人伦关系的道德义务。

在人神关系中,神是主宰,人神是主奴关系、君臣关系,对神无条件依顺服从,这种信仰的神圣不可侵犯性,与对人的爱、与人的平等关系是矛盾的。由此也就降低了人的道德义务,意味着对人的离弃,与人道主义是相对立的。神和教义的神圣性、绝对性和唯一性,导致宗教的唯我独尊,对其他宗教和事物具有"天然"的排他性和保守性。所谓"爱"并不是人神关系的本质,也不符合事实,宗教间及内部争夺的残酷性就足以证明。

宗教提倡清心寡欲,认为罪恶的根源是物质的诱惑和肉体欲望的满足,因此提倡清心寡欲,神是圣洁的,禁欲苦行是圣洁的美德。这一道德要求具有两面性:一方面反映了对现实苦难的抗议,它反对荒淫腐化、奢侈糜烂的生活,对于缓和社会矛盾,净化人类心灵和经济发展无疑具有一定的作用。另一方面,宗教禁欲主义把精神和物质、灵魂和肉体看成相互对立的二元论,意味着对物质利益的否定。这在本质上是非人道的,是与人道的现实主义相对立的。人道主义认为物质生活和情欲、爱情、婚姻、家庭生活是人的生存的基本权利。事实上,神父、活佛和教主本人并不是不食人间烟火的禁欲主义者。宗教上的禁欲主义只是对广大信徒特别是穷苦人的一种自我慰藉,从而有利于剥削者——富人的利益。

在古代盛行宗教的审判法和诅咒法，用来对违反道德行为者起震慑和监护作用。这同样是不人道的，是有阶级性的，是世俗道德的宗教化。

第七章　宗教与文化

第一节　宗教是社会文化的历史形成

宗教是一种意识形态，也是一种社会文化的表现形式。

文化是人类创造的物质财富和精神财富的总和。宗教是人创造的，人创造的神灵变成人的异己力量，这一人（性）的自我异化过程，从最初的自然崇拜到祖先崇拜、图腾崇拜，由自然宗教到人为宗教，都是人的高级思维活动，也是一种创造精神文化产品的过程。

人类社会初期，物质生活与精神生活是统一不分的。原始社会的氏族部落组织的物质生产包括狩猎、牧畜、农耕等活动，同样也伴随着原始宗教活动，体现原始文化与宗教的共生和统一。正如至今还遗存下来的许多原始岩画和考古文物所展现的那样。岩画的各种形象（自然、动植物和人）既是当时氏族部落（狩猎、农耕）生产活动的生动记录，也是其原始宗教活动（图腾崇拜、生殖崇拜、日月崇拜、灵魂观念）、文化活动的直接反映。距今约5800年前存在的山东连云港将军崖上的岩画即是其中的一例。青海乐都柳湾三坪台出土的裸体女陶塑，其双乳、脐和外阴特别突出，造型细腻，体现着马家窑人的生殖文化。

人类进入阶级社会，复杂的社会分工导致社会文化的分化，宗教逐渐从原始文化中分离出来，由自然宗教发展为人为宗教，发展为更高层次的意识形态，成为相对独立的社会文化的特殊形式，并在民族、国家生活中与社会政治、经济相联系而并存,并且继续得到发展,显示其在社会中的地位和作用。

宗教从原始文化中分离出来,逐渐形成了自己的一套思想和观念体系、制度、组织、行为和礼仪规范,并外化为若干物质形式,如宗教经典著作、寺院建筑、神像、宗教用品、教团等,构成了宗教的内容。宗教作为一种文化,是以宗教体系为载体,并依附于一定非宗教的社会文化,因而宗教文化是客观存在。他以宗教信仰理论体系为核心,以宗教信仰为价值取向,以对超自然事物和境界的"真善美"追求的一种文化形式,它是社会文化的组成部分。

宗教文化的表现形式有宗教神学、宗教哲学、宗教语言文学、宗教艺术、宗教道德与礼仪等。

宗教文化的社会功能和前述宗教的社会功能是一致的,更表现出神本主义与人文思想的有机结合。

第二节 宗教文化与世俗文化的互相影响

宗教文化与世俗文化相互渗透影响,有时合二为一,难以区分。首先,宗教文化受世俗社会文化生活的影响而变化。宗教所反映的"颠倒的世界"意识,对终极无限的执着与追求,是要用语言来表达的。宗教神话和教义、教理需要语言文字来表达宣传,宗教活动场所需要建筑装饰……总之,构成宗教的各要素,都需要外化为象征性的表现形式,以使人们更深刻地感受到宗教的存在,体认到宗教的"真实性"。社会文化的音乐、舞蹈、绘画、雕塑、戏剧等又都对宗教的发展产生重大的影响。它们各以其声、色、形、像的直觉、具体、想象的形式反映宗教的内容,用来拨动信徒们的心弦,激荡起宗教的情感,使宗教产生心理和社会效用。这就是文化艺术对宗教宣传、传播和发展的重要影响;宗教文化只有依托世俗文化才能得到发展,形成为诸如宗教哲学、宗教音乐、宗教艺术等。

宗教文化对世俗文化的发展有社会意义。《圣经》《古兰经》、佛经，既是宗教经典，是宗教神学和宗教哲学的载体，也是优美的语言文字和文学巨著，多少年来，分别对欧美诸国、阿拉伯伊兰斯诸国和东亚、南亚诸国的文学、哲学产生了深远的影响。同样基督教的教堂、伊斯兰教的清真寺、佛教的寺院对世俗社会的建筑艺术也产生重要影响。宗教文化艺术是物态化的宗教思想，是宗教宣传品，也是文化艺术品；是信仰的媒介，也是精神享受的对象。它的主题是宗教，它是现实生活土壤的产物，从而具有社会价值。

宗教文化通过自己的文化功能对世俗文化的诸多方面产生影响。在古代，卜筮巫术是解释世界（自然和社会）的权威，巫术同时兼原始医学，炼丹术对原始冶金术，占星术对原始天文学都起了促进作用。宗教文化的传播，对民族、国家间的文化交流和政治、经济关系的发展，有过重要的历史作用。佛教东渐，佛教文化在语言、文学、翻译、哲学、教育、艺术甚至生活习俗等多方面，对中国、朝鲜、日本产生了深远的影响。在中国，佛教传入后，中国化为禅宗，禅宗又与中国哲学结缘，形成宋明理学并渗透到唐诗宋词和山水画，使意境升华到新的境界。元好问说"诗为禅客添花锦，禅是诗家切玉刀"（《元遗山集·赠嵩山隽侍者学诗》)，说的就是这种情况。

宗教文化也是一种具有世俗意义的文化形式，从某种意义说，世俗文化往往是在得益于宗教文化基础上发展为新的文化。如前所述，宋明理学是在儒学吸收佛教的基础上形成的。16世纪欧洲宗教改革推动了人文主义的发展，一些著名的人文主义者以至科学家都是虔诚的宗教徒，他们从宗教生活中获得某种征服物质世界、创造新的世俗文化的精神力量。宗教理性化、社会化后可以成为具有世俗意义的文化形式。又如敦煌、龙门、云冈石窟的佛教壁画和塑像，其造型风格、体貌身态、衣冠服饰，在一定程度上反映了魏晋南北朝以至隋唐的时代差异和社会风貌，充满了世俗人情味，给人以亲切之感，应是具有世俗意义的艺术形式。

第八章　宗教与科学

第一节　宗教与科学的关系

宗教与科学存在着交错复杂、互相联系而又对立的关系。

原始社会，人们认识自然和社会，大多采取巫术和宗教观念的形式。中古时期巫师和僧侣居于垄断知识的地位，科学对宗教处于从属地位。一方面，宗教思想、教义同科学是冲突的，另一方面，它的思维方式、修行方法，给人们提供了某些有益的思想资料；一方面，教会对自然科学的发展起了阻碍作用，另一方面，宗教寺院除传经讲法外，也研究文学、哲学、天文、历算、医学等科学。

中世纪宗教寺院曾是传播科学的地方。12世纪，罗马教皇亚历山大三世在教会兴办学校。从此，科学悄悄地进入寺院，借神圣的殿堂，孕育传播了自己的种子。教会学校或寺院除神学外，还设有逻辑、修辞、算术、几何、天文、音乐等。此后，欧洲教会学校日增，并办起大学，到14世纪，欧洲已有大学40余所。在我国，基督教传入后，也创办了燕京、圣约翰、岭南、辅仁、芝江、同济等大学和协和医学院、湘雅医学院以及许多中小学。

科学也通过某些受过教育、知识渊博的宗教家而得到传播。创立"日心说"的哥白尼是神父，宣传和验证"日心说"的布鲁诺是多明戈会修道院的牧师，伽利略从小就进了修道院。在我国，基督教传教士利玛窦著《天学实义》、《坤舆万国全图》，与徐光启合译《几何原理》；

汤若望制作天文仪器,编《崇祯历书》,南怀仁著《仪象志》、《赤道南北星图》。我国古代的大科学家、医学家亦不乏其例。被称为"药王"的孙思邈是道教徒,著有《大衍历》、测量出子午线长度的僧一行,是唐代著名高僧。道教徒在修行实践中,同时对我国化学、医学(包括气功)和天文学的发展做出了重要贡献。

科学对宗教的批判。宗教以自己特有的方式,即以相信超自然力量的存在为特征来反映社会的存在;科学则是如实地、实事求是地反映客观世界,因此科学与宗教不仅是互相联系的,而且也是互相对立的。这种对立主要是科学来源于实践,而宗教则来自于"启示";科学靠理性,而宗教则基于对神的非理性的信仰。这种对立和斗争一般是在宇宙观和思想信念方面,而体现于社会行为。历史上宗教以其权威阻碍科学发展和迫害科学家的事件,多不胜举。从 14 世纪至 16 世纪的欧洲文艺复兴和人文运动直至近代工业革命,实验科学的发展,从自然和社会的各个领域向宗教提出了严重的挑战和批判。有史以来,科学与宗教、有神论和无神论的对立和斗争一直存在着,史不绝书,不胜枚举。

在科学与宗教的长期对立斗争中,科学不断发展,宗教的教义和神学思想相应地不断有所变易和削弱。但是只要世界还存在着神秘而科学尚未能知的领域,它就为宗教留下了予以解释、补充的空间。科学和宗教并存将是长期的。

第二节　宗教与科学的对话

随着社会经济的进步和科学技术的发展,宗教与科学的对立也在发生着变化。一方面是科学的不断探索和发明,使宗教神造论受到无情的挑战。当然,在科学的前面,还有许多未知的世界,但它毕竟使上帝存在的空间越来越小。另一方面这未知的世界的存在,使宗教神秘主义的预言成为对未来世界的一种探求(认识)的方式,正如原始时代宗教充分发挥着解释世界的功能。今天上帝仍然能够以神秘的方式发挥作用,这些方式是藏在自然科学之后的。有的科学家也认为上帝在科学中仍有存在的空间。一个半世纪以前,创造进化论的达尔文可能是一个自然神论者而非无神论者,至今许多科学家仍持这种观点:"自然力量与上帝的力量是一回事。"一位诺贝尔奖得主纽约洛克菲勒大学的进化生物学家就说:"宗教冲动左右着我们进行科学探索的动机,这是无可辩驳的事实。"(《世界宗教文化》1998 年第 2 期)

面对科学发展对宗教的冲击,宗教不能不随之调整自己,这是 20 世纪下半叶宗教与科学关系的重大变化。科学和理性使人类释放出征服宇宙的无穷能量,创造出越来越丰富的物质文明,极大地提高生活的享受。同时,伴随这种发展进步的,却是人类对精神领域和生命价值追求方面的许多失落。如贫富对立,各种社会丑恶现象丛生,加上自然生态被破坏,生存空间恶化。这就为宗教提供了施展其社会功能的场所,尽管它并不能完全拯救人类的危机,但它可以与科学并存,为维护和全面发展人类物质文明和精神文明而进行对话。进而互相协调,各自做出对人类文明的有益贡献。

下篇　宗教政策

第一章　宗教信仰自由政策

第一节　政教分离、宗教信仰自由是
现代民主国家的通则

　　在古代,特别在欧洲罗马帝国时期,神权与教权、僧人与世俗统治者结合在一起形成政教合一制度,基督教成为国家宗教,人们的思想信仰只能是宗教的,即基督教的,否则一律被斥为"异教"、"异端",遭到罗马教会的镇压。以异端神学和异教运动的神学形式出现的反基督教正统神学、反教会的各种理性主义,是争取政教分离和宗教信仰自由的前奏。

　　公元 15 世纪中叶,代表新兴资产阶级的知识分子开始向政教合一制度的支柱——教会展开斗争,传播人文主义思想。16 世纪初,德国神学教授马丁·路德发动的宗教改革反映了资产阶级反对封建等级制度,突破教会统治的要求。他以《圣经》为根据,说明人的得救,只能依靠自己的信仰。强调"因信称义",主张宗教信仰是个人的事情,教士不应监督和干预,信仰凭着"信"便可直接与神交通,无须以教皇为首的教阶体制做中介。宗教改革运动的进一步发展,从根本上打击了欧洲世俗封建制度,也动摇了天主教会的政教合一体制,对以后资产阶级革命实行政教分离起了促进作用。17—18 世纪,随着资产阶级革命先后在欧洲各国的胜利,教会统治被削弱,也就逐渐与国家分离。

　　1871 年,巴黎公社打碎资产阶级的国家机器之后,立即宣布教会与国家分离,公社停发国家给教会的津贴,将结婚户籍等民事权归

国家办理,没收教会财产,教会与学校分离,废除学校中的神学科和宗教礼拜仪式,实现宗教对国家来说仅仅是"私人的事情"。列宁在阐述"宣布宗教对于国家来说是私人的事情"的原则是,强调"任何人都有充分自由信仰任何宗教,或者不承认任何宗教";"教会与国家完全分离,这就是社会主义无产阶级向现代国家和现代教会提出的要求"(列宁:《社会主义与宗教》,见《列宁全集》第 10 卷)。

按照政教分离的原则,社会主义国家政权绝对不能用来推行某种宗教,也绝对不能用来禁止某种宗教,只要它是正常的宗教信仰和宗教活动。同时也决不允许宗教干预国家行政,干预司法,干预学校教育和社会公共教育。一切涉及政策、法律的问题,包括民事纠纷在内,都只能按照宪法和法律的规定,由国家行政部门和司法部门受理解决,任何宗教组织和宗教职业人员都不得受理或进行干预。不得利用宗教进行破坏社会秩序、损害公民身体健康、妨碍国家教育制度的活动。政教分离和宗教信仰自由已经成为现代民主国家的普遍原则。

第二节　宗教信仰自由政策

一、宗教信仰自由政策的历史发展

中国共产党一贯主张尊重和保护宗教信仰自由。革命战争时期,1931 年在中央苏区经中华苏维埃第一次全国代表大会通过的《中华苏维埃宪法大纲》中规定:"中华苏维埃政权以保障工农劳苦民众有真正的信仰自由的实际为目的。绝对实行政教分离的原则。"。红军长征途中,严格执行宗教信仰自由政策。抗日战争时期,《陕甘宁边区施政纲领》规定保证一切抗日人民的信仰自由权:"根据信教自由的原则,中国解放区容许各派宗教存在,不论是基督教、天主教、回教、佛教以及其他宗教,只要教徒们遵守人民政府的法律,人民政府就给予保护。信教和不信教的各有他们的自由,不许加以强迫或歧视。"

(《论联合政府》,见《毛泽东选集》第3卷)

中华人民共和国成立后,中国共产党的宗教信仰自由政策便用法律的形式固定下来,被载于国家宪法和法律上,先后于1949年《中国人民政治协商会议共同纲领》上、1954年《中国人民共和国宪法》上均作了明确规定:"中华人民共和国公民有宗教信仰的自由。"1952年毛泽东在接见西藏致敬团代表时,对此作了重要说明:"共产党对宗教采取保护政策,信教的与不信教的,信这种教或信别种教的,一律加以保护,尊重其信仰。今天对宗教采取保护政策,将来也仍然采取保护政策。"十年"文化大革命"期间,宗教政策遭到严重破坏,党的十一届三中全会后恢复和重申了宗教信仰自由政策,经过拨乱反正,总结建国以来党在宗教工作上正反两方面的经验,于1982年制定了《关于我国社会主义时期宗教问题的基本观点和基本政策》的文件。同时对宪法中有关宗教问题的条文,作了重大修改,是建国后历部宪法中对宗教问题最明确而又最具体全面的规定。

二、宗教信仰自由政策的意义和基本内容

尊重和保护宗教信仰自由是中国共产党和中国政府对待宗教问题的基本政策,是整个宗教政策的核心。

宗教信仰自由,其政策和法律的全面含义是:对国家来说,宗教信仰是公民个人的私事,每个公民既有信仰宗教的自由,也有不信仰宗教的自由;有信这种宗教的自由,也有信那种宗教的自由;在同一宗教里面,有信仰这个教派的自由,也有信仰那个教派的自由;有过去不信教、现在信教的自由,也有过去信教、现在不信教的自由。就是说,每个公民,不论是信教或不信教,信这种教或信那种教,在政治上一律平等,都受到法律的保护,任何组织或个人都不得加以干涉。在我国,没有占统治地位或特殊地位的宗教。国家对各种宗教一视同仁,不加歧视。

宗教信仰自由是公民的基本权利,也是一项民主权利,受到不受侵犯的法律保护。任何国家机关、社会团体和个人不得强制公民信仰宗教或不信仰宗教,不得歧视信教的公民或不信教的公民。信教群众和不信教群众,没有根本的利害冲突,而且其政治、经济上的根本利益是一致的,应该而且完全能够彼此尊重,互相团结,和睦相处。在信教群众多的地方,强调要尊重和保护少数群众不信仰宗教的权利,在不信教群众多的地方,要注意尊重和保护少数群众信仰宗教的权利。

按照这一政策,公民的正常的宗教活动受到国家的法律保护。在宗教活动场所进行的正常宗教活动,包括自愿布施、奉献、乜贴、献仪、礼拜、祈祷、念经、法事以及在家的修持、守斋、终缚、烧香、祈告等均受到国家法律保护。按照国家法律和政策规定,宗教可以建立自己的教团组织,修建寺观教堂,可以开办宗教院校,出版宗教书刊,进行宗教学术活动和交流等。

按照这一政策,公民在行使宗教信仰自由权利的同时,必须履行自己应尽的义务。任何人不得利用宗教进行反对中国共产党的领导和社会主义制度,危害国家统一和民族团结的活动;宗教不得干预国家行政,干预司法,干预学校教育和社会公共教育,一切涉及国家政策、法律的问题,包括民事纠纷在内,都只能按照宪法和法律的规定,由国家行政司法部门受理解决,任何宗教组织和宗教职业人员都不得受理或进行干预。不许恢复已被废除的宗教封建特权和宗教压迫剥削制度。

我国的宗教不受外国势力的支配,实行独立自主、自办教会和自治、自传、自养的原则。这是中国人民在近百年反对外来帝国主义和殖民主义侵略斗争中,由中国宗教徒做出的历史性选择。各宗教团体和宗教界人士要维护国家主权和民族尊严,坚持独立自主、自办教会的原则,坚决抵制境外敌对势力利用宗教进行渗透,推行和平演变的图谋;坚决抵制境外宗教团体和个人干涉中国宗教事务,在中国境内建立组织或办事机构,建立宗教活动场所,进行传教活动。同时,在平等友好的基础上,各宗教可以开展与世界各国宗教组织的交往和联系,增进国际友谊。

三、宗教信仰自由是国家一项基本政策

我国的宗教信仰自由政策,是根据马克思主义对宗教的科学分析和宗教的发展规律而制定的,是国家的一项基本国策。

第一,宗教信仰问题有其自身的特点。宗教信仰是意识形态、思想信仰问题,人们可以用暴力推翻某种社会制度,但不能用暴力消灭宗教。宗教有其发展规律,"我们不能用行政命令去消灭宗教,不能强制人们不信教,不能强制人们放弃唯心主义,也不能强制人们相信马克思主义"(毛泽东),只有尊重唯物辩证法,承认信教和不信教都有自由,让人们从社会实践中去认识真理。宗教的产生、存在,有其历史的、社会的和认识的根源。当社会的经济生产、科学技术和文化教育还不发达,官僚主义还存在,社会弊端还存在,许多社会问题还难以得到完全合理的解决的情况下,宗教必然要存在下去,只有实行宗教信仰自由,才是唯物主义的态度。

第二,实行宗教信仰自由,符合我国各族人民的根本利益。我国宗教信仰自由政策是从我国各族人民的根本利益出发的,和西方资本主义国家提出的"宗教信仰自由"是有区别的,它不是维护某一集团或阶级的利益而引致和制造宗教纠纷,掀起宗教狂热,分裂人民的工具。而是从各族人民的根本利益出发,为党和人民的基本任务服务的。不论是革命或建设时期,人民群众团结的基础是政治目标和经济利益的一致性。信仰宗教的群众,是一支重要的社会力量,为了完成社会主义初级阶段的基本任务,必须团结信教和不信教的全体人民群众,调动一切积极因素。而尊重和保护信教群众的宗教信仰自由,

正是团结信教群众和不信教群众一道共同实现社会主义现代化的需要,也是宗教信仰自由政策的根本目的。

第三,实行宗教信仰自由是社会主义民主的要求。宗教作为一种意识形态,在社会主义条件下,信教与不信教,信这个教与信那个教,已成为公民个人的私事,成为公民个人自由选择的问题。"一切权力属于人民"。宗教信仰自由是人民应该享受的一种民主权力,是现代文明国家的通例。

第四,宗教在社会主义社会的地位和作用。宗教不单是思想信仰问题,也是历史文化传统问题。几千年来,宗教往往同各民族的社会政治、经济、文化、心理以及风俗习惯密切联系在一起。在社会主义制度下,宗教的性质、地位、作用发生了重大变化,在剥削制度和剥削阶级被消灭后,宗教主要是作为一种历史文化传统和社会意识而存在,它主要是个人和群体的信仰、生活方式和习惯的问题。宗教作为一种社会历史文化现象,它在人类文明的继承、发展中,曾经和还要起着历史的作用,它在人民群众中的影响是不能忽视的。

第五,宗教具有五性,宗教信仰涉及群众关系、民族关系和国际关系等,实行宗教信仰自由,才有利于协调处理这些关系,对于国家的安全、社会的稳定、人民的福祉均有重要意义。

第二章　依法管理宗教事务

第一节　依法管理宗教事务的意义

宗教从其产生开始,不单是一种人的思想信仰活动,也是一种社会组织和社会活动。宗教作为一种社会组织活动,在其正常运转过程中,就必然产生一个宗教事务的管理问题。宗教管理可以分为宗教内部(宗教团体和寺院)管理和国家对宗教的行政管理。

中国历史上对宗教的管理由来已久，大概远在原始氏族社会的末期，就已经有了管理神灵祭祀活动的专门人员了。《尚书·周书·吕刑》载有颛顼氏实行绝地天通，"命南正重司天以属神"。商、周时期，国家有专门管理宗教的职官和机构(商有巫咸之官，周有"春官"(大宗伯、小宗伯之职，掌天神、地祇、人鬼和宗庙社稷)。自佛教传入中国后，到后秦姚兴弘始三年(401 年)已设有专门管理佛教的僧官。东晋设僧司，北魏设监福曹。直至清代，历代都从中央到地方政府设有管理宗教事务的机构。

中华人民共和国成立后，我们政府根据宪法和党的宗教政策，设有宗教事务局的机构，一直对宗教事务进行事实上的管理。1991 年 2 月 5 日，中共中央、国务院发布《关于进一步做好宗教工作若干问题的通知》，第一次明确指出"依法对宗教事务进行管理"。所谓"依法对宗教事务进行管理"是指政府对有关宗教的法律、法规和政策的贯彻实施进行行政管理和监督。此种管理，一方面是把宗教活动纳入法律、法规和政策的范围内，促进宗教活动正常化；另一方面是纠正干涉公民宗教信仰自由权利，侵犯宗教团体合法权益等违背法律、政策的现象，而不是去干预正常宗教活动和宗教团体的内部事务。国家"依法对宗教事务进行管理"就是管理的法律化、制度化。

　　依法对宗教事务进行管理，并不违背宗教信仰自由政策，而是全面贯彻宗教信仰自由政策的需要，是维护安定团结和各民族人民根本利益的需要。不要把对宗教事务的管理同宗教信仰自由对立起来。这种管理是指政府对有关宗教的法律、法规和政策的贯彻实施进行行政管理和监督。具体地说，就是区别不同情况，分别采取教育的、行政的、法律的手段，既保护公民信仰宗教的权利，也保护公民不信仰宗教的权利;既保护宗教团体、寺院教堂的合法权益,保护宗教教职人员履行正常的教务活动的权利和信教群众正常的宗教活动,又要坚决制止和打击利用宗教和宗教活动进行的违法犯罪活动。对借宗教问题煽动群众闹事、扰乱社会治安、破坏国家统一和民族团结的犯罪行为,要依法处理,首恶分子要从严惩办。这种管理,是为了使宗教活动被纳入宪法、法律和政策的范围,而不是干预正常的宗教活动和宗教团体的内部事务(《新时期宗教工作文献选集》194页)。

宗教活动必须在法律、法规和政策范围内进行,这是世界民主国家通行的原则。联合国《消除基于宗教或信仰原因的一切形式的不容忍和歧视宣言》《公民权利和政治权利国际公约》中规定:"有表明自己选择宗教或信仰的自由,其所受限制只能在法律所规定以及为了保障公共安全、秩序、卫生或道德或他人的基本权利和自由所必需的范围之内。"国家对各宗教一视同仁,任何宗教在法律上一律平等,没有超越法律的特权,即享有法律所规定的权利,同时又应承担法律所规定的义务。任何人、任何团体,包括任何宗教,都应当维护法律尊严,维护人民利益,维护民族团结,维护国家统一。这与联合国人权文书和公约的有关内容的精神是一致的。国家依照法律对宗教进行管理是现代文明和法制国家的基本要求,依照法律对宗教进行管理,不仅在于保障信教者和不信教者对宗教信仰的自由,而且保障社会的有序和稳定,从而又有利于宗教。

第二节　国家管理宗教事务的法律化

一、宗教法律建设

中共十一届三中全会以后,党和国家总结"文化大革命"的历史经验,提出加强法制建设的问题。邓小平指出:"为了保障人民民主,必须加强法制,必须使民主制度化、法律化,使这种制度和法律不因领导人的改变而改变,不因领导人的看法和注意力的改变而改变。"(《邓小平文选》第2卷136页)"我们的民主制度还有不完善的地方,要制定一系列的法律、法令和条例,使民主制度化、法律化"(《邓小平文选》第2卷319页)。宗教信仰自由是人民的一项民主权利,人民的宗教生活是一种社会生活,国家要对宗教事务进行管理也必须法律化。但多年来在宗教信仰问题上主要是按政策办事,宪法第三十六条规定了宗教信仰问题的基本原则,而有关这方面的立法则很不完备。党的宗教政策是制定法律、法规的依据,除了依据政策管理外,还应将政策具体化,成为法律、法规的形式,才能做到"有法可依,有法必依,执法必严,违法必究",才能实行有效的管理。因此,加强法制建设是对宗教事务进行管理的必要前提。

1982年,中共中央提出:"为了保证宗教活动的进一步正常化,国家今后将按照法律程序,经过同宗教界人士充分协商,制定切实可行的宗教法规"。(《关于我国社会主义时期宗教问题的基本观点和基本政策》)从此,宗教法治建设提上了工作日程,从中央到各省市,制定和颁布了一批宗教法律,包括全国性宗教行政法规、国务院部门规章、综合性地方宗教法规、综合性地方政府宗教规章、单项地方宗教法规和单项地方政府宗教规章。

我国现行宗教法律、法规,首先在《中华人民共和国宪法》第二章公民的基本权利和义务中,把宗教信仰自由作为公民的一项基本权利加以规定。宪法第三十六条规定:

中华人民共和国公民有宗教信仰自由。

任何国家机关、社会团体和个人不得强制公民信仰宗教或者不信仰宗教,不得歧视信仰宗教的公民和不信仰宗教的公民。

国家保护正常的宗教活动，任何人不得利用宗教进行破坏社会秩序、损坏公民身体健康、妨碍国家教育制度的活动。

宗教团体和宗教事务不受外国势力的支配。

宪法还规定，年满十八岁的公民不分民族、宗教信仰，都有选举权和被选举权。

我国的各项基本法包括全国人民代表大会和地方各级人民代表大会选举法、民族区域自治法、刑法、民法、教育法、环境保护法、森林法、土地管理法、文物保护法、劳动法、广告法、兵役法、村民委员会组织法、治安管理处罚条例、房产税暂行条例、风景名胜管理暂行条例等法律，都对有关宗教问题作了相应的规定，为宗教信仰不受侵犯而受到保护、宗教团体的合法财产和寺观土地受到法律保护，教育与宗教分离，公民不因宗教信仰而在选举、劳动就业以及其他平等权利上受到歧视，从而不论宗教团体或教徒、公民个人的宗教信仰完全受到法律的保护和尊重。除上述国家各项基本法对有关宗教问题作出相应规定外，政府还颁布了全国性行政法规《中华人民共和国境内外国人宗教活动管理规定》、《宗教活动场所管理条例》和国务院部门规章《宗教社会团体登记管理办法》、《宗教活动场所登记办法》。这对依法管理宗教团体、宗教场所等的宗教活动具有重要的现实意义。

此外，各省、自治区和一些市以及香港、澳门特别行政区也结合本地区的实际情况，制定了有关地方宗教法规和规章。宗教立法已取得了长足的发展。

二、对宗教事务的依法管理和监督

依法管理宗教事务，除了加强宗教立法外，重要的是政府部门对宗教事务进行具体管理和监督。管理和监督的内容主要是：各级政府部门依照其权限对有关宗教的法律、法规和政策的贯彻实施，进行行政管理和监督;采取教育的、行政的、法律的手段,全面正确地贯彻宗教信仰自由政策;依法保护宗教团体和宗教活动场所的合法权益,保护宗教教职人员履行正常的教务活动,保护群众正常的宗教活动,他们依法享有的权利,任何人不得侵犯;宗教活动必须纳入法制轨道,宗教活动场所和宗教团体要依法登记,并接受政府部门的管理和监督,有关宗教的对外交往,要依法办事;依法对宗教事务管理,也包括依法处理宗教方面的矛盾纠纷,该劝阻的劝阻,该取缔的取缔,该禁止的禁止,构成犯罪的,要依法打击;组织宗教界开展"四个维护"、爱国主义、社会主义和民族团结的教育活动;加强宗教教职人员队伍的建设;做好宗教界人士的政治安排工作;帮助宗教团体开展生产自养活动;协助宗教团体办理需由政府解决的有关事务;防止和制止不法分子利用宗教和宗教活动制造混乱、违法犯罪,抵制境外敌对势力利用宗教进行渗透,开展宗教方面的友好往来。

依法对宗教事务进行管理,重在司法和行政的保障和监督,各级政府主管宗教事务部门,具体落实贯彻实施有关宗教法律、法规和政策的行政管理和监督。司法保障方面如侵犯公民宗教信仰自由权利行为的,则有刑法、民事诉讼法等法律有关宗教的规定加以保障。多年来宗教工作主要靠政府指导,缺乏法律的规范管理。中共中央十一届三中全会后,邓小平提出:"还是要靠法制,搞法制靠得住些。"据此,1991年中共中央、国务院在《关于进一步做好宗教工作若干问题的通知》中指出:"依法对宗教事务进行管理。"1993年江泽民就党的宗教政策讲了三句话:"一是全面、正确地贯彻执行党的宗教政策;二是依法加强对宗教事务的管理;三是积极引导宗教与社会主义社会相适应。"在社会主义新时期,在宗教问题上仅仅依靠政策是不够的,要实行政策指导与依法管理并行并重,相辅相成,使管理规范化、制度化、法律化,具有稳定性、连续性。宗教法规、规章将社会一般法律、法规调整不到的宗教事务加以规范，将行之有效的宗教政策加以法律化，政府和公民得以执法守法。同时，在处理方式上，除了触犯法律构成犯罪由司法机关惩处外，还有一个由政府进行行政处罚的层次，做到管理有法可依，依法处置，便于监督。此外在各级人民代表大会和政治协商会议，设有民族、宗教委员会，也是对宗教信仰自由政策和法律、法规贯彻实施执行情况进行监督的有力机构。依法管理宗教事务，还应发挥宗教团体、爱国宗教界人士、信教群众的监督作用，做到政府实行管理与群众参与管理、自我管理相结合，行政监督与监督行政相结合，把管理与群众工作、宣传教育工作结合起来，不断完善管理工作。

依法管理宗教事务，既是坚决保障一切正常的宗教活动，同时也是坚决打击一切披着宗教外衣的违法犯罪活动和各种危害人民生命财产的迷信活动。当代出现的邪教，并不是宗教，但他冒用宗教、气功等名义而进行反人类、反科学、反社会、反政府的非法犯罪活动，是一种国际性的社会现象，如"人民圣殿教"、"大卫教派"、"奥姆真理教"等。世界各国都明令予以取缔禁止。近年来我国也出现如"呼喊派"、"被立王"、"主神教"、"门徒会"等邪教，尤以"法轮功"是最大的邪教组织，涉及范围之广、参与人员之多、为害社会之烈，都是前所未有的，我国已制定相应的法律，必须依法予以严厉打击。

第三章　同宗教界人士的爱国统一战线

第一节　同宗教界人士的爱国统一战线政策

统一战线是无产阶级团结其他阶级、阶层、党派及一切可能团结的力量，以反对共同敌人而结成的政治同盟。它是中国共产党的一项重要的战略和策略,成为中国革命和建设中的三大法宝之一。早在民主革命时期,中国共产党就提出并同宗教界人士建立了统一战线。这一政策赢得了党内外和宗教界人士的赞同和拥护。在新中国成立后,同宗教界爱国人士的统一战线仍然是社会主义时期统一战线的重要组成部分。争取、团结、教育宗教界人士,充分发挥爱国宗教组织的作用,是一项重要的宗教政策和宗教工作。

宗教界人士主要是指宗教教职人员和具有一定代表性的宗教中的上层人士。包括佛教的比丘、比丘尼、活佛、喇嘛、扎巴、觉姆;道教的道士、道姑;伊斯兰教的阿訇、毛拉、伊玛目;天主教的主教、神父、修士、修女;基督教的主教、牧师、教师、长老。我国的宗教界人士是宗教信仰的中坚力量,这一基本事实决定其社会地位和影响。他们在国内的宗教关系以至民族关系上,同本民族、本宗教的人民群众有一定的联系,有的就是宗教领袖,在信教群众中具有较大的影响。在民主革命时期,由于旧中国遭受深重的帝国主义侵略和民族压迫,使他们中的绝大多数和全国人民有着共同的命运和爱国的要求。进入社会主义社会,由于阶级状况的变化,宗教界人士的绝大多数已经是属于社会主义的劳动者和拥护社会主义的爱国者, 他们在宗教界的地位和影响仍然存在。

对宗教界爱国人士坚持争取、团结、教育的方针,是党的统一战线的组成部分,是党的宗教政策和宗教工作的重要内容之一。宗教界人士是有神论者,就世界观和意识形态而言,有神论和无神论是对立的不同的思想体系,但就政治态度和政治立场而言,有神论者和无神论者都是可以结成同盟者的、可以合作的。毛泽东讲过:"共产党员可以和某些唯心论者甚至宗教徒建立在政治行动上的反帝反封建的统一战线",虽然并不赞同他们的唯心论或宗教教义。马克思主义是彻底的无神论者,同时又是辩证唯物主义者,认为有神论和无神论、唯心主义和唯物主义,自有人类历史以来,就已经存在,并非社会主义社会所独有,也非社会主义历史时期所能解决的。和人类为争取进步的斗争必须服从一定时期的政治斗争和经济斗争相比,这种思想意识上的分歧居于次要地位,"在我们看来,被压迫阶级为创立人间的天堂而进行的这种真正革命斗争的一致,要比无产者关于天堂的意见的一致更为重要"(列宁:《社会主义和宗教》)。对我国宗教界人士来说,热爱祖国,拥护党的领导,走社会主义道路,为实现现代化而贡献自己的力量,已成为绝大多数人的共识。实践证明,宗教界人士和信教群众在政治、经济斗争的利益上和社会主义有着广泛的一致性。他们通过职业活动和信教群众有密切的联系,并在群众中有较大的影响,在发展经济、从事农耕造林护林、维护生态环境、服务性劳动和社会公益事业、保护寺观教堂和宗教文物、旅游服务和扶贫赞助以及宗教学术研究等方面,都做出了有益的贡献。宗教以慈悲、平等、博爱为怀,宗教界人士通过履行宗教职务的形式,宣传戒恶从善,利乐有情,爱国爱教,共建精神文明,对维护社会秩序,促进安定团结的政治局面有积极意义。在上述诸多方面,有的人做出成绩被评为先进和模范。数十年来,"各民族的不同宗教的爱国人士有了很大进步"(邓小平:《在全国政协五届二次会议上的讲话》)。他们中的代表人物有的被选为从中央到地方的各级人大代表、政协委员以至国家领导人。有的在企事业单位担任领导职务。据不完全统计,宗教界人士在全国各级人大和政协,有近1.7万人担任代表和委员。实践证明,做好宗教界人士的争取团结教育工作,有利于团结广大信教群众,有利于社会稳定,有利于四化建设。

同宗教界爱国人士建立统一战线,是党的一贯政策。宗教界人士经过民主革命、社会主义革命的重大考验,走上了建设国家、与社会主义社会相适应的道路。"文化大革命"中,宗教界人士和广大教徒虽然遭到严重迫害，但他们并未动摇与共产党合作和走社会主义道路的信念。十一届三中全会后，经过拨乱反正，落实宗教政策，平反冤假错案，进一步巩固和发展了同宗教界爱国人士的统一战线。1991年1月江泽民在会见宗教团体主要领导人时提出了"我党处理同宗教界之间的关系的原则是政治上团结合作，思想信仰上互相尊重"。新时期我国各族各界人民的共同目标和共同利益是建设有中国特色的社会主义，振兴中华，完成祖国统一，这是同宗教界在政治上团结合作的政治基础，在此政治基础之上，执行这一原则，爱国统一战线一定会进一步巩固和发展。

第二节　发挥爱国宗教团体的作用

我国各宗教都有自己的宗教团体组织。现在全国性宗教团体有7个。各级地方宗教团体有3000多个，其中省级170余个，地市级760余个，县级2000余个。这些宗教团体形成从中央到地方的网络系统。

7个全国性宗教团体是：

中国佛教协会，1953年6月3日成立，其后各省（市）相继成立协会分会。

中国道教协会，1957年4月12日成立，1985年后各地方性道协组织成立。

中国伊斯兰教协会，1953年9月11日成立，其后各地方性伊协相继成立。

中国天主教爱国会，1953年8月2日成立中国天主教友爱国会，1992年定为现名。各省市均有相应组织。

中国天主教主教团，1980年6月2日成立。由中国天主教代表会议选举，向代表会议负责。主教团由全国各教区正权主教、助理（辅理)主教、顾问主教组成。

中国基督教三自爱国运动委员会,1954 年 8 月 6 日成立, 各省市有相应的地方性委员会。

中国基督教协会,成立于 1980 年 4 月 13 日,各地方性协会相继成立。

各宗教团体是信教群众代表和宗教爱国人士发起成立的自己的爱国组织。它的基本任务是,协助党和政府贯彻执行宗教信仰自由政策,帮助广大教徒群众提高爱国主义、社会主义觉悟,代表和维护宗教界合法权益,组织正常的宗教活动,办好教务。团结教友教众遵守国家宪法、法律、法规和政策,参加社会主义物质文明和精神文明建设,为改革开放,经济建设,祖国统一,世界和平做贡献。如中国基督教协会规定该会宗旨为:团结全国所有信奉天父、承认耶稣基督为救主的基督徒,遵守国家宪法、法律、法规及政策,在圣灵的引导下,遵照《圣经》,同心协力,办好我国独立自主、自治、自养、自传的教会。

在依法管理宗教事务中,宗教团体的地位和作用是不可替代的。充分发挥爱国宗教团体的作用,是贯彻执行宗教政策、保护正常宗教活动和宗教界合法权益的重要组织保证。政府管理部门与宗教团体各司其职,互相补充,互相配合,缺一不可。党和政府对宗教团体体现领导,是政治领导,是路线、方针、政策的领导。政府有关部门则对有关宗教法律、法规和政策的贯彻执行实行行政管理和监督。对宗教团体内部的事务,应由各宗教团体和寺观教堂充分发挥自己的职能,根据各自的特点,自我管理,政府有关部门不应包揽宗教内部事务或横加干涉。因此明确政府有关部门与宗教团体各自的职责和相互关系,规范党和政府有关部门的行政行为是十分必要的。

各宗教团体自成立以来,发挥了重要作用,做了大量工作。例如参与宗教立法的协商讨论,提出建议;协助政府落实宗教政策,开放宗教活动场所;组织教务活动,开展宗教活动;维护宗教界合法权益;组织宗教界人士学习法律、法规和政策,提高社会主义觉悟;依照法规、政策和本宗教的特点,制定有关宗教寺观教堂内部管理的规章制度,使宗教活动正常化;协助管理好宗教活动场所,保护宗教文物;举办生产服务事业及社会公益事业;举办各级各类宗教院校,培养宗教教职人员;组织宗教学术文化研究和交流活动;印行宗教经典,发行宗教书刊;积极开展宗教方面的对外交往。宗教管理工作能否做好,在很大程度上取决于能否充分发挥宗教团体的作用。政府要支持爱国宗教团体自主地积极开展工作;帮助爱国宗教团体解决实际困难,包括用房、经费等;切实维护宗教团体的合法权益;重视培养新的宗教教职人员,使宗教团体的领导权由爱国宗教人士掌握。

第四章　引导宗教与社会主义社会相适应

第一节　问题的提出及意义

宗教与社会相适应本是宗教存在和发展的历史通则。如若不然,宗教就必定消失。宗教在社会主义社会能否适应,这也应该是肯定的。但作为问题被提出来,这主要是因为社会主义社会,社会的主体意识形态是马克思主义即辩证唯物主义和历史唯物主义,是彻底的无神论;而宗教则是唯心主义的,是有神论,彼此是互相对立矛盾的。二者都是意识形态,是不能用强迫、压制手段消灭的,只能用求同存异,彼此尊重其选择,与世共存。于是就有了宗教与社会主义社会相适应、相协调、相容的问题。

从中华人民共和国成立以来,五大宗教一直存在并得到发展,尽管有曲折,但宗教团体组织、宗教教职人员和信教群众与社会主义的政治制度、经济制度、法律制度的关系经过了一个长期的既相适应又不甚适应的过程,即基本上是适应的,同时问题也是存在的。在改革开放的新形势下,经济体制转型,政治、法律制度变更,反映在社会生活的各方面,其中包括人们的宗教生活,发生着重要变化,出现新的问题,乃是很自然的。而提出宗教与社会主义社会相适应,则是建设有中国特色社会主义题中应有之义。

宗教与社会主义社会相适应,是指宗教要适应社会主义制度、国家法律、法规和政策。讲适应就是消除和消化因意识形态不同而产生的种种差异,使宗教与社会及部分与整体逐渐趋向同一化。宗教是一种社会现象,它与政治、经济、文化、教育、艺术、社会服务等各方面都有密切联系,因此,宗教与社会主义社会相适应是多方面、多层次的,其中与政治的联系和相适应是主要的。政治是经济的集中表现,讲适应,主要是宗教要与国家社会制度、法律、政策相适应。这种适应是相互的、双向的,宗教要主动相适应,国家(政府机关)则要积极引导配合,从政治、政策、法律和措施等方面予以协调,使之趋向和谐适应。1999年3月江泽民在全国政协宗教界委员座谈会上指出:"积极引导宗教与社会主义社会相适应主要包括两方面的含义:一是信教群众要遵守社会主义国家的法律、法规和方针政策。法律保障宗教信仰自由,宗教必须在法律范围内活动。二是宗教活动要服从和服务于国家的最高利益和民族的整体利益,宗教界要爱国、进步,要为祖国统一、民族团结和社会发展多做贡献。我国宗教界有爱国的好传统,要积极发扬光大,宗教界人士和宗教团体要运用自己的影响,引导信教群众爱国守法,弃恶扬善,服务社会。"(叶小文:《做好新时期的宗教工作》,见《中国宗教》,原载《求实》1999年第9期)

第二节 引导宗教与社会主义社会相适应

宗教与社会主义社会相适应是有理论根据的,既是可能的,也是有条件的,二者具备,可能就变成现实。

其一,在社会主义条件下,从宗教本身来说,宗教发生变化,由为剥削制度辩护转变为人们的一种思想信仰、个人的私事,而与民俗和文化生活结合起来成为人们的一种生活方式,它具有再生的机制。其二,宗教作为一种社会实体,宗教是建设社会主义的一支重要力量,可以为社会主义服务。其三,宗教团体成员、组织领导、活动方式及其对社会的态度都是随着社会的变迁而可以变化的。其四,宗教道德的普世性、社会性部分表现较明显的适应性。其五,宗教制度和宗教行为包括寺观内部的学经、教职、管理和教义、教律以及宗教崇拜、祈祷、礼拜等活动与社会秩序不矛盾,也是适应社会生活而可能发生变化的。其六,宗教的传播手段现代化,娱乐性、文化性增多,本身已经在适应社会。其七,即使最稳固的宗教思想观念也可能因科学技术的进步而吸收新的观念,改变某些方式,如对人间天国、出世入世、今生来世、此岸彼岸做出不同的解释。宗教理性化、政治化、世俗化和信仰淡化是当代宗教的趋向,为相适应提供了主观条件。

从国家社会来说,国家的政策、法律、法规和社会制度为宗教与社会主义社会相适应创造了条件和保证(客观环境)。我国宪法、宗教政策、法律和依法对宗教事务的管理,党同宗教界人士的爱国统一战线的巩固和发展等,都为宗教的相适应提供了法律的依据和政治保证。国家、政府有引导宗教与社会主义相适应的责任。

讲宗教与社会主义社会相适应,不是要求宗教徒放弃有神论和宗教信仰,而是要求在政治上热爱祖国,拥护社会主义制度,拥护党的领导,即政治上团结合作,信仰上互相尊重。讲适应也就是要求宗教界遵守国家法律、法规和政策,要求宗教阐扬其积极因素,抑制消极因素,积极为社会主义服务。

我国各宗教与社会主义社会相适应是在随着社会发展的实践中不断增强的。多年来宗教工作积极引导宗教界适应社会主义的现实需要,爱国爱教,遵守国家的政策法令,拥护改革,积极参加社会主义现代化建设和公益事业,生产自养,办厂、办第二、三产业,引进外资,脱贫致富,植树造林,保护生态环境。在精神文明建设中,提倡尊老爱幼,家庭和睦,邻里团结,反吸毒贩毒,赞同计划生育,维护社会安定,热心宗教学术文化和民俗研究,办教育,开展国际友好往来,扩大交流合作。总之,宗教为适应社会的需要和变化,不断地在做自我调整;国家宗教部门为引导宗教与社会主义社会相适应的层面和内容不断扩大和充实,充分反映了各宗教与社会主义社会相适应的发展趋势。

宗教与社会主义社会仍有不相适应的方面,其主要表现如下:

广建寺庙,僧人急增,加重群众负担。在落实宗教政策中,有的地方为满足群众宗教活动场所的需要,除国家拨款和群众自筹经费恢复和兴建寺庙外,出现竞相攀比、自行摊派、募集资金、大建寺庙和无偿劳役现象,不利于社会生产力的发展。

争夺宗教势力,干扰社会安定。有的宗教分立教派,发展信徒,为争夺教徒,闹教派纠纷,以至械斗。有的企图恢复已经废除了的宗教封建特权和剥削制度,有的违反国家法律,妨碍青少年的义务教育。有的地区宗教活动互相攀比,耗资巨大,影响信教群众的社会生活。

国外敌对势力利用宗教进行渗透破坏活动,境外分裂主义势力利用宗教对藏传佛教地区进行政治渗透,散发鼓吹"藏独"传单,秘密认定委派转世活佛,制造事端。新疆分裂主义分子利用宗教,制造民族仇恨和民族分裂。国外基督教新派进入我国企图立教传派,反对"三自"爱国运动。天主教中分立出"地下势力",与爱国会对立,破坏教会团结等。

有的宗教活动与封建迷信巫术结合一起,装神弄鬼,骗钱害人。基督教中有的鼓吹唱灵歌、跳灵舞,妨害社会治安。

宗教功利化。有的以入教为手段,谋职业出路(如青年宗教人员);通过入教农转非;借入教做出国留学的跳板;有的寺庙借"放牲"买卖牲畜;寺庙与园林、文化、旅游部门、开发单位争夺寺庙经济利益。

违反宗教政策,侵犯公民宗教信仰自由而引起矛盾。出版的文艺作品猎奇、无知,有的违反宗教政策,伤害群众的宗教感情引发事端,影响安定团结。

宗教事务管理不力,表现在有的地方工作部门和人员对宗教方面的问题不敢管、不愿管、不会管以及不依法乱管。

因此,积极引导宗教与社会主义社会相适应是贯彻执行宗教政策,依法管理宗教事务的重要内容。

第五章 中国的宗教工作

第一节 宗教工作的性质和任务

一、宗教事务管理机构

中华人民共和国成立后,党和政府十分重视宗教工作。于 1950年 7 月在国务院文教委员会设"宗教问题研究小组"。1951 年 1 月 9日改在政务院文教委员会设立宗教事务处。同时各大行政区人民政府文教委员会也相应设立宗教事务处。各级政府宗教事务处在党的领导下统一处理宗教方面的问题。其具体任务是:贯彻执行宗教信仰自由政策,研究有关处理宗教问题的方针、政策;了解和掌握各宗教的情况;加强与宗教界人士的联系,推动宗教团体的反帝爱国运动和"三自"革新运动;进行唯物主义和科学知识的宣传教育。

宗教事务处的业务范围是统一办理和研究天主教、基督教和汉族地区佛教的工作和问题。伊斯兰教和藏传佛教(喇嘛教)的工作和问题则由各级政府的民族事务部门负主要责任,宗教事务处协助。

1954年《中华人民共和国宪法》颁布后,同年11月,国务院文教委员会宗教事务处改建为国务院宗教事务局,并直属国务院领导,在职能上加强了以政府名义对宗教事务的指导与管理。1955年10月对国务院宗教事务局的业务范围作了调整,为负责管理全国天主教、基督教、汉族地区的佛教和道教等方面的工作。在地方,宗教工作统一由各级政府宗教事务部门掌管,各有关部门协助,少数民族的宗教问题由各级宗教事务部门和当地民族事务部门协同处理。1957年3月再次作了调整,有关天主教、基督教、佛教、道教、伊斯兰教的工作,在政府内统一由宗教事务部门掌管,有关部门协助。

中央以下,各省、自治区、直辖市政府内,设有宗教事务局,部分专区和县设有宗教事务科。

除上述宗教事务部门外,从中央到地方党委的统战部门负责党对宗教工作的领导和监督,从宏观上指导,加强宗教问题的调查研究和决策。

"文化大革命"中各级宗教工作机构或被撤销,或被中断工作,直至1979年2月10日国务院恢复宗教事务局的机构和编制,各省、自治区及有关地方的宗教工作机构也相应恢复。

现国务院宗教事务局下设有职能司(办公室、人事司、政策法规司、外事司、业务司)、宗教干部培训中心等。各省(自治区)、市、区及州、县各设有宗教事务管理机构,有宗教团体3000余个。

二、宗教工作的性质和任务

我国的宗教工作是国家和社会对待和处理因宗教信仰而产生的社会问题,调整以宗教生活方式出现的社会关系,团结信教和不信教群众,维护社会生活秩序正常运行的一种事务。

宗教工作的任务如下:

1. 以马克思主义为指导,调查研究宗教问题,制定处理的方针政策、法律、法规,加强法制建设,依法管理宗教事务。

2. 用教育、行政、法律手段,保证宗教信仰自由政策和各项具体政策的贯彻执行,维护公民信教与不信教的权利。

3. 依据国家有关社会团体管理条例,协助做好宗教社团的登记管理,维护其合法权益,监督宪法、法律、政策在宗教团体中贯彻实施的情况,使宗教团体按章活动,发挥其作用。

4. 贯彻执行《宗教活动场所管理条例》,维护场所权益,使宗教活动正常化,支持宗教寺院、社团自养、服务于社会的活动,发挥宗教活动场所的多种功能,为物质文明和精神文明建设做贡献。

5. 巩固、发展同宗教界的爱国统一战线,坚持政治上团结合作,信仰上互相尊重的原则,协助信教群众和宗教界人士提高爱国主义和社会主义觉悟,为维护稳定,增强团结,统一祖国,振兴中华服务。

6. 做好信教群众的工作。

7. 坚持独立自主办教会的原则,协助宗教界做好对外交往工作,抵制境外宗教敌对势力的渗透活动。

8. 制止和打击利用宗教进行违法犯罪活动。

综合上述任务,最主要的是全面正确贯彻执行宗教信仰自由政策,依法对宗教事务进行管理,积极引导宗教与社会主义社会相适应。

第二节 社会主义时期的宗教工作

中华人民共和国成立以来，宗教工作的历程大体可分为三个阶段：第一阶段 1949—1966 年，第二阶段 1966—1976 年，第三阶段 1977 年至现在，共经历了 50 余年，将其最主要的工作略述于下：

一、天主教、基督教的"三自"爱国运动

基督教在唐朝贞观年间传入我国，称"大秦景教"，属基督教聂思脱里派，唐武宗会昌法难时，同时遭禁。元代卷土重来，时称也里可温教，天主教亦遣使来华布教，元亡后又中断。明中叶以后，天主教耶稣会、方济各会、多明我会相继来我国传教。18 世纪，基督教新教开始传入。"鸦片战争以后，天主教和基督教被帝国主义利用，充当了侵略中国的工具。"一些传教士以帝国主义侵略势力为后盾，深入我国内地建教堂，设教区，霸占田产，欺压官民，干涉中国司法，凭借不平等条约和"治外法权"为非作歹，引发与中国民众的冲突和纠纷。帝国主义列强以"教案"为借口，发动侵略战争，阻挠和反对中国的反法西斯斗争和人民革命。中华人民共和国成立后，基督教会敌视新中国，策划种种破坏活动。罗马教廷数次发出"通谕"，煽动教徒敌视人民政府，反对共产党和社会主义的新中国。长期以来，西方天主教、基督教操纵控制中国教会，使之变为西方差会、修会的附庸。中国神职、教牧人员和广大教徒处于无权的地位。

早在 19 世纪末叶，一些具有民族自尊心的有识之士就表达了中国教会应由中国教徒自办的思想。20 世纪 20 年代以来，中国教会领袖中有人主张创立自主自办教会，力求改变洋教的面貌。但在旧中国是根本不可能真正实现的。

中国民主革命的胜利和中华人民共和国的成立，不仅解放了全中国人民，也给中国天主教、基督教摆脱帝国主义的控制，实现"三

自"创造了条件,在共产党和人民政府的领导下,走独立自主、自办教会的道路。1950 年 7 月,以吴耀宗等 40 名中国基督教代表人物发表《中国基督教在新中国建设中努力的途径》的宣言(简称 "三自"宣言),提出中国基督教的总任务是"拥护共同纲领,在政府领导下反对帝国主义、封建主义和官僚资本主义,为建设一个独立、民主、和平、统一和富有的新中国而奋斗。"宣言中还提出两个基本方针:一是"以最大的努力及有效的方法,使教会群众认识过去帝国主义利用基督教的事实,肃清基督教内部的帝国主义影响,警惕帝国主义利用宗教培养反动力量的影响";二是"培养一般信徒爱国民主精神和自尊自信的心理,中国基督教所倡导的自治、自养、自传的运动已有相当的成就,今后应在最短时期内完成此项任务。"宣言得到全国人民的支持,这是"使中国基督教脱离帝国主义影响而走上宗教正轨的爱国运动","这个运动的成功,将使中国基督教获得新的生命,改变中国人民对基督教的观感"。宣言发表后,全国各地广大基督教徒热烈拥护和响应,纷纷签名,到年底达到 37 万多人。从此中国基督教的"三自"爱国运动轰轰烈烈地开展起来。

1950 年 11 月 30 日,四川广元县天主教神父王良佐和 500 余名教徒联合发表了《天主教自主革新宣言》,主张中国天主教"与帝国主义者割断各方面的关系","建立自治、自养、自传的新教会"。这同样受到全国人民的欢迎和支持。从此中国天主教自主革新的爱国运动迅速发展到全国各地。

为了推动两教爱国运动的健康发展,各地党政部门积极引导、帮助解决一些需要解决的问题,采取了有力措施:其一,坚决同破坏"三自"爱国运动的敌对势力作斗争。紧紧依靠广大教徒和爱国教职人员,破获了教会内的反动组织,揭露了披着宗教外衣的帝国主义间谍、特务分子的罪行,并将其驱逐出境,清除了教会内的反动分子,将中国教会的领导权转移到爱国宗教人士手中。其二,接办教会的文化教育救济机关。1950 年 12 月 29 日中央人民政府政务院颁布《关于接受美国津贴的文化教育救济机关及宗教团体方针的决定》,对这类机关分别由政府接办或中国人自办;对这类宗教团体完全改由中国教徒自办。对天主教、基督教实现自治、自养、自传中遇到的困难,中国政府给予支持和帮助。其三,建立全国和地方的教会爱国组织,在开展"三自"爱国运动中,培养造就一大批爱国积极分子,为爱国组织建设自办教会奠定了基础。其四,广大教徒积极参加社会主义建设。教会为实现自养,创办小型工厂、作坊、诊所、畜牧场、商店等,从事工业、加工业、种植业、养殖业、服务业的生产,逐步实现自养,服务于社会。其五,自选自圣主教。解放前,中国天主教受罗马教廷领导,绝大多数教区主教,由外籍教士担任。解放后,特别从"三自"爱国运动后,外籍教士几乎全部离境,全国 143 个教区中有 120 个教区主教空缺,影响正常教务的开展,在中国神职人员和教徒的迫切要求下,中国天主教本着宗教上"当信当行"的原则,实行独立自主、自办教会和自选自圣主教,1958 年 3 月,汉口、武昌教区选举董光清和袁文华两位主教上报罗马教廷遭到"超级绝罚"后,便于 4 月在汉口由中国神职人员举行祝圣礼。从此全国各教区先后自选自圣主教。

基督教在"三自"爱国运动中,揭露帝国主义利用教会侵略中国的罪行,挽救了一批受帝国主义毒害的教牧人员和教徒。教会的人事、行政和领导摆脱差会的控制,实现独立自主、自办教会的意愿,提高了民族自尊心和爱国主义觉悟,促进了教会内部和各派领袖人物的团结,集聚在"三自"的旗帜下,成立了自己的宗教团体,推动基督教"三自"爱国运动继续深入向前发展。

二、宗教制度的民主改革

在旧中国,佛教、道教、伊斯兰教长期被封建统治阶级、官僚资产阶级和军阀所控制和利用。解放后,为全面正确地贯彻宗教信仰自由政策,在佛教、道教和伊斯兰教中开展了宗教制度的民主改革,废除了宗教封建特权和压迫剥削制度。

首先,消除隐藏在宗教寺观内的反革命分子和坏人。解放初,国民党撤退,大批反动军警、党团骨干、特务、土匪、反动会道门头子留在大陆,其中一部分人利用宗教作掩护,隐藏在寺观和宗教团体组织中,进行破坏活动。1950 年 10 月 20 日,中央人民政府公布《社会团体登记暂行办法》,对佛教寺院、道教宫观、伊斯兰教清真寺进行了登记;对反动会道门组织和不属于宗教范围的封建迷信组织予以取缔。同时在肃反斗争中,把隐藏在宗教中的反革命分子和坏分子清除了出来。在平息一些地方利用民族宗教进行武装叛乱的斗争中,争取、团结、教育宗教界人士,团结信教群众,维护宗教界合法权益,为宗教信仰自由创造了一个安定的社会环境。

其次,废除汉族地区寺院封建土地所有制。佛教寺院、道教宫观都集有相当数量土地,收取地租。解放后,在土地改革运动中,佛教、道教寺观的封建土地被征收分配,对寺观主持人,只要拥护土改,政府在政治上和经济上给予适当安排,一般僧道人员凡有劳动力者,可与农民一样分得土地和其它生产资料。寺观僧道人员的住房、宗教用品、文物等均受到保护。寺观封建经济改革后,僧道人员生活来源出现困难,政府动员组织他们参加各种生产劳动和社会公益事业,逐步走上自养、自食其力的道路,其老弱病残者由政府给予救济。

再次,废除少数民族地区伊斯兰教、藏传佛教和小乘佛教中的封建特权和压迫剥削制度。在中国基督教、天主教进行"三自"革新运动,和汉族地区的佛教、道教寺观封建土地制度废除之时,少数民族地区的藏传佛教、伊斯兰教和小乘佛教中存在的封建特权和压迫剥削制度,没有触动,藏区保留政教合一制度、农奴制度,喇嘛寺庙有司法、民事等特权；伊斯兰教中的门宦存在着封建特权，清真寺占有大量土地，由信教群众无偿代耕和无偿劳役，宗教负担奇重，严重束缚广大信教群众，阻碍生产力的解放和社会进步。从 1958 年起，在全国社会主义高潮中，甘、宁、青、新、川、滇、藏等广大少数民族地区，结合政治、经济改革，开展了废除宗教中的封建特权和压迫剥削制度的民主改革。通过改革，废除了伊斯兰教的门宦制度，特别是放口唤、放阿訇和世袭伊玛目制度；废除了藏传佛教的活佛拉章制度和相应的供奉办法；废除了寺院土地、森林、牲畜等生产资料的封建所有制以及高利贷、无偿劳役等剥削制度；废除了强迫性的宗教负担。寺院的封建管理制度，包括管家制度、等级制度、处罚制度和大小寺院的隶属关系；强迫少年儿童入寺学经，当喇嘛、满拉；干涉民众婚姻自由，歧视压迫妇女；私设法庭、监牢和刑罚，干涉民事诉讼等等，一律予以废除。此外，对妨碍社会秩序、生产秩序、限制群众文化娱乐活动、危害群众身心健康的陈规陋习也进行了必要的改革。在改革中注意划清政策界限，把宗教信仰和封建压迫剥削制度加以区别，把教职人员的正常宗教活动与利用宗教进行经济勒索、人身虐待等非法活动加以区别，把宗教制度与民族风俗习惯加以区别，把宗教与国家行政、司法、教育加以区别。宗教制度的民主改革，促进了政教完全分离，对全面正确地贯彻宗教信仰自由政策，解放生产力，巩固社会主义制度，都是完全必要的，也为宗教与社会主义社会相适应创造了重要条件。由于当时历史条件的限制，改革受到"左"的思想影响，出现混淆敌我矛盾、斗争扩大化，伤害了部分群众的宗教感情。但总的来说，改革基本上是成功的。

三、拨乱反正，落实宗教政策

1966 年"文化大革命"开始，宗教界就处于"扫四旧"的烈火之中，在此十年期间，宗教事务机构被撤销，信教群众的宗教生活和宗教团体的活动被迫停止,寺观教堂被关闭、占用或拆毁,在宗教界制造了许多冤假错案，少数民族的某些风俗习惯也被视为宗教迷信而被禁止。一场近乎灭教的灾难在中国重演,信教与不信教群众之间的团结被破坏,后果严重。

中共十一届三中全会以后,宗教工作与全国其它工作一样,首先在指导思想上拨乱反正,并着手于恢复其工作;重申"要继续贯彻执行宗教信仰自由政策"(1981 年《关于建国以来若干历史问题的决议》)。1982 年 3 月中共中央发表《关于我国社会主义时期宗教问题的基本观点和基本政策》,对建国以来我国的宗教问题和宗教工作做出了科学总结,完成了宗教问题和宗教工作指导思想上的拨乱反正。对正确认识和处理社会主义时期的宗教问题，具有十分重要的指导意义。

社会主义时期党在宗教问题上的基本观点和基本政策，可概括为:

1. 宗教有其发生、发展、消亡的过程,对宗教存在的长期性要有足够的认识。

2. 我国是多宗教的国家,宗教具有五性。解放后宗教已经发生了根本的变化,宗教问题基本上是人民内部矛盾,正确处理宗教问题对国家安定、民族团结、发展国际交往、抵制境外敌对势力的渗透,对物质文明和精神文明建设都有重要意义。

3. 尊重和保护宗教信仰自由,是党对宗教问题的基本政策。全面正确地贯彻执行宗教信仰自由政策，团结全体人民包括信教和不信教群众,为建设社会主义现代化强国而共同奋斗,是处理一切宗教问题的根本出发点和落脚点。

4. 团结宗教界人士,是宗教工作的重要内容,是贯彻宗教政策的前提条件。同宗教界爱国人士结成统一战线,调动其积极因素为社会主义现代化建设服务。

5. 充分发挥爱国宗教组织团体的作用是落实宗教政策的组织保证。应有计划地培养年青一代爱国宗教教职人员。

6. 合理安排宗教活动场所,是落实宗教政策,使宗教活动正常化的重要物质条件。

7. 坚决保障一切正常的宗教活动,同时要坚决打击在宗教外衣掩盖下的违法犯罪活动和反革命破坏活动。

8. 积极开展国际友好交往,同时坚决反对境外敌对势力的渗透。

在指导思想拨乱反正的基础上,各项宗教政策逐步落实:

1. 恢复和新建了各宗教团体组织。1997 年全国已有宗教团体 3000 余个。

2. 平反了宗教人士的冤假错案,清退财物,补发工资或生活费。

3. 退还宗教房产。产权全部退还,无法退还的折价付款。结算长期停付的包(定)租费;退还被占用的寺观教堂;退还宗教团体的存款。

4. 恢复和合理安排宗教活动场所。至 1997 年,全国恢复和安排场所 8.5 万余处。对宗教活动场所免于征税。仅 1980 年至 1991 年对寺庙的修缮保护,中央就拨款达 1.4 亿余万。

5. 发展了同宗教界人士的爱国统一战线。对宗教爱国人士在政治上和生活上作了安排, 在各级人民代表大会和政协委员会,有近 1.7 万名宗教界的代表参加。

经过拨乱反正,落实宗教政策,我国的宗教出现了近几个世纪以来少有的黄金时期,信徒达 1 亿以上,宗教活动场所 8.5 万处,宗教团体 3000 余个,教职人员 30 余万,信教人数增多,仅基督教徒由解放前的 70 余万增加到 1000 余万。

四、正确处理宗教矛盾

宗教矛盾是一种社会矛盾,是社会矛盾在宗教上的反应。宗教矛盾复杂多样,主要表现在宗教信仰上信教与不信教、不同宗教和不同教派之间的矛盾,宗教实体(包括宗教组织)之间政治、经济利益的矛盾。

宗教矛盾可分为对抗性和非对抗性矛盾、敌我矛盾和人民内部矛盾。

社会主义时期,宗教方面的大量问题和矛盾,主要是人民内部矛盾,同时国内外敌对势力利用宗教,进行政治渗透,分裂民族团结,破坏祖国统一,以及其他违法犯罪活动也是存在的,在宗教问题中必须正确区分这两类不同性质的问题,分别加以处理。对在宗教旗帜下掩盖的反社会主义等犯罪活动,必须依法坚决予以打击;对于各种非法宗教活动(如滥修庙宇,私售宗教用品,不按规定接受境外资金,以及私自立教和发展教徒等地下活动)必须依照法规和政策,加以反对和予以制止;对于各种非宗教的封建迷信,或借教敛财,损害精神文明建设者,要批评教育,情节严重的要依法处理;对于人民内部(包括信教与不信教群众)因信仰歧异,合法权益的损害、经济利益的争执而引发的矛盾,应采取教育的、行政的方法和依法予以处理。

我国少数民族和少数民族地区的宗教问题往往和民族问题有密切的联系,但它们之间又是有区别的,必须注意正确处理二者之间的关系。民族和宗教、民族问题和宗教问题是两个不同的范畴,但是任何宗教最初都是在一定的部落和民族中产生、发展起来的, 些主要只在某些民族范围流传的宗教,虽然已非民族宗教,但却和这些民族的社会生活存在着密切的联系, 因而宗教问题常常和民族问题交织在一起。正是因为这样,别有用心的人就往往利用这一点,把事情搅乱,为某种政治目的服务。一些不明真相的群众,受此影响,也往往把二者混同为一,从而使宗教矛盾与非宗教矛盾、人民内部矛盾与对抗性矛盾混淆在一起,而呈现错综复杂的情况,必须谨慎加以区别对待和处理。

第六章　宗教的发展趋势

第一节　宗教发展的"二律背反"

中华人民共和国成立后,我国的宗教随着社会制度的根本变革,发生了深刻的变化。随着改革深化,全面开放,政治经济体制的转型,科技的进步和社会的发展,宗教也不断出现了许多新特点、新情况、新问题和新的发展趋势,这不以人们的意志为转移。

一、社会舆论对宗教的态度

建国初期,社会舆论对马克思主义关于宗教的某些论断绝对化,且立足于削弱宗教,甚至消灭宗教,强调宣传无神论,强调宗教的鸦片毒害作用,在实践中有"左"的偏差,对宗教信仰者采取歧视态度,视之为思想落后,导致"文化大革命"中,把宗教矛盾上升到阶级斗争、敌我矛盾,予以批判打击。

十一届三中全会以后,经过拨乱反正,落实政策,社会对宗教的舆论已转向,一般不再采取歧视、排斥态度,不再视宗教徒为愚昧落后分子。不少人认为宗教对社会还是有益的,这反映落实宗教信仰自由政策已深入人心。从而宗教信仰有了宽松的环境。

二、宗教的发展与制约并存

近20年来,我国宗教得到迅速恢复和发展,一度出现宗教热,如1982—1987年。经过一段时间后,转入稳定发展。从总的形势看,由于新的社会经济进入转型期,必然对宗教产生深刻影响,而使之发生重大变化。当前和今后一个相当长时期内，我国宗教的发展将呈现"二律背反"的走向，即发展与制约同时并存。一方面，推动宗教发展的诸种因素在起作用，如：社会经济、科学技术和文化教育还不发达，人们的认识水平受到限制；社会不公平，许多社会问题得不到公平合理的解决；社会转型期的急剧变革引起的心理不平衡；西方文化传入的影响，如此等等，因此宗教在一定时期内还要保持发展的趋向。另一方面，制约宗教急剧发展的因素也同时存在，如我国以马克思主义为主体的意识形态；科学技术和文化教育不断发展，人们随着科学和社会的实践，认识不断提高；市场经济的冲击和人们对功利的追逐，信仰行为渐转淡薄；中国宗教文化传统缺乏张力；等等，因此，宗教虽然会保持发展势头，但将是持续平稳的。但是不同宗教的情况是会不同的，在各个地区发展不会是平衡的，在不同地区、不同民族、不同形势下，各宗教的发展会有不同的起伏。当前，伊斯兰教、藏传佛教在少数民族地区，天主教、基督教在沿海地区发展的势头未减。在改革开放深入发展、社会经济转型的形势下，经济发达的沿海地区和经济滞后的内地，宗教信仰都比较风行，香火兴盛。富裕者因富裕而更望神灵保佑交好运，大兴土木，修庙祭神；贫困者因急切希望富裕而求神更殷勤。随着改革开放，西方文化大举进入我国，许多青年人追逐作为新潮文化象征的西方文化，其中包括基督教文化，他们开始出于好奇和对西方文化膜拜的心理，出入教堂，渐而皈依信仰，所以在一个时期内，出现中国基督教热。

　　从世界范围看，信教群众稳步增长，1990—1999年全世界人口从53亿增至59亿，信教群众从42亿增至47.8亿，其中基督教徒由17.6亿增至19.9亿，伊斯兰教徒由9.5亿增至11.54亿，佛教徒由3.23亿增至3.28亿。

第二节　宗教依世俗而衍化

一、宗教神学思想的变化

作为宗教信仰的神学思想也并非一成不变，也是随着社会发展而发展。其中关于神的启示、神的存在、神的权威、神的创造力等思想以及对神的崇拜和对"天国"的追求等思想观点，对宗教来说是永恒的。但是对神学思想的理解和解释，对世间和天国、出世和入世、此岸和彼岸的态度，因人、因教、因时而有区别，特别是在社会观和道德观上。

各宗教自产生以来，都经历过这样的历史变化。如基督教由最初的"原罪论"，到中世纪的上帝意志论，教皇教会是上帝和信徒的中介，到 16 世纪宗教改革的"因信称义"，否定教会和罗马教廷的权威；进入现代又出现自由主义神学、基要主义和新神学思潮。原始佛教宣扬人生皆苦，否定人的价值，追求个人"涅槃"境界，到 2 世纪出现成佛渡世的大乘教，进入中国后，初依老庄，后依玄学，并吸收中国传统思想道德，最后中国化，产生禅宗。伊斯兰教传入我国后，融会儒家文化，除"五功"之外，有儒家的君臣、父子、夫妇、兄弟、朋友的伦理道德，成为"五典"，使伊斯兰教中国化。自中华人民共和国成立以来，在世界工业现代化的影响下，在我国社会主义制度建立的过程中，我国各宗教的思想观念开始发生新的变化。一方面仍然是传统的理解，认为存在着一个超自然的世界，其中有着超越今生的另一个世界的生生死死。另一方面是新形势的现代意义的宗教观念，认为宗教是一种人的生活方式，是一种对生活的终极意义的解释，即基于超验的概念以及相应的生活之一。后一种观念是 20 世纪以来西方宗教神学发生的新变化。这种变化，反映出宗教理性化的趋向。近现代以来，科学技术突飞猛进，严重动摇了宗教神学的根基，深深影响着人们的宗教观念，现代生活方式和理性价值判断促使人们不可能再回到以往旧的浓重的宗教氛围中去，以传统的宗教准则来规范现代人的生活。就是说，当代科技革命的大浪潮把宗教推向了现代化、世俗化发展。各种宗教为了自身的生存和发展，不得不借助理性作为调整和补充的手段用来论证其教义，把对未来天国的关注转移到今世、现在，对日益世俗化的倾向做出神学上的合理论证，促使宗教转变为现代人们精神上所需要的生活方式。但因为其所论证的是非理性信仰的超验性，故这种逻辑推理不免陷入虚空的概念，如保罗·蒂利希论证"宗教是人类精神生活中的终极的、无限的、无条件的关注，即宗教是人类的一种对终极的关怀"。至于一般的普通教徒群众，则是经由宗教或凭借宗教而获得生活的意义。如凭借宗教对科学和经验还无法做出完全解释的现实世界做出必要的补充解释并赋予它的意义；能帮助人们解脱苦恼和维护社会秩序；界定个体的社会地位，使个体获得社会认同感和归宿感。因而在人们的宗教观念中，对那些教义戒律中"离世脱俗"的成分会逐渐淡薄而靠近现实的观念则会逐渐增多。新中国建立以来，特别是从改革开放以来，各宗教的神学思想中增加了爱国的思想内容。如基督教提出，改革开放致富与《圣经》教义不矛盾，在基督教的"赞美诗"中有"孝亲歌"、"为国求福歌"。佛教界提出人间佛教的理念，教徒"奉行五戒、十善，以净化自己，广修四摄六度，以利乐人群"；"庄严国土，爱国爱教"。伊斯兰教强调"爱国是伊玛尼的一部分"，不反对婚姻法、计划生育。所有这些都说明，宗教在对待人与人、人与社会、人与自然的关系方面，逐渐趋向以宗教伦理道德净化人心，强调适应现实社会。这是符合宗教发展的需要的。

二、宗教多元化趋向

中国原有五大宗教，各自派别分立。在新的形势下，又有新的分化现象，出现了新的教派：基督教中有本土滋生的新教派，同时有从国外渗透进来的新派如新约教会、门徒会、灵灵教、统一教、耶和华见证会；佛教有灵仙真佛宗、观音法门等；伊斯兰教有巴哈伊教；他们都试图在中国立足。天主教中分立出"地下势力"，与爱国会对立较劲。近几年来，民间宗教也大批复苏。历史上，各地区都有一些独特的民间宗教和迷信，解放后反对封建迷信，有的或收敛或已泯灭。但随着改革开放带来的宽松的社会环境和经济上的多种成分，反映在意识形态里的那些传统的宗教迷信意识也复苏起来，如妈祖、三一教等，它们一般具有地域性、行业性等特点，宗教信仰色彩较浓，被称之为民间信仰，它们是游离于宗教团体之外的宗教群体。宗教的多元化是受市场经济机制自由竞争影响而引发的，宗教犹如消费者的商品，根据消费者的喜爱而修改或创造宗教。

三、宗教的世俗化

宗教世俗化也是 20 世纪宗教的发展趋势之一。尽管在理论上，宗教学术界对此存在着分歧，但宗教世俗化毕竟是工业社会中的一个客观趋势和现象。世俗化的含义如下：(1)社会世俗化，是社会和文化逐渐摆脱宗教制度和宗教象征的控制的过程，即教会与国家分离，教育摆脱教会的权威，哲学、文学、艺术中的宗教内容减少，人们不再用宗教来对待和解释世界与自己的生活。(2)世俗化意味着宗教成为个人的事情，宗教的公共表现越来越少，宗教信仰较少受到组织化的控制。(3)世俗化是一个全球性的普遍现象，工业化是社会从传统走向现代化的基本因素(参见《世俗化及其倾向性》，载《世界宗教研究》1995 年第 2 期)。世俗化是西方工业资本主义经济、工业化和理性化发展的结果，它加速了宗教与政治的分离，造成了宗教与现代社会的分离，从而人们的宗教价值取向在日常生活中逐渐弱化，并逐渐摆脱宗教制度和宗教象征的约束或控制。

改革开放以来，中国宗教也逐渐出现世俗化倾向：

1. 对世俗事务态度的改变, 关心社会现实生活。由于自给和半自给经济向市场经济的转变, 人们传统的重农轻商、重义轻利观念逐渐改变, 转而积极投身于市场经济活动, 发财致富的欲望越来越强烈。生产经营活动忙, 参加宗教活动相对受到制约, 参加礼拜的人数逐渐下降, 或者采取轮流参加, 或者多献资财以示虔诚, 还可博得宗教界的赞誉, 从而提高其地位。

寺庙以寺养寺, 兴办园林花木、牧场, 搞生产, 搞旅游, 办企业, 从事世俗经济活动, 积累财富。

2. 礼仪圣事简约化。为适应现实的需要, 宗教仪式规范制度作某些调整, 利用现代电化设备在宗教活动上缩短了时间; 教职人员衣着服饰的改变等, 都能说明这一现象。

3. 寺观文化商品化。随着改革开放, 寺庙文物古迹成为旅游胜地, 寺庙的经济活动异常活跃, 经商、开饭店旅馆、宗教书店、出售门票、照相……这和过去寺庙和教职人员一片净土, 超凡脱俗, 清静修行的情况, 已发生了很大变化。

参加世俗社会活动。除了参与社会生产和社会政治活动外, 各宗教团体举办宗教学校, 组织社会文化教育, 不仅集资助学办学, 而且自己举办英语班、技艺班, 积极参与和开展学术活动与文化热相呼应, 向世俗文化靠拢。

第三节 宗教问题国际化

当今世界经济全球化、政治多元化、社会世俗化, 经济利益、政治权利、科技和军事势力的激烈竞争和冲突, 牵动着社会的各个层面, 引起种种变化, 反映在宗教上, 冲突增加, 问题突出, 国际化的趋势显著。宗教矛盾与国际政治斗争和民族冲突交织, 成为人们瞩目的热点。

由于宗教是一种普世性的社会现象,宗教具有广泛的社会功能,宗教的社会功能又具有正面和负面的两重性,因此,在不同的民族、国家、阶级、政党、集团和政治势力的斗争中,宗教常常起着催化、推动力的作用。冷战后的社会斗争和政治斗争中,宗教的因素显著增加,从南亚、西亚、东南欧到非洲以至美洲,战争、暴力冲突和恐怖活动不断,当然这不都是因为宗教的原因,而是现实政治、经济的利益,但是宗教成为各种势力可资利用的手段,则是或隐或现的。至于宗教矛盾,如印尼、菲律宾、黎巴嫩的伊斯兰教与基督教,南亚印度、斯里兰卡的印度教与伊斯兰教、印度教与佛教,波黑科索沃等地的东正教与伊斯兰教,中东的伊斯兰教与基督教、犹太教,爱尔兰的天主教与基督教之间的矛盾冲突,则是连绵不断、有增无减。这些宗教冲突的背后则又是民族的、国家的政治、经济利益的利害关系,这已经成为国际关注的普遍现象。更值得注意的是,宗教极端主义的崛起,打着宗教旗帜的恐怖主义,践踏宗教信仰自由;打着"捍卫宗教自由"的人权旗号,干涉别国内政,推行霸权主义和强权政治。种种现象表明,宗教问题呈现国际化的发展趋势。在国际政治斗争、民族斗争中,不论是霸权主义、强权政治,还是恐怖主义、极端主义都要争夺宗教这面旗帜,这是当今宗教的一个发展趋势,值得认真研究。

后 记

现在与读者见面的这本《中国宗教理论和政策纲要》写于 1997 年,是为西北民族大学宗教研究中心第一届硕士研究生专业基础课"宗教理论和宗教政策"提供学习讨论的授课提示。其内容本着理论与实际相结合的原则,分为上、下两篇,上篇为宗教理论的基本知识,下篇是中国共产党关于宗教问题的基本政策。原意求驭繁就简,纲举目张,但这目的并未能达到。说实在的,以宗教学这一广博渊深的人文学科,在授这门课程时,我就深深感到理论上、学术上的局限和困境。原稿内容十分单薄,且已搁置多年,未曾修订,原本没有问世的打算。现宗教研究中心要将它付印,乃作了文字上的修改,内容框架仍保持原貌,又可作为教学资料供参考。请批评指教,是为记。

编著者 2005 年识

（兰州大学出版社　2006 年 1 月）

藏传佛教源流及社会影响(节选)

第一章 导 论

佛教产生于公元前 6 世纪的印度，创始人名悉达多（约公元前565—486 年），族姓乔达摩，是迦毗罗卫国净饭王王子，死后被人尊称为释迦牟尼(释迦族的圣人之意)，亦尊称为佛陀(觉悟者之意)。

释迦牟尼生于印度奴隶制时代，当时农业、手工业已有很大发展，商业也很繁荣，海外贸易远到波斯、阿拉伯等地，大批城镇兴起，建立了许多以城市为中心的国家，种族、部落复杂，不断发生合并与兼并，释迦族的迦毗罗卫国就受到比较强大的憍萨罗国的侵凌。奴隶制的印度通行种姓制度，雅利安种族居于统治地位，分为婆罗门、刹帝利和吠舍三个族姓，其中婆罗门是祭司兼奴隶主，地位最高，吠舍包括农、工、商等阶层，地位最低。首陀罗是属于被压迫的奴隶，贱民处于最下层，他们以各种方式反对奴隶主的统治。刹帝利是奴隶主国家的统治者，因不满婆罗门的特权，在他们之间的权利斗争中，常从其他种姓中争取支持力量。各种社会力量之间的斗争反映在思想意识领域里，贯穿着一条婆罗门正统思想和非婆罗门思潮的斗争的主线。佛教就是在这种社会历史条件下产生的，它反映着奴隶主意识形态的非婆罗门思潮，是为当时新兴的专制制度服务的宗教。

佛教形成 200 年后，由印度逐渐传播于锡兰、中亚、南亚、东南亚等许多国家,成为世界性的宗教。在长期传播过程中,佛教随着时间、地理和社会历史等条件的不同而不断发展变化。佛陀死后约100年,佛教便一分为二,形成上座部和大众部两派,以后又分为十八部(一说二十部),对佛陀的思想作了许多发展,史称部派佛教。公元1世纪左右,印度奴隶制向封建制过渡,佛教出现新的形式大乘教,它把以前的部派佛教贬称为小乘,大乘佛教较之小乘佛教不论在教义理论上,或在修持实践上,都有很大的不同。往后又分出密教,密教的形式和内容则更与以前的佛教大相径庭了。印度佛教的这些不同派别流传到各地后,在当地社会历史条件下发展演变,又形成了不同形式的佛教。

公元1世纪印度佛教经由中亚越过葱岭传入我国,在中国广袤的地域生根、发展,逐渐嬗变为中国佛教,并形成许多派别。藏传佛教是在青藏高原地区经过长期传播发展,具有了族际性、地域性特点的宗教,同东南亚、日本甚至印度的佛教都有区别,和我国内地佛教相比也有不同的特点。因为人们对它有不同的称谓,在藏人称为佛教,国内外还有称为西藏佛教、藏传佛教或喇嘛教的。喇嘛教这个名称因何而起,史缺记载,但它被广泛称用,已成为一个约定俗成的名称。

喇嘛,藏语音译,意为"上师"或"上人"。藏人称一般的出家人为扎巴,只有对宗教寺院的首领和高僧才称喇嘛。但后来人们对扎巴也统称为喇嘛。藏传佛教属大乘中观宗。它的特点之一,是崇尚密宗[1]。显宗[2]信佛,要求皈依"三宝"[3]。密宗学法修行,特别注意师徒传承,必

---

[1]佛教密宗,又称密教、秘密教、真言教、金刚乘,自称是法身佛大日如来传授的深奥秘密教旨。

[2]密教将佛教其他派别的教义称为显宗、显教,认为是应身佛释迦牟尼公开宣说("显")之教。

[3]佛教把佛、法、僧合称"三宝"。

须皈依喇嘛为师,接受灌顶①,除皈依佛、法、僧外,还必须皈依喇嘛,成为四皈依。藏语说"无喇嘛上人,如何得近佛?"可见喇嘛是受信仰者特别崇敬和信仰的,具有很高的社会地位。不过修研密宗者,主要是寺院的部分喇嘛,大部分僧众只习显宗,至于普通群众,一般都是口念"六字真言"②,祈神供佛,斋僧拜寺,布施功德,以期往生"西土"的信仰。

佛教传入西藏是在公元 7 世纪左右,在几乎同一时间内,分别由我国内地和印度两路传入的,既有我国内地佛教,也有印度佛教施加的影响,后在青藏高原的特定历史环境下发展为藏传佛教的特殊形式,继而扩展到蒙古和其他民族地区,发展为族际性、地域性的宗教,到公元 18 世纪达到极盛时期。传播的地区包括今西藏全境,四川、云南和甘肃的部分地区、青海大部分地区,内蒙古地区、新疆的蒙古族地区,还有今蒙古人民共和国、苏联境内的布里亚特自治共和国(布里亚特蒙古)和图瓦自治共和国(唐努乌梁海)以及尼泊尔、不丹、锡金等地区。在我国信仰这一宗教的民族有藏、蒙古、土、裕固、门巴、珞巴,羌、锡伯、怒、纳西等少数民族。据不完全统计,新中国成立时全国有大小喇嘛寺庙 5000 余座,以宗教职业为生的喇嘛人数约 40 余万人,平均占各信仰民族人口的 10%以上,个别藏族地区达到 30%,占藏族男子的 50%。著名的喇嘛寺庙有西藏的哲蚌寺、色拉寺、扎什伦布寺、甘丹寺、青海的塔尔寺、甘肃的拉卜楞寺,俗称黄教六大寺院。此外还有桑耶寺、萨迦寺、粗朴寺、大昭寺等,均以历史古老而著名。

①密教僧人入教的一种仪式。
②唵、嘛、呢、叭、咪、吽六个字,是佛教秘密莲花部的"根本真言",藏传佛教把这六个字看作是经典的根源,成佛之门,认为反复念诵,就能"功德无量",觉悟解脱。

佛教传入西藏以后,和当地原始宗教本教相接触,经过长时期的斗争和互相影响,才逐渐形成为适应当地社会历史条件的、民族性的、地域性的宗教。藏传佛教的传播发展大体可以分为三个阶段:第一阶段,从公元 7 世纪至 9 世纪中期的吐蕃王朝时期,是佛教传入西藏的时期,主要在上层统治阶级中传播。对于吐蕃王室贵族来说,这个外来的宗教和原来的民族宗教本教是很不相同的。但由于它是人为宗教,可以作为奴隶社会有用的思想武器,而佛教在初传过程中又容忍和吸收本教的某些内容,以适应吐蕃社会的需要。自松赞干布统一奴隶制的吐蕃王国后,历代赞普都力倡佛教,开始建立一批小寺庙,令藏人剃度为僧,用藏文翻译了一批佛经,僧侣社会集团开始出现,藏族宗教史称这段时期为佛教的"前弘期"。但佛教与本教的斗争持续不断,有时极为激烈,终于发生朗达玛(汉文史料称达磨)赞普灭佛之事,佛教也因此顿见中衰,实则信仰尚未深入民间。第二阶段自公元 10 世纪至 14 世纪,是藏传佛教形成发展的重要历史时期,宗教史称为"后弘期"。这个时期,佛教重新活跃并较前一阶段更为蓬勃发展,一批又一批的藏僧前往克什米尔、印度学法求经,也有一些高僧来藏传经授徒,出现不少宗教学者,各树一帜的本地教派兴起;佛学大盛,经典的翻译、编纂、印刷日臻完备,创编了《大藏经》;新兴宗教势力与地方世俗势力相结合,逐渐形成"政教合一"制度;寺院和僧人大增,但出家与不出家的僧俗之分并不十分严格,信仰普及民间,并传播到蒙古等民族地区;这一时期本教已经衰落,佛教已成为藏区社会占统治地位的意识形态,内部的斗争却转趋激烈,带有明显的政治性。第三阶段,从公元 15 世纪宗喀巴创立格鲁派(又称黄帽教,俗称黄教)起,格鲁巴寺庙集团形成,独立的寺庙经济膨胀起来,打破地域界限,以绝对压倒的优势取代其他教派,并在统治者的支持下,取得对西藏的政治统治权力;寺庙僧人组织更臻严密,僧俗界限分明,出家与在家划分严格;信仰更加强化,达到全民信教;其宗教势力远达西伯利亚等地。格鲁派的创立及其执政,标志着藏传佛教发展的高峰,也是它走向衰落的起点。到近世纪,随着时代和社会的变迁,藏传佛教明显地日渐走向衰落的境地。

藏传佛学渊源于印度,但它的根基是西藏。由于西藏的近邻印度,佛教传入又较晚,所以藏传佛教的佛学思想渊源、经典翻译、宗派传承等,首先受到印度佛学特别是晚期大乘教不断施加的直接影响。

印度晚期佛学几经演变,流派众多。流入西藏者,初传为寂护(约公元 700—760 年)所创的瑜伽中观派和旧密教,后传则主要是阿底峡（公元 982—1054 年）的以中观为主结合瑜伽的大乘空宗和新密教。本来晚期大乘教大量吸收了印度教的东西,日趋世俗化,适应现实生活,传入西藏后,则又吸收西藏原有的宗教本教的某些信仰,适应西藏农奴制社会的需要。作为一种社会的精神支柱,佛教较之原始粗糙的本教就细密精致多了。它以其独特的、彻底的唯心主义和神秘主义,否认客观物质世界的真实性,宣扬出世的宗教世界观,教导人们向虚幻的世界寻求解脱,回避一切具有现实性的斗争,不要执着现实的生活,而要以忍受今生的苦难,去换取被佛教虚构渲染为千百倍于现实幸福的彼岸世界。只要皈依"三宝",积德修行,人人都可获得解脱,并且人人皆可成佛。这一套唯心主义的神学思想,不仅对于想永远过着穷奢极欲生活的奴隶主和封建主阶级是需要的,而且对于生活在苦难中的广大奴隶和农奴也是廉价的精神安慰,是缓和社会矛盾,麻痹人们思想的有力工具。由于西藏的自然条件和经济、文化的长期落后,为了保护早期的封建所有制,人们的劳动不能不几乎全部用来进行社会生产,这一情况反应在宗教上,就是偏重实践而不尚教理的学风,严守佛教经典,注意宗教实践的推广,重视教义和苦修,少作理论上的发挥。这是适合统治阶级的需要的,也是有其社会基础的。

一种宗教的出现和传播，起决定作用的是它所存在的社会历史条件，它一旦形成和传播之后，本身又具有自我调节的机能。藏传佛教既具有从大乘空宗移植来的神秘思想体系，比较完备的经典，和社会现实相结合等人为宗教的共同性，又吸收本教的某些迷信巫术，崇拜仪式和神祇，并发展为许多教派；宗教寺庙与封建的经济、政治和文化结合，形成"政教合一"制度、活佛转世制度和特有的寺庙僧伽组织以及经法教育制度等，这些都是构成藏传佛教的重要特点。可以有理由说，藏传佛教不仅是一种社会意识形态，也曾经是一个政治、经济、文化的综合实体，是一种社会力量，所以它也就成为历代统治西藏者十分瞩目的问题。我们重视历史的事实，不能不承认佛教传入西藏的初期，它和本教互相吸收的关系，不能不承认它在以后和世俗社会的种种联系。至于藏传佛教的佛学思想，无疑是比较接近或真实反映印度大乘佛教晚期的原貌，但也仍然有自己的特点。到宗喀巴大师之时，佛教在西藏已是经过数百年的消化、吸收和选择的过程，通过宗喀巴而组织成为具有独特思想体系的西藏化的佛教，它已不是印度大乘佛教哪一派的翻版，这也是毋庸置疑的。

把上述几个方面联系起来进行考察，将有助于"把神学问题转化为世俗问题"[1]，对藏传佛教作出科学的分析。

藏传佛教传播发展的地区很广，主要在我国的西南、西北和北部边疆地区，对汉族影响不大，又因语言文字的隔阂，人们对藏传佛学的了解也受到一定限制。但是历史表明，藏传佛教和内地佛教还是互有联系的，对国内一些民族地区的影响还是不小的。无论是在吐蕃王

---

①马克思：《论犹太人问题》，《马克思恩格斯全集》第1卷，北京：人民出版社，1956年12月，第425页。

朝时期始传于西藏的佛教,或后弘期在西藏再度兴起的佛教,都是几乎在同一时间分别从汉地和印度两路入藏的。因此藏地佛教也受到汉地佛教的一定影响。尔后元明清三代,藏传佛教又向内地传播。从唐到清的 1000 余年间,佛教始终是内地和西藏地区之间,汉藏两民族之间,藏族和蒙古族等其他有关民族之间进行交往和联系的重要内容和形式之一。这种宗教关系是建立在全国范围内的政治、经济和文化密切联系的基础之上,建立在中央王朝和西藏地方的相互关系之上。这个基础,使藏传佛教在其他民族地区广泛传播,发展为族际性的区域性的宗教;通过这种宗教联系的纽带,又促进了彼此政治、经济、文化关系的发展。如果无视历史的真实,把西藏地方政权和历代中央政府的关系仅仅认作是宗教上的"僧侣与施主关系",或者认为只有宗教联系,就不免是随心所欲地用宗教来解释历史了。

藏传佛教的发展史揭示出,这个教派和其他人为宗教一样,是在本民族奴隶主、封建农奴主阶级的提倡和历代王朝的支持下,在几乎所有的传播地区发展了庞大的寺庙僧伽组织,拥有独立的、雄厚的寺庙经济,寺庙内有一套严格的封建教阶制,寺庙上层喇嘛是统治阶级的组成部分,他们与世俗贵族还联合建立了"政教合一"的统治体制,政治和法律基本掌握在寺庙和上层喇嘛手中,宗教信仰、戒律和寺庙法规同时也对世俗生活具有约束力。总之,佛教是上层建筑的权威,充分发挥了它的多种社会职能的作用。值得注意的是,藏传佛教寺庙的经济力量和政治权力固然是在世俗统治者的维护下取得的,目的在于以教固教,但寺庙的经济和政治势力膨胀,又加剧了社会的剥削和压迫,加剧了社会矛盾,引起了寺庙内外僧俗贵族和政教之间的复杂而激烈的冲突,构成了西藏农奴制社会矛盾的重要特点。使西藏地区几乎每次大的历史运动都带有宗教色彩,或者和宗教的运动相伴随。吐蕃王朝的覆灭和朗达玛的废教事件联系在一起。元朝统一西藏,曾借助萨迦派的势力。清代统治西藏打着"崇法"、"兴教"的旗帜,若干重大的政治历史事件也是和宗教寺院密切相关的。宗喀巴的"宗教改革",其背后是农奴主阶级的现实利益,是调和各地方封建势力集团间的矛盾,实现封建统治阶级政治统一需要的曲折反射。这些都说明佛教和藏族农奴社会制度的密切关系。对于深受宗教影响的群众感情来说,各个阶级为着自己的利益,常常都是拉起这面宗教旗帜以利于政治舞台上的活动。但是藏传佛教从一开始就主要是为统治阶级服务的意识形态,是使社会长期停滞落后的主要原因之一。民主改革后,藏区社会发生了根本的变化,相应的宗教也发生了历史性的变化,宗教问题的内容和性质和过去相比有了重大的区别,宗教的组织团体、社会职能、信仰仪式等也都起了变化,同时,宗教的长期历史影响和社会影响还存在,并在一定范围内起着作用。藏区的宗教问题和民族问题有一定联系,必须慎重对待,更不能以汉地佛教的现实来比拟藏区佛教。作为一种远离物质基础的社会意识形态之一,他的发展、消亡是一个漫长的、复杂的历史过程,是不可以强制的方式来消灭的。

在古代或者落后的地区,人类的知识和文化要素往往和宗教分不开,有的以宗教的形式出现。佛教在西藏的特殊历史地位和作用,表现得如此突出,以至于无论是哲学思想、社会政治思想、文学作品、工艺美术(包括绘画、雕塑、建筑、音乐、舞蹈、戏剧等)、法律、伦理道德、风俗习惯,甚至医药、天文、历算等科学及其历史上的代表人物,都无不和佛教有密切关系,教育也几乎全是神学的性质。总之,其历史文化遗产和佛教是分不开的。寺庙还保留着大量的佛教典籍,历史著作和文物,是历史文化遗产的宝藏。在印度已经绝迹的许多佛教典籍,却在西藏得以留传下来,特别是晚期佛学典籍保存得比较丰富完备,有许多为汉译佛经所无,是珍贵的佛学资料和文物。今天我们要研究这些社会历史文化,仍然离不开宗教。许多喇嘛和社会人士,是有文化的知识阶层,寺庙所在地是政治经济文化中心,有的寺庙是名胜古迹。用马克思主义的观点来看待藏传佛教文化,对发掘藏族和有关民族的历史文化遗产,发展社会主义的民族文化,是有重有意义的。

第五章　藏传佛教在蒙古等地区的传播

公元 13 世纪元朝建立,西藏地方归入祖国统一版图,藏传佛教在中央封建朝廷的倡导和扶植下,逐渐传入蒙古和内地。传入蒙古和内地的藏传佛教,截至明朝中叶以前,主要是萨迦派及噶举派,它们都以密宗取信于当时中央封建朝廷的统治者,对民间的影响则甚微。因此,这两个教派在内地和蒙古地方的势力,尽管在相当一段时间里气焰熏灼,但不久之后都随朝代的更迭而为明日黄花。明朝中叶以后,封建帝王已转崇道教,禁行密宗,藏传佛教在内地的传播亦急剧衰落。这时的蒙古地区在经过元末以来各部首领之间长期战乱后,社会呈现生业凋敝现象,人们在乱极思定的意识支配下,普遍渴求和平与安居。当时的历史条件使他们只能把这种解脱苦难的希望寄托于宗教。这就为藏传佛教中以崭新面目出现的格鲁派传入蒙古,并能被蒙古社会各阶层所接受,在客观上提供了机缘。格鲁派一经传入蒙古社会,其影响的深远,是萨迦等教派无法比拟的。

一　藏传佛教传入蒙古地区

蒙古民族本信萨满教,和藏传佛教的接触,是其首领铁木真于公元 1206 年称成吉思汗之后。成吉思汗统一大漠诸部不久,即率领铁骑向金国和党项族建立的西夏扩张。这两个国家都是虔信佛教的。公元 1219 年,成吉思汗又亲自引军,取道西夏占领的河西走廊及吐蕃部落居住的青海和柴达木地方,向西域诸国进攻。公元 1224 年,成吉思汗征服中亚诸国之后,在回军途中,于公元 1226 年攻取了西夏所领河西地和灵州(今宁夏中卫、中宁以北地区),次年又攻破金国所占的积石(今甘肃临夏县西北,近积石山)、洮(今甘肃临潭县)、西宁等州之地。在成吉思汗西征时期,为了取得对异族的统治,减除阻力,他对各宗教采取普遍接纳的政策。当时中国的西北地区以及中亚诸国流传着大乘佛教、伊斯兰教、景教(即盛行于中世纪的基督教聂斯脱利派)等。成古思汗"一面优礼穆斯林,一面极为敬重基督教徒和偶像教徒(按:即佛教徒)"。①各宗教的代表人物常有不顾长途跋涉之劳,来到成吉思汗军帐前等候晋见的。根据《蒙古源流笺证》记载,就在成吉思汗西征时期,西藏蔡巴噶举的首领曾遣使到柴达木地区向他"敬献驼只辎重无算"。而《蒙古喇嘛教史》一书引用的藏文史料也云:成吉思汗出兵西藏(疑指安多地区),西藏的雅隆王系的第悉觉噶和蔡巴噶举派首领都派出使者向蒙古军输诚。尽管这些史料在具体问题上存在着矛盾,但成吉思汗的西征军曾往来于甘青藏区,在蒙古铁骑所向披靡的情势下,甘青诸蕃部,甚而西藏的僧俗封建首领出于畏威与自保的心情,遣使向蒙古军"纳款输诚"则是完全可能的。

藏传佛教传入蒙古社会,一般认为应肇端于成吉思汗之第三子窝阔台继位蒙古大汗的时期。公元 1235 年,窝阔台汗在灭金之战中,命皇次子阔端出征秦、巩,招降了陇右诸州,其势力一度伸入川西少数民族地区。阔端在控制甘青地区后,设军帐于西北枢纽重镇——凉州,准备向整个青藏高原进军。公元 1240 年,阔端遣大将多达纳波率

---

①见[伊朗]志费尼:《世界征服者史》,呼和浩特:内蒙古人民出版社,1980 年 5 月。文中偶像教即指佛教。

轻骑深入前藏,其目的主要是试探西藏的军事实力。这支蒙古军可能遇到了寺庙武装的反抗,因此便攻占拉萨北面的热振寺,杀其僧侣数百人,继又焚毁了杰拉康寺。后来,这支蒙古先遣军在拉萨平原驻留约有两年之久。当时卫藏地区正是后弘期佛教势力上升的时期,大多数教派的首领身兼封建割据政权的邦主,为了统治这个地区,就必须争取教派首领归顺。据说多达纳波在向阔端报告卫藏教派集团势力的情况时说:噶当派的寺院最多,达垅噶举派的法王最有德行,止贡噶举派的京俄大师广有法力,萨迦派的萨迦班智达(即萨迦·贡噶坚参,简称萨班)学富"五明"。他建议阔端迎请萨班·贡噶坚参到凉州,以便通过这位集教权和族权于一身的一方政权领袖人物统治卫藏。但阔端还来不及考虑这个策略,他的父亲窝阔台便于1241年12月逝世,蒙古帝国的中枢出现了政局不稳的情况。多达纳波奉命撤回凉州,征服卫藏的计划暂时被搁浅下来。直到1244年,阔端又派多达纳波第二次入藏招请萨班。实在说,阔端之招请萨班,并不表明他对藏传佛教产生了什么信仰,主要是出于征服西藏的需要。因为在这个地广人稀、邦国割据的地区实行统治,不利用那些有影响的政教合一的首领作为辅助力量,是无法开展局面的。萨班对于阔端招请他的真实意图,心里也应当是明白的。为了使蒙古汗王放心,年逾花甲的萨班将其继承政教大权的两位侄子八思巴和恰那多吉兄弟,先期送到凉州纳质(这也是蒙古汗王对臣服首领的一贯要求),以便有充裕的时间好与其他政教首领磋商归顺蒙古汗王的问题。公元1246年,萨班偕白利土酋抵达凉州,这时阔端在和林(今蒙古人民共和国境内之哈尔和林)参加蒙古贵族的库列尔台①大会未归,直到第二年返凉州后才与萨班相见。根据萨班从凉州写给卫、藏、阿里封建割据统治者

①库列尔台,即议事会。

们的公开信可以知道，不论在蒙古汗王的心目中或萨班自认，他到凉州的目的是带头归顺蒙古帝国，因此他此行的主要活动在政治方面，如商谈归顺条件，向卫、藏、阿里的统治者晓以归顺与否的利害等。至于传播佛教的情况，萨班只说"金国、蕃、畏吾儿、西夏等地之善知识"，到他驻锡①的幻化寺听他讲过佛经，其中没有提到蒙古人。他虽然在信中赞扬阔端对于"佛法三宝深为崇敬"，以及对他说过："尔可令尔所部土蕃民户善习法规，吾当使其乐业安居者。"但这并不表明阔端已改宗佛教，或者在萨班的影响下，有令蒙古人改宗佛教之意。

公元1251年，萨班和阔端汗相继去世，萨班的两个侄子继续留在凉州蒙古人的军帐中，其中，八思巴仍学习佛教经文，恰那多吉则习蒙古语文。也在这一年，蒙哥（成吉思第四子托雷之长子）在库列尔台大会被推立为蒙古大汗，帝国之最高权力由窝阔台一系转入托雷一系。蒙哥继位后，命皇弟忽必烈帅师远征云南。忽必烈于1252年8月进驻临洮。1253年，忽必烈分兵三路向云南进军，其中一路深入康藏地区，在出师之前派人持诏到凉州迎接萨班。由于萨班已经去世，使者只有将其法位继承人八思巴带往忽必烈的军帐。一些藏传佛教史学者对此大肆加以渲染，并认为这次会见为藏传佛教的外传建立了"喇嘛和施主"的超政治关系。实际上，忽必烈的心目中从来就不是把宗教和政治截然分割的。早在1242年他在燕京召见当时有名的汉僧印简和尚（即云海法师）求问佛法大意时，就问印简："佛法中有安天下之法否？"印简告诉他："若论社稷安危，在生民之休戚……""恒念百姓，不安善抚，绥明赏罚，执政无私，任贤纳谏，一切时中，常行方便，皆佛法也。"②正是这种政与教结合起来的"佛法"，才使怀有远大

---

① 驻锡，佛教术语，意为住在哪里，其锡杖就搁在哪里，称"驻锡"。
② 见元代僧人念常著：《佛祖历代通载》，新文丰出版社，1975年5月。

抱负的忽必烈对佛教增生了某种用心。同时,当忽必烈在南征途中了解到噶玛噶举支派在康区具有广泛的潜在势力之后,便又邀请该派首领噶玛拔希到军前相会。噶玛拔希可能对忽必烈在康区用兵持不同意见,见面不久便北上灵州和漠南蒙古地区传法,并在漠南建褚囊朱必拉康寺,从而闻名于蒙古社会。公元 1256 年,蒙哥大汗召见噶玛拔希,尊之为法师,赐以银印和一顶饰有金边的黑色帽。噶玛拔希从此留居和林,直到忽必烈继位大汗之时。

八思巴在追随忽必烈时期,其才华逐渐被这位汗王所赏识。特别当他奉蒙哥之命,1258 年在忽必烈的主持下,参与当时佛教和道教的一次大辩论会,赢得了声誉。公元 1260 年 3 月,忽必烈在开平(今内蒙古正蓝旗东)称蒙古大汗后,决定扶植对自己一直保持忠顺的这位萨迦派首领,给八思巴以"国师"的封号,赐玉印,命其统天下释教事务。1264 年忽必烈自开平迁都燕京,于中央设总制院(1288 年改称宣政院),以"掌天下释教僧徒及吐蕃之境而治之",任命国师八思巴领总制院事。同年秋,忽必烈带头从国师八思巴受佛教秘密戒,正式表示皈依藏传佛教。在忽必烈的倡导下,蒙古后妃、皇子和诸王、贵戚等也接踵灌顶受戒,崇奉密宗逐渐成为蒙古宫廷和达官显贵们的时尚。公元 1269 年,八思巴向忽必烈献他创制的蒙古"新字"(即"八思巴文"),因此被晋封为"帝师","大宝法王",另赐玉印。当 1271 年忽必烈以燕京为大都,称帝,改国号为"元"后,更加热情地扶植了以密宗为主要内容的藏传佛教,在大都即中都开平、上都和林等地,不惜耗费大量财力兴建佛寺,资助八思巴在大都和卫藏的萨迦地方举行盛大法会,八思巴的弟子及其他卫藏僧侣也乘机"随处教化",这些都使藏传佛教在蒙古和内地得以迅速传播。

公元 1280 年,八思巴卒于萨迦寺之拉让宫。元世祖忽必烈追赐尊号为"皇天之下,一人之上,宣文辅治,普觉真智,佑国如意,大宝法王,西天佛子,大元帝师",并命在通都大邑兴建八思巴庙,祀同孔子,这表明藏传佛教的地位在蒙古和内地已凌驾于其他宗教之上。元朝自八思巴起首,萨迦款氏家族及其亲信门徒,先后有14人相继为帝师。帝师之势焰,极为显赫。《元史·释老传》载:"……帝师之命,与诏敕并行于西土。百年之间,朝廷所以敬礼而尊信之者,无所不用其至。虽帝后妃主,皆因受戒而为之膜拜。正衙朝会,百官班列,而帝师亦或专席于坐隅。且每帝即位之始,降诏褒护,必敕章佩监络珠为字以赐,盖其重之如此。"至于对每届帝师之迎送,其礼极为隆重:"其未至而迎之,则中书大臣驰驿累百骑以往,所过供亿送迎。比至京师,则敕大府假法驾半仗,以为前导;诏省、台、院官以及百司、庶府,并服银鼠质孙。用每岁二月八日迎佛,威仪往迎,且命礼部尚书、郎中专督迎接。及其卒而归藏舍利,又命百官出郭祭钱。元大德九年(公元1305年),专遣平章政事铁木儿乘传护送,赗金五百两、银千两、币帛万匹、钞三千锭。元皇庆二年(公元1313年),加至赗金五千两、银一万五千两、锦绮杂彩共一万七千匹。"元帝除了极其优渥帝师外,还荫封萨迦款氏子弟和门徒,如"泰定间,以帝师弟公哥亦思监将至,诏中书持羊酒郊劳;而其兄琐南藏卜遂尚公主,封白兰王,赐金印,给圆符。其弟子之号司空、司徒、国公,佩金玉印章者,前后相望。"

元代藏传佛教在蒙古及内地流传之盛,尚表现为番寺兴建之多和佛事之频繁。但以大都一地统计,元朝皇室及贵戚所建之番寺,达10余所,其有名者如:大护国仁王寺(城西高良河)、大圣万安寺(平则门内街)、兴教寺(顺城门里街)、大崇国寺(城内)、大承华普庆寺(太平坊)、大天寿万宁寺(金台寺)、大崇思福元寺(域南)、大永安寺(城西香山)、大承天护圣寺(城西玉泉山)、大天源延寿寺(太平坊)、大永福寺(又称青塔寺、城内)、寿安山寺(昭孝寺,城西寿安山)等,宫内也建有佛寺。这许多佛寺的修建,往往耗资钜万。如修万安寺,仅装饰门窗即耗金 540 两,水银 240 斤。修普庆寺,即赐金 1000 两,银 5000 两,钞 1 万锭、锦采布帛 1 万匹。修大承天护圣寺,两次共赐金 30 锭,银 700 锭,钞 10 万锭,外由皇后助银 5 万两,继又命田赋总管府抽税矿银助修。修寿安寺,第一次赐钞 10 万贯及铜 50 万斤,后又赐钞 10 万贯。以上仅是文献可考之数,至于各行省、路普建之帝师殿和帝师塔等,所费也巨大。所有番寺的工役,悉征之于卫卒和民伕,如建大都著名的大护国寺,调诸卫军 6800 人,三年始成。费时七载建成的大圣寿万安寺,因焚于火,在至顺年间重建,役卒达 7000 人以上。建大承天护圣寺,役卒也达 3000 人。以上数字都不包括民伕和工匠。如泰定年间在西山建寺,当时汉官张珪就揭露说:"损军害民,费以亿万计。"张珪还指出统治者为新建的佛寺"刺绣经幡,驰驿江浙,逼迫郡县杂役男女,动经年岁,穷奢致怨,"①当这些番寺建成后,朝廷又广赐地产和属民,其中如元顺帝至正中期,一次即赐大承天护圣寺田地 16 万顷之多。在元文宗至顺二年(公元 1331 年),"以晋邸部民刘元良等二万四千余户,隶寿安山大昭孝寺为永业户"。②又元顺帝至正十四年(公元 1354 年),颁发给京都崇国寺敕谕道:"大都里有的南北两崇国寺、天寿寺、香河隆安寺、三河延福寺、顺州龙云寺、遵化般若寺等……这的每寺院里房舍,使臣休安下者。铺马只应休著者,税粮商税休纳者。但属寺家的水土、园林、碾磨、店铺、解典库、浴堂、人口头匹,不拣甚么,不拣是谁,休倚气力夺要者。"③由此可见,元朝晚期,全国的佛寺中特别是番寺所占田地和属户,不仅数额相当惊人,而且还享有其他经济特权,受到皇帝的保护。

---

① 见《元史·张珪传》。
② 见《元史·文宗纪》。
③ 见《帝京景物略》卷之一。

元朝皇室用于礼佛、祀神的耗费也十分庞大。据《元史·释老传》载：元仁宗"延祐四年（公元 1317 年），宣徽使会每岁内廷佛事所供，其费以斤数者，用面四十三万九千五百、油七万九千、酥二万一千八百七十、蜜二万七千三百"。至于宫内醮祠佛事之举行，在元世祖在位时，平均每岁不过三四次，到了他的儿子元成宗在位时，宫内便专设功德司以管佛事。元大德七年（公元 1303 年），宫内的佛事活动就猛增到 500 多次。那些寄食于宫廷的西番僧侣，无一不享有特权，他们"贪利无已，营结近侍，欺昧奏请"，"一事所需，金银钞帛不可胜计，岁用钞数千万锭"。清朝著名史论家赵翼在论及元代藏传佛教内传时，曾这样概括道："其体制之潜，过于亲王天子；其仪卫之侈，过于郊坛卤簿，其寺庙土木之费，过于离宫别馆；其佛寺供养之费，过于官俸薪饷；其财产之富，过于藩王国戚。"

元朝皇室除了崇奉萨迦派以外，也有信奉别的教派的。如《元史》载，元宁宗继位不久，"皇帝燕帖古思受戒于加尔麻哇"，"加尔麻娃"即噶举派噶玛支系的异译，这说明这个直系自噶玛拔希后，一直和元皇室保持联系，不过势力不如萨迦罢了。无论萨迦派或噶举派，当时都重密宗而不重显宗，因此卫藏僧侣传之于蒙古皇室的也主要是密宗。密宗的特殊的传承方式和修持仪轨，往往可以替封建统治者追求荒淫腐朽生活大开方便之门。据史载元末顺帝时，权臣哈麻欲固宠要权，荐西天僧以运气术媚帝。哈麻之妹婿集贤学士秃鲁帖木尔也有宠于帝，号称"倚纳"，另进西番僧伽璘真于帝。伽璘真善密宗法，谓帝曰："陛下虽尊居万乘，富有四海，不过保有见世而已。人生几何，当受此秘密大喜乐禅定。"帝遂习之。其法又名双修法，或名演揲。帝乃诏以西天僧为司徒，西番僧为大元国师。其徒皆取良家女或三人或四人奉之，谓之供养。于是帝日从事于其法，广取妇女，惟淫戏是乐。又选采女为十六天魔舞，每宫赞佛则按舞奏乐，宫官受秘密戒者入，余不与。其所谓"倚纳"者,皆在帝前相与亵狎,甚至男女裸处,君臣宣淫。而群僧出入禁中,无所禁止,丑声著闻,虽市井之人也恶闻之。①元朝一代,传入蒙古和内地的藏传佛教本质上是封建帝王的御用工具,所谓的佛事活动则成了封建统治者奢侈的特殊精神享受,糜耗大量金钱财物,是各族人民深恶痛绝的。

元亡以后,蒙古皇室退居大漠,不久即失去统一和控驭诸部的能力,蒙古社会遂分裂为鞑靼、瓦剌(卫特拉)和兀良哈三大部。部族贵族之间为争夺牧场和属民的战争频频发生。在这种动荡不定的社会环境中,藏传佛教在蒙古地区的传播,虽然有很多困难,但也绝不是完全停止了活动。有史可察,明朝建立后,仍有藏传佛教僧侣继续在大漠蒙古地区活动。在蒙古民族中似乎也已有本族的僧侣。如明英宗正统二年(公元1437年),明廷"命瓦剌顺宁王脱欢使臣哈马剌失力为慈善弘化国师。大藏为僧录司右觉义"。次年,又命瓦剌"僧人也克出脱里为都纲,赐冠带僧衣等物"。到了英宗正统十一年(公元1446年),"瓦剌太师也先所遣朝贡灌顶国师喇嘛禅全,精通释教,乞大赐封号并银印、金襕袈裟,及索佛教中合用五方佛画像、铃、杵、铙、鼓,缨络、海螺、咒施法、食品诸物②。另外,英宗正统八年(公元1443年),住在今甘肃玉门市西北的赤斤卫蒙古都督金事且旺失加"奏请建寺其地山中,乞颜料及工匠"。这些材料中的人物并不都是番族的名字,有的还请求明廷资助在蒙古族住地修建寺庙,这就表明到了公元15世纪中期,藏传佛教在西部蒙古地区的活动还是有进展的。

众所周知,使藏传佛教进一步遍及于蒙古社会的,还是格鲁派僧人。自从宗喀巴创立格鲁派以后,该派就以宗教革新者的面貌,在藏

---

①见《元史纪事本末》卷二十三《脱脱之贬》。文字略有改动。
②以上引文均见《明实录·英宗朝》。

族社会中迅速发展起来。从而也引起了旧有诸派主要是噶玛噶举派的敌视而发生争斗。格鲁派虽然在中下层社会的声誉日隆，但却找不到强有力的靠山。公元16世纪中叶以后，明朝日近衰亡，指望明朝中央的支持是渺茫的，凑巧这时鞑靼系统下的土默特部首领俺答汗（又称阿勒坦汗）的势力从河套一带扩张到甘青地区，并在明嘉靖四十五年（公元1566年）遣其从孙库图克图彻辰洪台吉进军于藏地，和当地的藏传佛教上层僧人有了接触。于1571年，身兼哲蚌寺和色拉寺两寺赤巴的索南嘉措（明史译"索南坚错"）派出阿升喇嘛为首的僧团，到河套谒见俺答汗。据有关史料判断阿升喇嘛此行是负有神秘使命的，他除向汗王解说佛教宗旨、介绍格鲁派的情况外，还谈到了当初阔端之迎萨班、忽必烈之迎八思巴的历史。俺答汗是个雄心勃勃的人物，当时正驻牧青藏高原，对此他不能无动于衷，便开始和索南嘉措互相遣使馈礼问讯，并且"尚志经典，始念六字心咒"，率部众"日夕叉手而礼佛"，以此表示愿意皈依藏传佛教。在俺答汗的倡导下，其子丙兔（驻留青海）也以"焚修为名"，请求明廷允许他"建寺青海及嘉峪关外"。①值得一提的是，公元1573年（明万历元年），俺答汗和丙兔曾用兵于喀木（今川西藏区）和西图伯特，而在用兵之前后却再次向明廷请求假道四川松潘以赴乌斯藏迎活佛。公元1574年（明万历二年），青海之察卜齐雅勒庙落成，由明廷赐名"仰华寺"，俺答汗重赴青海，派彻辰洪台吉赍礼物书信，正式赴藏迎请索南嘉措到仰华寺与汗王见面，并主持仰华寺之开光典礼。公元1578年（明万历六年），索南嘉措及随行人员经黄河河塬，在沿途藏、蒙部落的热情迎送下，到达青海湖附近，俺答汗在仰华寺举行了隆重的欢迎仪式，据说从远道前来观礼及贸易的蒙古、藏、汉、土、维吾尔等族僧众和军民多达10万余

---

①见《明史·西域传》。

人,真可谓盛况空前。这次会上,俺答汗率蒙古人众约千人在法会上接受佛教灌顶仪式,并互赠尊号:俺答汗赠索南嘉措为"圣识一切瓦齐尔达喇达赖喇嘛",索南嘉措则尊俺答汗为"法王梵天"(《蒙古源流》称"咱克喇瓦尔第彻辰汗")。从此,索南嘉措及其转世者,即以达赖喇嘛名号成为格鲁派的领袖,而俺答汗则成了格鲁派的护持王。仰华寺之会不能单纯看作是宗教上的会聚,它实际上成为藏族新兴宗教势力和蒙古族军事政治力量结合的契机。

这次会后,索南嘉措继续在青海以至内蒙古地区弘传佛法。此时俺答汗及其下封贵族还接受了明廷的"藩封"。双方有了和平友好的政治基础,蒙古和内地经济上传统的互市关系已趋于正常,社会上出现了畜牧繁息、生活安定的局面,这些情况客观上都有利于佛教思想在蒙古民众中的传播。俺答汗和其他蒙古贵族的扶植,索南嘉措的游说和影响,格鲁派便迅速地在蒙古各部传播开来。在库库和屯城(又称归化城,今内蒙古呼和浩特),当俺答汗从青海返回后,即建供奉八宝装饰佛像的大召(即弘慈寺),此即内蒙古第一座黄教寺庙。迄至明末,库库和屯继建大召之后,又建了库力图召(廷寿寺)、美岱召(寿灵寺)和庆缘寺等,使该城成为明末清初蒙古地区传播黄教的中心。在甘青地区,锁南嘉措曾命人在宗喀巴诞生之地建藏滚扎仓,以后又陆续增建大金瓦殿(讲经堂)、密宗院和医学院等,遂成后来之塔尔寺。由于蒙古部落崇奉黄教,在此影响下,甘青地区原有的红教寺院,其著名者如乐都之瞿昙寺,卓尼之禅定寺等,在明末也纷纷改奉黄教。而土族聚居之互助县也于明万历三十二年(公元1604年)建佑宁寺,其他则不一而足。黄教在蒙古社会的广泛传播,不能不冲击蒙古社会固有的萨满教的势力。如以佛教戒杀生害命为借口,禁除社会上残留的以人或马匹作为殉葬的陋习,禁止部落贵族之间的武装械斗,对萨满教巫师的活动加以约束或取缔等。这些措施都是在兴佛的名义下进行的。答答汗还从藏地延请喇嘛到内蒙古译经传法，亲自主持了藏文"大藏经"的翻译，他曾向明廷请求"金字番经"和求派喇嘛番僧到内蒙古传习经咒。公元1582年（明万历十年），俺答汗去世，索南嘉措借其葬礼之机，讲经说法，蒙古右翼各部首领大多信奉了黄教，如喀尔喀部之阿巴岱汗，察哈尔部的林丹汗以及瓦剌四部都相继信奉了格鲁派，其中林丹汗还继俺答汗未了之业，组织人力将108卷藏文《甘珠尔》全部译成蒙文。

索南嘉措在蒙古族地区活动的同时，也试探着和明朝建立联系。早在公元1578年（明万历六年）他到青海不久，就托俺答汗代他向明廷"代贡方物，请敕封"。明神宗认为索南嘉措"向化抚虏，恭顺可嘉"，授以"大觉禅师"称号，并赐以僧帽、袈裟、彩缎表里和食茶等物①。同年，索南嘉措又通过甘肃巡抚给内阁首辅张居正写信和馈赠礼物，信称"我与皇上和大臣昼夜念经，祝赞天下太平，是我的好心……"有阁下分付顺义王早早回家（按指明廷催促俺答汗从青海早日回库库和屯一事），我就分付他回去"。②俺答汗还附书替索南嘉措请求通贡。第二年，明廷对索南嘉措及其侍僧，"封赐赏赉有差"。公元1587年（明万历十五年），明廷在诏令俺答汗之孙撦力克袭封顺义王时，并颁诏提升达赖"朵儿只唱"（意即"金刚持"，密宗菩萨之名）名号，给予敕命图书。索南嘉措正欲结好明廷，便于次年（公元1588年）动身进京朝贡。遗憾的是，此行不幸逝世于途中。

索南嘉措去世一年，俺答汗之孙苏密尔适得一男孩，被土默特蒙古各部奉为索南嘉措的转世灵童，拉萨黄教三大寺上层喇嘛为了巩固与蒙古汗王的联盟和支持，于公元1592年正式认定为第四世达赖

---

①见《明实录·神宗朝》。

②见张居正《张文忠公全集》奏疏八。

喇嘛,取名云丹嘉措,并于公元 1602 年迎回拉萨哲蚌寺之噶丹颇章宫。

　　清统治者在征服内外蒙古,统一中国的过程中,深知藏传佛教作用之大,关系到对蒙、藏统治和边境安全,提倡不遗余力,对喇嘛优遇之隆,较明朝更甚,在顺治至乾隆诸帝时代,漠南蒙古多伦诺尔、热河、归绥等地新建了许多寺庙,僧人激增。一些上层喇嘛被敕封为呼图克图、国师等各种封号。蒙、藏、土等族僧人往来于蒙古、甘、青、西藏之间,互相学经传法,络绎不绝。公元 1687 年(清康熙二十六年),五世达赖弟子青海佑宁寺法台章嘉呼图克图因参与调解漠北喀尔喀蒙古扎萨克图汗和土谢图汗的纠纷,得谒见康熙帝,从此章嘉呼图克图留住北京,清廷为之在北京修嵩祝寺,后又在多伦诺尔为章嘉修建善因寺,并使之主持漠南蒙古的藏传佛教,宣扬佛法,章嘉呼图克图也就成为格鲁派四大活佛的转世系统之一。康、雍、乾三朝之历辈章嘉呼图克图,或给清帝讲经,或充当入藏使者,或往来青海、蒙旗等地,利用宗教为清廷效力,深得信任。二世章嘉呼图克图受封灌顶国师称号,为清代唯一得此封号的喇嘛,荣邀恩宠。三世章嘉呼图克图精于经典,学通藏汉满蒙四种文字,整理翻译满文蒙文的藏经,著述多种,编纂有满、蒙,藏、汉《四体合壁》。由于清统治者的大力提倡,到清末,漠南蒙古藏传佛教寺庙达到千所之多。

　　漠北喀尔喀蒙古早已有萨迦派传播,已如前述。三世达赖在归化城传教之时,喀尔喀阿巴岱汗特来会晤,"领受佛教要旨,迎经典归",[①]这大概是格鲁派传入外蒙古之始。公元 1586 年(明万历十四年)阿巴岱汗建立了第一个寺庙额尔德尼召。但此时阿巴岱汗似不明了藏传佛教还有红教、黄教之分。其后阿巴岱汗曾赴藏迎请喇嘛来蒙。公元

---

①见《蒙古源流笺证》,文海出版社,1965 年。

1604年(明万历三十二年)四世达赖派多罗那他(即扎阿囊昆噶宁波)去外蒙古传法,赠号迈达理呼图克图。多罗那他讲法传经,修建寺院,受到喀尔喀人的崇信,公元1634年(明崇祯七年)在库伦圆寂。翌年,阿巴岱汗子墨尔根汗长子衮布多尔济号土谢图汗适得一子,名乍那巴乍尔,被指为迈达理呼图克图的转世。公元1649年(清顺治六年)乍那巴乍尔去藏朝见五世达赖,达赖正式认定他为多罗那他之呼毕勒罕,授以哲布尊丹巴呼图克图之号。此为哲布尊丹巴名号之始。哲布尊丹巴返蒙时带回600名喇嘛和各种工匠画匠,在外蒙建寺造像,积极推行黄教,成为全喀尔喀的宗教首领,也是格鲁派四大活佛转世系统之一。同时他与北京清廷建立关系,1655年遣使北京献佛像,1683年遣使北京向康熙帝献佛像。其时喀尔喀正发生内讧,康熙利用达赖和哲布尊丹巴同喀尔喀的宗教关系,于1686年召2人(达赖派甘丹寺锡埒图呼图克图为代表)到喀尔喀和诸汗王会盟,进行调解。不久厄鲁特准噶尔部噶尔丹汗率大军东侵喀尔喀,大破土谢图汗诸部,哲布尊丹巴力劝诸汗王率部众东移,投奔清廷。1690年康熙亲征,在乌兰布通大败噶尔丹,1696年又大败噶尔丹于克鲁伦河,喀尔喀部得以重返故地。因此哲布尊丹巴更加受到崇信,也深受清帝的优遇。清帝为他在多伦诺尔建汇宗寺,后又在外蒙修建庆宁寺,称他"率七族喀尔喀等来归,最有功",为"黄教中第一流人也"[1],封为大喇嘛,赐诰命金印,世世永称呼毕勒罕,掌管漠北宗教大权。在清朝统治者和蒙古封建主的积极提倡下,黄教在外蒙古迅速传播,并由外蒙古传播到唐努乌梁海和布里亚特等蒙古地区。

---

①引自妙舟:《蒙藏佛教史》第5篇第25页,南京:江苏广陵古籍刻印社,1993年11月。

二 藏传佛教在内地的传播

元代以后，藏传佛教逐渐传入内地，其在元时的传播情况，已如前述。

明代，藏传佛教任由皇室提倡，大抵囿限宫内和京畿流传。明统治者并不像元朝那样独尊萨迦教派，而是根据各教派势力集团各自为政互不统隶的特点，采取"广行诏谕"和"多封众建"的政策。据《明史》所记，早在朱元璋称帝的第二年(即明洪武二年，公元1369年)，明朝即遣陕西行省员外郎许允德到卫藏地区诏谕吐蕃僧俗首领，"令举元故官赴京授职"。明洪武三年(公元1370年)，朱元璋复遣朝僧克新等三人，分赴吐蕃和西域，"图其山川形势"，同时也负有诏谕诸蕃之意。元朝末代摄帝师喃加巴藏卜(又译纳木扎勒巴藏布)及其举荐的元朝国公南哥思丹八亦监藏等人到南京朝贡，明朝并在藏区设置了乌斯藏和朵甘卫指挥使司等各级土司，加封喃加巴藏卜为"炽盛佛宝国师"，赐给玉印，授南哥思丹八亦监藏等人为各级土官，皆给诰印，俾使"镇抚军民"。到明洪武七年(公元1374年)，故元帝师八思巴之后公哥监藏巴藏卜(即贡嘎坚赞)及乌斯藏僧答力麻巴剌，遣人朝贡明朝，并请封号。明廷赐公哥监藏为圆智妙觉弘教大国师，答力麻为灌顶国师，并赐玉印。由于藏传佛教主要教派与明廷已经建立了贡赐关系，至明洪武十七年(公元1384年)，朱元璋更遣汉僧智光赍玺书、彩帛到卫藏地区以及邻境的尼八剌国(即尼泊尔)访问。《明史》称："智光熟谙经典，负才辩，宣扬天子德意，远徼悦服。"智光衔命赴藏，为加强汉藏佛教关系起了促进作用，自是藏传佛教僧侣到内地者络绎于途。

明太祖时，西藏僧人受到优渥，如善世禅师赐居鸡鸣山，任命吉星监藏担任明廷僧官僧录司右觉义之职。并在给乌斯藏和朵甘思两处都指挥司的诏文中说:"敢有不尊佛教而慢诸上师者,就本处都指挥司如律施行,毋怠!"①嗣后又规定番僧入关之后,一切舟车水陆与晨昏饮馔之费,悉由沿途地方官府供应。这些诏令在藏地影响较大,至使各派僧侣闻讯而入游内地者,从此踵迹于途。

在明代,萨迦派势衰,噶举派在西藏掌政,和明廷的联系很密切。公元1403年(明永乐元年),遣司礼少监侯显和僧智光赍书币"往乌斯藏,征尚师哈立麻"。时乳必多吉已圆寂,噶玛黑帽系第五世活佛得银协巴在世,由他应召同侯显等启程入朝。永乐四年冬抵南京,随行者尚有中天竺僧人大喇梵桑渴已辣等。明成祖基本上沿袭了元朝迎接帝师之礼,接待得银协巴。当其将抵南京之时,即派驸马都尉沐昕往迎,优礼有加,赏赐和布施极厚,封得银协巴为"万行俱足,十方最胜、圆觉妙智、慧善普应、佑国演教、如来大宝法王、西天大善自在佛"的显赫称号,敕领天下释教,赐以印诰及金、银、钞、彩币、织金珠袈裟、金银器、鞍马等物。得银协巴之三名弟子均封为灌顶大国师,各赐以印诰、银、钞、彩币等物。其后,明廷又赐封在元代受封为章阳沙加国师(即释迦坚赞)的帕竹噶举系的"拉尊"吉剌思巴监藏巴藏卜(即扎巴坚赞)为"灌顶国师阐化王",封止贡噶举的法王为"阐教王"。

明成祖既封大宝法王,又闻萨迦帝师之后昆泽思巴(即贡噶坚赞之孙贡噶扎西)有"道术","命中官赍玺书银币征之"。昆泽思巴先遣僧徒贡舍利、佛像,后随朝廷使者于永乐十一年(公元1413年)二月至南京,成祖封其为"万行圆融、妙法最盛、真如慧智、弘慈广济、护国演教、正觉大乘法王、西天上善金刚、普应大光明佛",也给予"领天下释教"的名义,礼遇仅亚于大宝法王。

明成祖除了优礼噶玛噶举派和萨迦派帝师之后外,对刚刚建立

———————

①见《释氏稽古续录》二。

的格鲁派也加以恩宠。当他遣中官招抚卫、藏时,正值宗喀巴倡行宗教改革之高潮,声名昭著。对这位革新派的首领,当然也在明廷征召之列。宗喀巴并没有亲临内地,却指派了他的亲信弟子之一释迦意希(明史称"释迦也失"),于明永乐十二年(公元 1414 年)入京朝贡。虽然释迦意希不是教派首领,明成祖也封他为"妙觉圆通、慈慧普应、辅国显教、灌顶弘善、西天佛子大国师",赐给印诰,礼之次于大乘法王。永乐十四年(公元 1416 年)释迦意希辞归,明成祖除赐佛经、佛像、法仗、僧衣、绮帛、金银器等外,还御制赞词赐之,"其徒益以为荣"。释迦意希返卫地后,即利用明廷的赏赐和沿途官员的布施,于公元 1419 年(明永乐十七年)在拉萨建色拉寺,同时和明廷保持密切关系。公元 1434 年(明宣德九年),释迦意希不顾 73 岁的高龄,又亲到北京入朝,宣宗朱瞻基册封他为"万行妙明、真如上胜、清净般若、弘照普慧、辅国显教、至善大慈法王,西天正觉如来、自在大圆通佛",命内廷织工制作了一幅精致的大慈法王缂丝像赠他, 像的上端织有汉藏两文的封号和印模。[①]这表明格鲁派一经创立,便得到了明廷的礼遇和扶持。

有明一代,封授藏传佛教代表人物为法王者二,王者五、西天佛子者二、灌顶大国师者九、灌顶国师者十八,其他如禅师、僧官者则不可悉数。藏传佛教各主要教派首领,庶几都获得了相当的荣封。如果说明太祖之招徕番僧,主要出于安西陲、弭边患的政治目的,宗教信仰尚在其次的话,那么,明成祖对番僧之广为封赐,则是既崇信其教,又以此作宾服远人之手段。因而到了永乐晚年,出现了"在京僧寺,多有番僧";入贡的西藏僧徒"交错于道,外扰邮传,内耗大官,公私骚然"的情况。明永乐十八年(公元 1420 年),成祖命人刊刻大藏经版两

---

① 参见王毅:《西藏文物见闻记》(一)《文物》1960 年第 6 期。

付,其中南京一藏为6行17字,简称《南藏》;北京一藏为5行15字,简称《北藏》。又另有石刻一藏,置于大石洞。在成祖倡导下,当时南京、北京及其他通都大邑兴建了不少梵刹,其中有的则属番寺。如西番报的达进贡金佛5尊,成组诏封大国师,赐金印,命建金觉寺(又称真觉寺)居之,此寺即后来北京西郊金刚五塔寺之首创[①]。而宦官之辈也推波助澜,于京师内外建寺以祈福者,几成风气。

到了明宣宗朱瞻基在位(公元1426—1435年)的10年间,复使司礼少监侯显赍礼遍历乌斯藏,广赐诸番,卫藏地方入贡的番僧也往往久留京师,需索供养,耗费益甚,帝均不恤。上述情况表明,明朝开国后百年之间,藏传佛教势力随着西南边疆和中央政治、经济关系的加强,和中央封建朝廷的联系日臻频繁。到孝宗、武宗、神宗之世,优宠藏僧,"四方奸民投为帝子,则得食大官"。京师诸寺法王至禅师437人;喇嘛诸僧789人。

明武宗崇尚西藏密宗之风,可谓旷绝一时。当时即位不久,便为左右佞幸所蛊惑,迷信密宗,"建僧寺(指延寿佛殿)于西内,西僧行秘密者,夤缘而进居其中"。招请番僧领占竹至京,封之为灌顶大国师,并复孝宗所降禅师为国师,继而又封乌斯藏使臣繹吉我些儿为大德法王,其他驻京各寺的番寺也得以升授为佛子、国师、禅师以及僧禄司的左右觉义、左右正一、都纲等职。又增建"豹房",筑宫殿数层于中,造密室于两厢,勾连栉列计200余间。起用被斥黜太监刘卯儿(即刘允),命其兼管豹房新寺。领占竹辈,均引入豹房,语佛经,传密法。自是赴京番僧益盛,如肖藏卜得封为大觉法王,那卜坚参及劄巴藏卜也俱封法王,那卜领占与绰即罗竹也得封为西天佛子。武宗也常服番僧法衣,自封大庆法王,铸"大庆法王、西天觉道、圆明自在、大定慧

①见《帝京景物略》。

佛"金印,大庆法王法印与玺书并行。给番僧度牒三万,以广藏传佛教。那些亲近武宗的番僧与权贵结成一伙,以兴佛寺传密法牟取私利,以至形成"锱宫佛阁,外省直纵佳丽,不及长安(按指北京)城十之一二的景象"。[1]而这众多寺庙,又往往是宦官私挪内储所修,"每一新造,诸匠役食指动千万头",其靡费人民之膏血,实不亚于元朝。

据神宗时太监刘若愚所著《酌中志》载:当时宫中英华殿、隆德殿、钦安殿都供西番佛像,由近侍司掌灯烛香火,万寿圣节及正旦、中元日于番、汉经厂内悬幡设帐以"做好事"。番经厂的内监,皆戴番僧帽,穿红袍,著黄领和黄护腰,类似喇嘛装束,每遇八月十五日和万寿圣节,除在英华殿内"做好事"外,还要在隆德殿内"跳步叱"。其仪式:"有执经诵念梵呗者十余人;装韦驮像,合掌捧杵,向北立者一人;御马监等衙门,牵活牛黑狗围侍者十余人;而习学番经跳步叱者数十人,各戴方顶笠,穿五色大袖袍,身披璎珞,一人在前,吹大法螺;一人在后,执大锣;余皆左持有柄圆鼓,右执弯槌,齐击之,缓急疏密,各有节奏。按五色方位,鱼贯而进,视五方五色伞盖下诵经者以进退,若舞焉,跳三四个时辰方毕。"这无疑是当时藏传佛教跳神仪式在明宫廷中的表演。又如当时宫眷内臣在元旦正节,各家床上悬挂金银八宝,西番经轮,院中焚柏枝柴,名曰"煨岁"。这也是当时藏传佛教习俗浸入宫廷生活的反映。据《广志绎》记载:"京城向有戒坛之游,中涓(侍卫之臣)以妓舍僧,浮棚满路,前僧未出,后僧倚候,平民偶一闯,群僧箠之且死。"这大概是指举办密宗法会,在神宗时一度被京人视为游览之所,后因悍僧常有逞威打伤观众之事而被禁,这也说明当时藏传佛教在内地的活动渐渐扩散于民间。神宗时,"京(城)内外多置梵刹,动费数万,帝亦助施无算"。当时所建番寺,以明万历四年(公元1576

---

①见《广志绎》。

年)在阜城门外二里沟所建西城双林寺颇具典型。据《帝京景物略》卷五所载,该"寺殿所供,折法中三大士、西番变相也。相皆裸而跣,有冠,有裳,有金璎珞,犹、象、狮各出其座下。中金色,勇猛丈夫也,五佛冠。上二(笔者按:疑漏手字),交而杵铃;下二,趺而坐。左右各蓝色,三目,彩眉,耳旁二面,顶累二首,乃髻。首三项腰,各周以髑髅而带以蛇。左喙鼻耳角,牛也,三十二臂,一十六足;中二手交,把髑髅半额,而铲取其脑;其三十手所执械……右,魔王鬼神像也,其耳环,一十八臂而四足,手二交而托,十四仰而托,托皆葛巴剌碗(即头颅骨所制之钵,有用金银络饰而成者,为密宗法器)……殿壁所遍绘,亦十方如来,示现忿怒尊者像也。有鞲,人革,其面爪趾宛然者……"[1]这段引文显然可以看出双林寺是一座密宗寺院。它的兴建表明藏传佛教至公元16世纪末期在内地仍继续流传。到了17世纪,明朝统治已经彻底腐朽,卫、藏至内地的交通实已阻隔,藏传佛教各派几乎都不再派遣僧团赴内地进贡或传法,在内地原有的影响也逐渐削弱了。

第六章 "政教合一"和寺庙僧伽组织

藏传佛教的发展历史同西藏封建农奴社会的政治斗争和经济发展极为密切。在封建统治者的支持下,寺庙和上层喇嘛享有政治、经济特权,不仅寺庙内部有其独立的组织体系,而且在寺庙外他们与世俗封建主阶级(农奴主、贵族、土司头人等)相互勾结,把政权与神权紧密结合在一起,形成僧俗农奴主阶级联合专政的"政教合一"制度。

---

①见《帝京景物略》。

一 "政教合一"制度

1. 西藏型的"政教合一"制度

藏传佛教是在藏族社会向封建农奴制过渡的特定历史条件下形成的,是这一经济基础上的社会意识形态,必然要为它所依附的封建农奴制度服务。藏传佛教除了具有阶级社会一切宗教所有的共同属性外,从兴起始就按照它独特的形式发展,即宗教势力和地方势力在政治、经济上的紧密结合。西藏"政教合一"制度的形成,经过了一个长期的历史过程,在吐蕃王朝的后期,已经出现了僧人参政的情况,但此时寺院僧伽在政治势力的扶植下,尚未在经济政治上形成强大的社会力量。到公元 10 世纪末,佛教在西藏再度兴盛起来以后,"政教合一"制度才开始逐渐形成起来。吐蕃王室后裔益希坚赞占据前后藏一部分地区,成为山南地区的新兴封建农奴主,同时又是桑耶寺寺主;统治阿里地区的古格王益希沃,既是新兴的封建农奴主,又是一个僧人,已呈现出僧俗政教结合的特点。随着藏族封建社会的发展,到公元 11 世纪中叶,出现了数十种不同的教派,他们大多是在各地方封建势力的支持下,大力兴建寺院,大都有主寺和属寺,形成一个教区,与地方势力结合起来,用政治势力支持宗教的发展,反过来又用宗教力量巩固政治势力,形成大小不同的"政教合一"的地区。如萨迦教派以萨迦寺为中心与款氏家族结合,在后藏建立了地方势力;蔡巴噶举与朗氏家族结合以山南一带为中心,建立了西藏最大的一个地方势力;止贡噶举与居热氏家族结合在拉萨东北建立了地方势力,等等。

公元 13 世纪中叶,藏传佛教萨迦派受元朝政府的正式册封,掌管了西藏地方政权,寺院取得特权,"政教合一"开始具备规模。公元 1264 年元朝设立总制院(后改为宣政院)管理全国佛教事务和西藏行政事务，命萨迦寺寺主八思巴总领总制院院事，管理西藏行政事务，并设置吐蕃等处宣慰使司都元帅府(辖甘肃及川地部分藏区)、吐蕃等路宣慰使司都元帅府(辖四川等处藏区)、乌思藏纳里速古鲁孙等地三路宣慰使司都元帅府(管辖卫、藏、阿里等地)，隶属于宣政院，使卫藏互不统属的封建割据势力，统一纳入到元朝中央政府直接领导下的西藏地方政府，当时萨迦寺主八思巴既是藏区宗教上的最高首领，又是西藏地方政府的掌权者，在行政上设本钦一职，处理十三万户事务，本钦是由萨迦寺主提名，元朝中央政府任命的，下设万户长、千户长、宗本和庄头(庄园管理人)等各级不同的官员和行政机构，并设立苏本(相当于秘书长职位)、森本、却本、仲业、仲译、恰佐、玛钦、迦本、丹业日、奇本、噶玛和阿仲等，管理萨迦寺主的日常事务。

萨迦派在元朝中央政府的直接管理下，主持西藏地方政教事务，统治全藏达 91 年之久，使"政教合一"制度已具规模。

到了公元 14 世纪，朗氏家族的帕竹噶举派在元明两代中央政府的支持下，建立了帕竹第悉"政教合一"的帕竹噶举政权，掌管西藏地方政教大权，设立日喀则宗、乃乌宗、贡噶宗、扎噶宗、穷结宗、达则宗等十三个宗，建立宗本三年一换的制度，并制定《法典十五条》，还规定出家僧人为地方政权的掌权人。这些制度得到明朝中央政府的承认，"政教合一"的制度有了进一步发展。

公元 17 世纪后半期，格鲁派寺庙集团的第五世达赖喇嘛在清朝中央政府的正式册封下，掌管了西藏教权后，经过政治权力转移的斗争，僧俗联盟的"政教合一"制度得到空前的发展和充实，确立了一整套组织，规定了达赖、班禅以下僧官的品位、职称和名额，使僧侣上层和世俗贵族在政治上达到了高度结合。

在黄教寺庙集团的首领达赖之下，原西藏地方政府(噶厦)设有委员 4 人，藏语叫噶伦，由一僧三俗组成，以僧官噶伦为首排列名次，均为三品官(清朝规定)。后来噶厦又增设代理噶伦和助理噶伦数人,协助噶伦处理日常事务。

原西藏地方政府以下,有两个并列的机关:仔康和译仓。

仔康,即审计处,直接受地方政府的领导,管理俗官的委派、调遣与训练等一切事务, 此外还负责各地差税和地方政府下属各财政机关的收支。仔康设仔本 4 人,均为四品官。

译仓,即秘书处,除受地方政府的领导外,还直接受达赖喇嘛(或摄政)领导,管理僧官的委派、调遣和训练等一切事务。达赖的印信向例由译仓保管,地方政府的一切公文命令,都由译仓盖印后,才能生效。因此,译仓虽受地方政府领导,但又对地方政府有监督作用。译仓还负责管理各地寺庙和僧人以及僧人(包括僧官)的争执案件等等。译仓设仲译钦波 4 人,均为堪穷(相当于四品官),由僧官担任。

地方政府除设仔康和译仓外,还设有 20 多个办事机关,藏语称勒空,分别管理不同的事物。如玛基勒空(藏军司令部)是原西藏地方军队的最高管理机关;喇恰勒空(大昭寺,即财政局)是地方政府的最大的财政机关;索南勒空(农务局),负责征收地粮和管理移民;阿比勒空(建设局)专管建筑事项;甲擦勒空(盐茶局)管理盐茶税收;颇康勒空(军粮局)管理军粮等。各办事机关都有僧俗官员共同主管,一般都为四品官。此外,还有管理拉萨市政的郎子辖,管理拉萨附近地区的雪勒空等拉萨地方机关。地方政府下面的区域机关分为基恰和宗两级。

基恰(相当于现今内地的专区),设四品以上僧俗官员各 1 人,职权是监督和指挥各宗政府的一切行政事务。原西藏地方政府在昌都、黑河、山南、日喀则、阿里、亚东、工布等地设有基恰。

宗(相当于现今内地的县)受基恰直接领导。每个宗设宗本 1 至 2 人,负责宗内行政、司法、粮赋、税收、差役摊派等事务。原西藏地方政府管辖宗约 147 个。

宗以下的组织,在农区设谿卡(即庄园),在牧区设如瓦或指巴、学卡(意为部落)。大的谿卡和如瓦与宗平级,直接受基恰节制。此机构既是行政组织,也是经济组织。地方政府对属于寺庙和贵族的谿卡、如瓦只按定例向其摊派差役,其他无权干预。

原西藏地方政府的直属机关和区域行政机关,既属地方政府直接领导,又受管理僧俗官员事务的仔康和译仓的间接约束,其关系如第 296 页所列之表。

上述机构组织可以看出,原西藏地方政府就是"政教合一"制度在组织上的具体体现。达赖喇嘛既是宗教寺庙集团的总首领,又是原西藏地方政府的总代表,下属官员分为僧俗两大系统,出任官员的全为封建世俗贵族和世袭宗教封建主。只要通过僧官学校和俗官学校受训,毕业后即可获得官衔,担任地方政府要职。从表面看,地方政府有僧、俗官之别,但僧官只不过是披着袈裟的世俗贵族。因此,原西藏地方政府是由僧俗大农奴主阶级组成的政权组织。同时,我们从三大寺的政治特权和噶厦的组成人员的情况来看,可以进一步说明"政教合一"制度的情况。

第一,历代达赖都是西藏最大的农奴主,其家属是大贵族(西藏七家世袭贵族,就是从八到十四世达赖的家属),从五世达赖起既是哲蚌、色拉两寺的寺主,同时又是西藏地方政府首领,以"神"的名义行使三大领主的统治权。

第二,凡在达赖未亲政前,总揽全藏大权的摄政("藏王")必须由三大寺的呼图克图或甘丹赤巴担任,如十三世达赖时的摄政第穆,十四世达赖时的热振、打扎等。这些呼图克图都是世袭大农奴主或出身于农奴主家庭,是寺院农奴主的代表。

第三, 译仓中的 4 个仲译钦波均由贵族世家子弟或由有宗本基巧等职位的僧官充任。

第四，原西藏地方政府的一切重大问题，如每世达赖圆寂后的善后事宜、摄政王的选择，下世灵童寻找与确定等等，以及其他大事，均须取得三大寺的支持，否则无法解决。

第五，寺庙上层人士在原西藏地方政府均有名誉职位，三大寺的堪布、堪苏均有一定官衔，参加噶厦会议，直接干预政事。

第六，原西藏地方各级政权机构的官员及藏军马基，都规定为僧俗各半，在地位上一般都是僧官任正职。僧官虽不一定正式入寺当喇嘛，但均须取得三大寺的僧籍，并毕业于僧官学校。而俗官(仲棵)中又多是转世活佛。如十四世达赖的三兄一弟，3个是活佛，1个是堪布，八世和十三世达赖的拉康，有5个儿子，其中3个是活佛。

第七，三大寺有权直接委派所辖地区各级官吏，其职权同于噶厦政府委派的同级官吏，受寺院和噶厦的双重领导，执行其命令。

第八，经噶厦批准和传统规定，"喇嘛除非开除僧籍，逐出寺庙，政府不予直接过问"，"寺庙百姓的纠纷由寺庙自理"，"寺庙判决的案件和政府判决的案件均有法律效力"。

原西藏地方政府，除了在形式上占有全藏土地，具有向贵族和寺庙封赐、没收土地的权力外，还直接经营着占西藏 1/3 左右的耕地和牧场，驱使数十万农奴为其进行无偿劳动，它运用封建特权把沉重的乌拉差役和数不清的苛捐杂税强加在农奴的身上，无止境地吮吸着农奴的膏血。为了维护"政教合一"制度，设置了军队、法庭、监狱等等一系列统治机器。藏军是在原西藏地方政府豢养下，由帝国主义扶持和训练出来的一支腐败的军队，每年要耗费藏银 1840 万两(合大洋 1226660 多元)，青稞 218830 克(合 5471500 斤)，酥油 27357 克(合 683825 斤)，茶 54637 块。

法律是大农奴主阶级统治人民，巩固"政教合一"制度的重要工

原西藏地方政府组织系统表

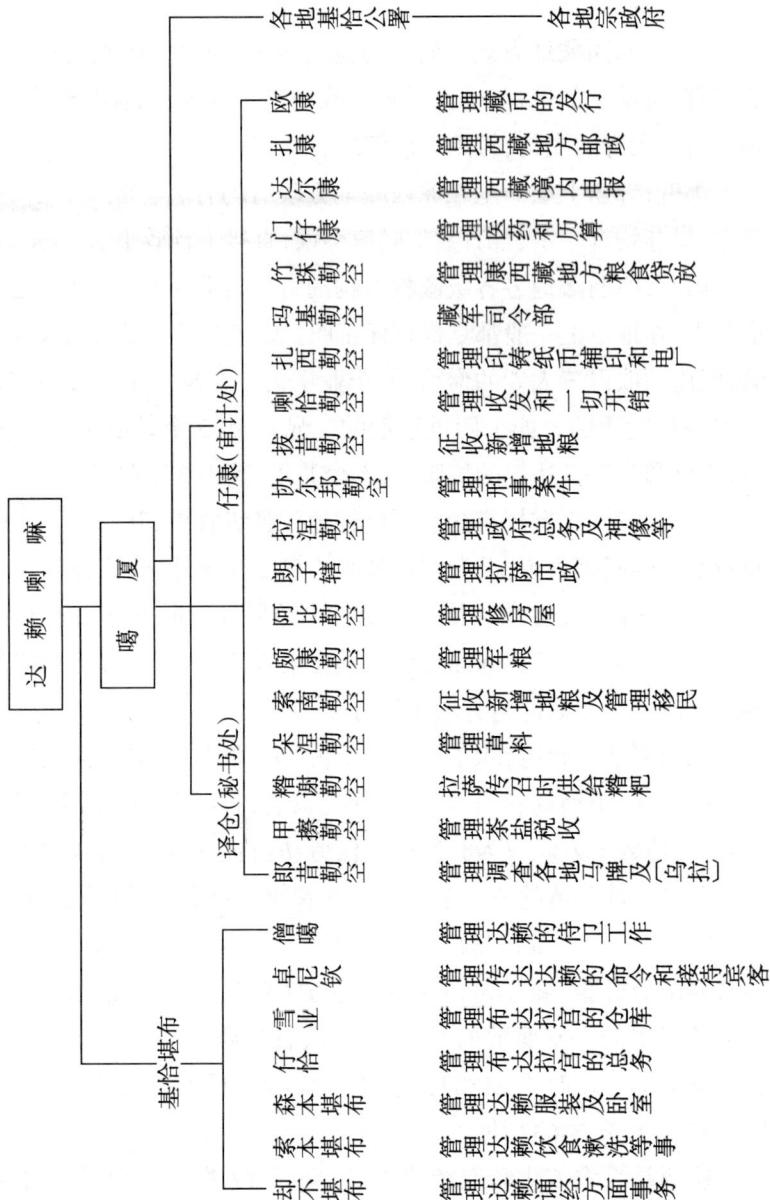

达赖喇嘛
- 噶厦
  - 各地基恰公署 —— 各地宗政府
  - 仔康(审计处)
    - 欧康 —— 管理藏币的发行
    - 扎康 —— 管理西藏地方邮政
    - 达尔康 —— 管理西藏境内电报
    - 门仔康 —— 管理医药和历算
    - 竹珠勒空 —— 管理康西藏地方粮食贷放
    - 玛基勒空 —— 藏军司令部
    - 扎西勒空 —— 管理印铸纸币辅印和电厂
    - 喇恰勒空 —— 管理收发和一切开销
    - 拔昔勒空 —— 征收新增地粮
    - 协尔邦勒空 —— 管理刑事案件
    - 拉涅勒空 —— 管理政府总务及神像等
  - 译仓(秘书处)
    - 朗子辖 —— 管理拉萨市政
    - 阿比勒空 —— 管理修房屋
    - 颇康勒空 —— 管理军粮
    - 索南勒空 —— 征收新增地粮及管理移民
    - 朵涅勒空 —— 管理草料
    - 糌湿勒空 —— 拉萨传召时供给糌粑
    - 甲擦勒空 —— 管理茶盐税收
    - 郎昔勒空 —— 管理调查各地马牌及〔乌拉〕
- 基恰堪布
  - 僧噶 —— 管理达赖的侍卫工作
  - 卓尼钦 —— 管理传达达赖的命令和接待宾客
  - 雪业 —— 管理布达拉宫的仓库
  - 仔恰 —— 管理布达拉宫的总务
  - 森本堪布 —— 管理达赖服装及卧室
  - 索本堪布 —— 管理达赖饮食漱洗等事
  - 却不堪布 —— 管理达赖诵经方面事务

具，原西藏地方政府行使的法律是沿用一千多年前吐蕃奴隶社会的"法典"，全文共 16 条，约万余字。"法典"的第 7 条把西藏人民按所谓血统贵贱，职位高低分为三等九级；人分上中下三等，每等人又分上中下三级。"法典"为"上等人"（大活佛、大贵族和僧俗官员等）规定了神圣不可侵犯的特权；第 10 条规定，"偷平常人的财物罚原物的 7 至 8 倍；偷僧侣和寺庙的佛像、经书等物，罚原物的 80 倍"；第 8 条因伤流血之法律规定"对于使上等人出血者，一滴血罚金一钱……"并规定凡上等上级的人命价与尸体等重，但上等人对下等人因失手而致伤后，凭良心医治外，无赔偿之例规。下等下级的人命价为一根草绳。如杀活佛等上等人，则犯重罪，处死刑。

从上述设置的军队，行使的法律，进一步说明原西藏地方政府是由僧俗大农奴主阶级组成的政权组织。

近百年来，帝国主义势力侵入我国西藏，竭力培养亲帝分子，把持地方政府实权，而在原西藏地方政府中当权的僧俗大农奴主，有的以投靠帝国主义作为维护其阶级利益的一种手段，他们公开与帝国主义勾结，甘心出卖祖国和民族利益。因此，这个"政教合一"的大农奴主阶级专政机构，一方面代表大农奴主阶级利益，一方面又和帝国主义有一定联系。

在这种情况下，宗教实际上是一个政治、经济的实体，而非只是一种纯意识形态。

2."政教合一"的其他形式

在藏传佛教流行的其他民族地区，也有推行"政教合一"的不同于西藏地区的形式。

土司制度

历史上，云南、四川、青海、甘肃等地的藏族地区都实行过土司制度，也与宗教结合在一起，这是另一种"政教合一"的形式。唐宋时期在今松潘、茂汶、天全等地设置"羁縻州",可说是土司制度的雏型。元代在此基础上加以发展,设置了乌斯藏宣慰司都元帅府(在今西藏)、吐蕃等处宣慰司都元帅府(在今甘肃临夏)、朵甘思宣慰司都元帅府(在今四川甘孜),土司制成为一种常设的政治制度,并尊崇藏传佛教,授与上层喇嘛封号和统治地方的权力。明朝继续推行土司制度,在藏区普遍设置了安抚司、宣抚司、宣慰司、招讨司、都指挥使司等。封赐上层喇嘛为国师、法王、禅师、阐教王等,兼领土司职衔,使藏区的"政教合一"的土司制度得到进一步发展。清末,有的藏区虽实行了"改土归流"政策,但土司制度名亡实存,一直继续到国民党统治时期。

在甘、青、川、滇藏区,寺庙与土司合而为一的"政教合一"的形式表现不完全一致。如云南迪庆藏区,清代已"改土归流",但寺庙仍是当地最高的政权机关,寺庙大活佛即是政教最高权力的代表者,各土司如营官、千总,把总等都受活佛节制。归化寺是这一地区最大的寺庙,也是政教统治的中心,寺内设"吹云会议"(最高权力机关),由八大教区的大喇嘛和27个世袭千总、把总代表组成。下有两套政教统治机构:宗教系统,如归化寺在八大教区分别设立"康参"(管理辖区内的寺庙)、"密参"(管理喇嘛的基层组织);政治系统,则为营官、千总、把总、老民、伙头等。这两套机构又结合起来向下构成农村基层组织——属卡(相当于村),由老民、伙头和寺庙代表组成。在木里地区,大喇嘛身兼土司,总揽政教大权,是当地最高统治者,其下属各级官员都必须由喇嘛出任。甘孜、阿坝牧区,宗教的和世俗的统治机构虽各有系统,但互相维护。阿坝牧区的少数大寺庙则直接管理部落,寺内设"温布"一职,管理民间事务。甘南地区的卓尼土司自明代以来一直沿袭"兄为土司,弟为僧纲,如遇独子两职兼"的制度。

土司对其辖区内的一切,拥有至高无上的权力。他们占有辖区内的全部土地(包括森林、牧场、草原、湖泊、河流等)和大部分牲畜,拥有大量的庄园和货币资金,通过地租、畜租、高利贷、经商等盘剥农民,还利用封建特权,强迫农牧民提供差役贡赋、税收等封建义务,而这种权力是世袭的。据不完全统计,德格土司辖区,名目繁多的年贡达 37 种以上,每年贡赋收入粮食 137200 斤,木柴 20 万斤,草 8 万斤,酥油 36000 斤,其他杂项收入折合银元 11800 元。如农奴们所说,"天上飞的有粮,地上走的有粮,土上长的有粮,山里埋的有粮"(指打猎、种地、挖药材、采矿等等都需纳税)。

为了维护其封建统治,土司衙门和寺庙都设有法庭、监狱。凡拒服差役、抗纳贡税、拖欠债务、反抗土司者,都要受到严厉的惩处,罪名有所谓的逃亡罪、欠差罪、抗差罪、盗窃罪、欺主罪、渎神罪、辱僧罪等等,刑罚残酷多样。

综上所述,在广大的藏传佛教地区,"政教合一"制度在形式上虽有不同,但在利用神权强化政权、利用政权巩固神权上是完全一致的,是僧俗封建农奴主阶级实行专政的一种特殊形式。

在蒙古地区的喇嘛寺庙和上层,虽然拥有清朝规定的种种封建特权,但它仅仅限于宗教寺庙内部,对世俗不能行使权力,只是施加政治影响。

二 寺庙僧伽组织和统治制度

公元 15 世纪中叶,藏传佛教经宗喀巴的"宗教改革"后,建立了一套严密的寺院组织和僧人的学习管理制度。17 世纪黄教在清朝中央政府的大力扶植下,从五世达赖起逐渐掌握了地方统治权,用政治力量扩充黄教的实力,迫使许多教派的寺庙改为黄教属寺,新建了大量黄教寺庙,如青海的塔尔寺、隆务寺、甘南的拉卜楞寺、四川的理塘寺、大金寺等等,使黄教寺庙在藏传佛教地区占了绝对优势。因此,佛教的寺庙和僧伽组织,以黄教最为典型,其中以六大寺(哲蚌寺、色拉寺、甘丹寺、扎什伦布寺、拉卜楞寺、塔尔寺)可作代表。

1. 寺庙组织机构

①拉萨三大寺(哲蚌、色拉、甘丹)的组织机构

三大寺的组织都是由三级管理机构组成(拉吉、扎仓、康村),最高一级为拉吉,又称磋钦(即指全寺的正殿,是全寺性活动中心),由各扎仓堪布、堪苏(卸职堪布)组成,并由其中年资最高者充任堪布赤巴,掌管全寺。下设吉索2至4人,管理拉吉所属的财产、百姓、经商、基金放息、房产等行政和财务事宜,10年一任,由寺中主要扎仓的堪布推荐,原西藏地方政府选定加委。磋钦磋摩(又称磋钦翁则)1人,为全寺僧众念经的领经头,负责经堂中引诵经典,执行仪轨等。

第二级机构扎仓,是三大寺组织的中坚,设堪布1人,主管本扎仓的一切事务,并有权代表三大寺参加原西藏地方政府重要会议,三大寺的堪布一律由原西藏地方政府直接委派各寺考取"格西"的亲信担任。除哲蚌寺为6年一任外,其他两寺为7年,可连任。下设拉让强佐1人,强佐若干人,管理本扎仓行政、财产、属民和对外关系,由堪布委任;格贵1人,掌管扎仓僧众名册,管理扎仓纪律,处理一般纠纷,哲蚌寺规定任期1年,色拉寺为半年,甘丹寺为4个月,由堪布任免调度;翁则1人,主持扎仓僧众念经,由堪布委派,雄赖巴1人,协助堪布管理僧众学经和考试"格西"等事务,由堪布委派。

康村是三大寺的基层组织,设执事委员会,管理一般事务,由1名资历最老的僧人充任吉根(意为长老),主持一切。吉根下设欧涅4人,管理康村部分财产,基金放息,及对僧众放茶等财务,任期3年;拉岗1人,负责柴草供应,添置什物等,任期1年;卡太格根2人,办理杂务,任期两年。康村是扎仓内按僧人籍贯所属地区划分的组织,较大的康村又划分为若干密村。

拉萨三大寺的组织机构如下表。

三大寺组织机构表

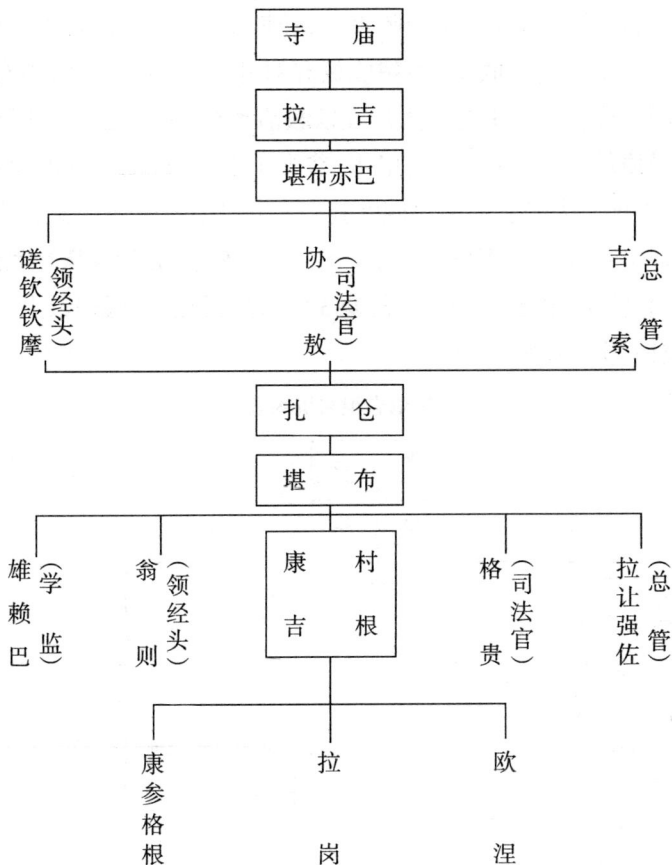

```
                    寺  庙
                      │
                    拉  吉
                      │
                   堪布赤巴
      ┌───────────────┼───────────────┐
  磋钦钦摩          协  敖            吉  索
  （领经头）       （司法官）        （总管）
      └───────────────┼───────────────┘
                      │
                    扎  仓
                      │
                    堪  布
  ┌────────┬─────────┼─────────┬────────┐
 雄赖巴    翁则     康村根吉    格贵   拉让强佐
（学监）（领经头）          （司法官）（总管）
                      │
             ┌────────┼────────┐
           康参格根   拉岗     欧涅
```

②塔尔寺组织机构

塔尔寺为青海藏区最大之黄教寺庙,其寺庙组织是:设总法台1人,代理寺主总管全寺的行政和宗教大权,任期3年。该寺最高权力机构为"噶尔克会议",由总法台、襄佐、大僧官、二老爷和六族干巴[①]

---

①塔尔寺附近六个藏族部落的上层喇嘛。

组成，以总法台为主持人，讨论全寺重要事宜。总法台下设襄佐1人，协助总法台管理寺院一切行政事务，任期1年，其下设吉索（又称大告哇）管理全寺财务收支、租粮收放和对外联系事务，吉索中有吉索第巴4人，藏汉文秘书各1人。在宗教活动组织上，总法台之下为大经堂，设协教1人，管理寺庙纪律；翁则1人，主持大经堂的念经，任期均为3年。大经堂之下设四大扎仓，每扎仓设法台（又称堪布）1人，管理本扎仓一切事务，任期3年，下设格贵（铁棒喇嘛）、翁则（引经师）、业日哇（财务）各1人，任期3年，过尼（经堂管家）数人。其行政、宗教组织系统如下表：

塔尔寺组织机构表

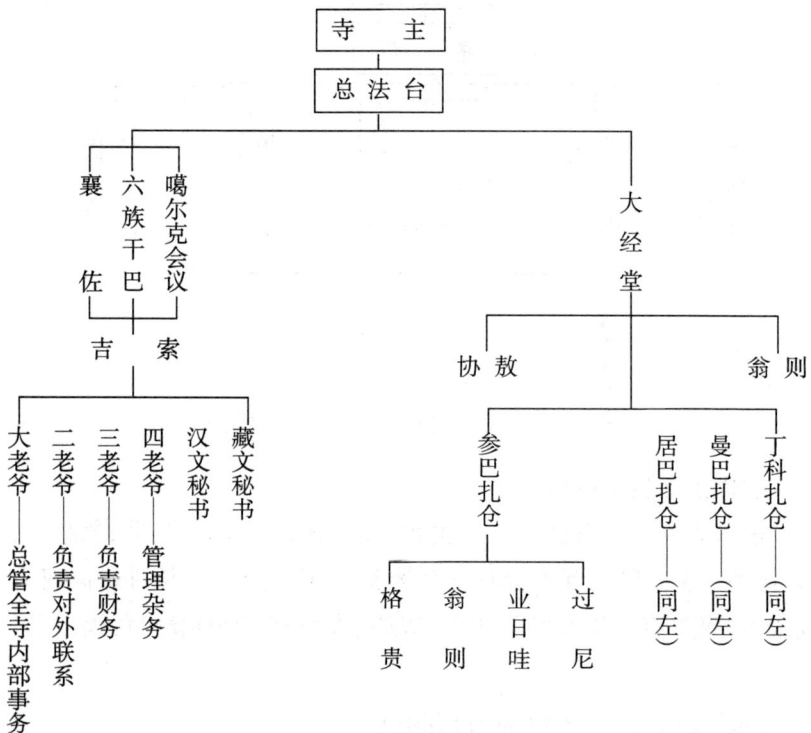

```
                          寺    主
                          总 法 台
          ┌────────────────────┴──────────────────┐
      襄    六    噶                              大经堂
      佐    族    尔                      ┌──────────┴──────────┐
            干    克                    协敖                  翁则
            巴    会                      │          ┌─────────┼────────┐
                  议                  参巴扎仓    居巴扎仓 曼巴扎仓 丁科扎仓
            吉    索                      │        （同左） （同左） （同左）
       ┌──────────┤          ┌──────┬───┼───┬──────┐
     大 二 三 四 汉 藏        格贵  翁则 业日哇 过尼
     老 老 老 老 文 文
     爷 爷 爷 爷 秘 秘
      │  │  │  │ 书 书
     总 负 负 管
     管 责 责 理
     全 对 财 杂
     寺 外 务 务
     内 联
     部 系
     事
     务
```

- 大老爷——总管全寺内部事务
- 二老爷——负责对外联系
- 三老爷——负责财务
- 四老爷——管理杂务
- 汉文秘书
- 藏文秘书

③拉卜楞寺院的组织机构

拉卜楞寺为甘川青藏区黄教大寺。该寺的政教大权由嘉木样直接掌管,下分两套机构,即行政组织系统和宗教寺庙组织系统。行政系统称拉章组织,设襄佐1人,管理教区政教财务各事,职权最大;葛巧堪布1人,保管印信(系嘉木样之机要秘书);昂佐1人,管理嘉木样私人财产。襄佐之下设议仓、卓尼、桌仓等几个办事机构,分别处理教区各项事务,并设"拉章仲贾会议"(藏语午茶之意),有"须本钦布"(钦布为大首长之意)1人,掌管总务,权力仅次于襄佐;生本钦布1人,掌管文书;卓尼钦布4人,管对外联系礼宾;桌哇2人,掌管司法;来群巴4人,管理财务;格巴2人,管理纪律;玛钦巴1人,管理饮食;普藏德哇1人,管理佛殿;秋康德哇1人,管理经堂;更察布数人,为嘉木样派驻教区各寺代表;遐希80人,为嘉木样警卫队。宗教系统即本寺组织系统,设磋钦慈哇1人(大法台),掌管本寺教务与财务大权,主持磋钦会议(系本寺最高权力机关),决定本寺一切重大事宜。磋钦会议设磋钦协敖1人,管理本寺僧人纪律;巧达玛2人,协助协敖工作;磋钦翁则1人,负责念经;磋钦吉哇2人,负责本寺财务管理;磋钦更巴4人,为本寺元老代表。磋钦会议之下分六大扎仓,每个扎仓设扎仓赤哇1人,负责本扎仓一切事务。下设扎仓格贵1人,扎仓翁则1人,扎仓吉哇1人,扎仓根巴4人。其组织系统见表。

④理塘寺的组织结构

理塘寺,又名春科寺,是川、滇一带藏区的黄教大寺之一,与西藏三大寺有密切关系,寺内组织严密,也有典型性。

全寺的宗教、行政、经济大权,由香根活佛总揽。下设:"堪布",参与寺内重大事务决定,主要负责宗教事务,任期2年(卸任后可参加下布、格桑会议);"传号",掌握行政大权,领导寺内7大孔村,6个西所(经济组织),任期2年;"下部",掌管寺内经济,每任4人,任期5

拉卜楞寺组织机构表

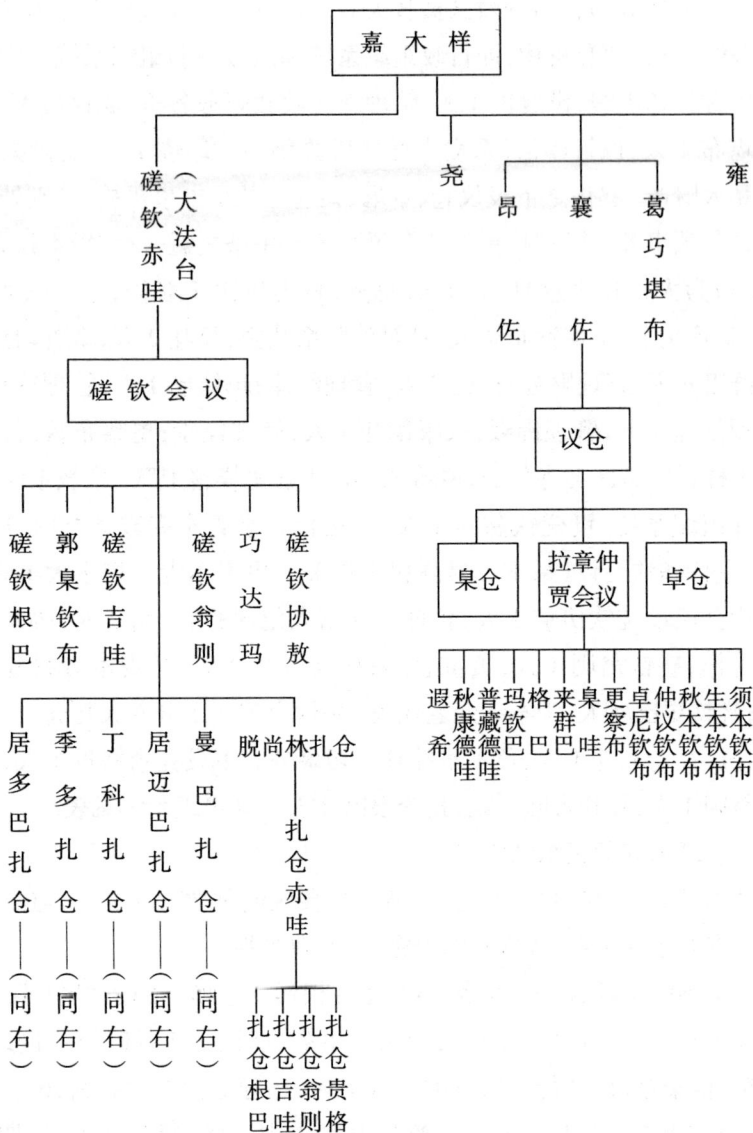

嘉木样

（大法台）磋钦赤哇

尧

昂襄佐　　襄佐　　葛巧堪布　　雍

磋钦会议

磋钦根巴　　郭臬钦布　　磋钦吉哇　　磋钦翁则　　巧达玛　　磋钦协敖

居多巴扎仓（同右）　　季多扎仓（同右）　　丁科扎仓（同右）　　居迈巴扎仓（同右）　　曼巴扎仓（同右）　　脱尚林扎仓

扎仓赤哇

扎仓根巴　　扎仓吉哇　　扎仓翁则　　扎仓贵格

议仓

臬仓　　拉章仲贾会议　　卓仓

遅康希哇　　秋藏德哇　　普德钦布　　玛钦巴布　　格巴布　　来群布　　臬巴哇　　更察布　　卓尼钦布　　仲议钦布　　秋本钦布　　生本钦布　　须本钦布

理塘寺宗教、行政机构名称系统表

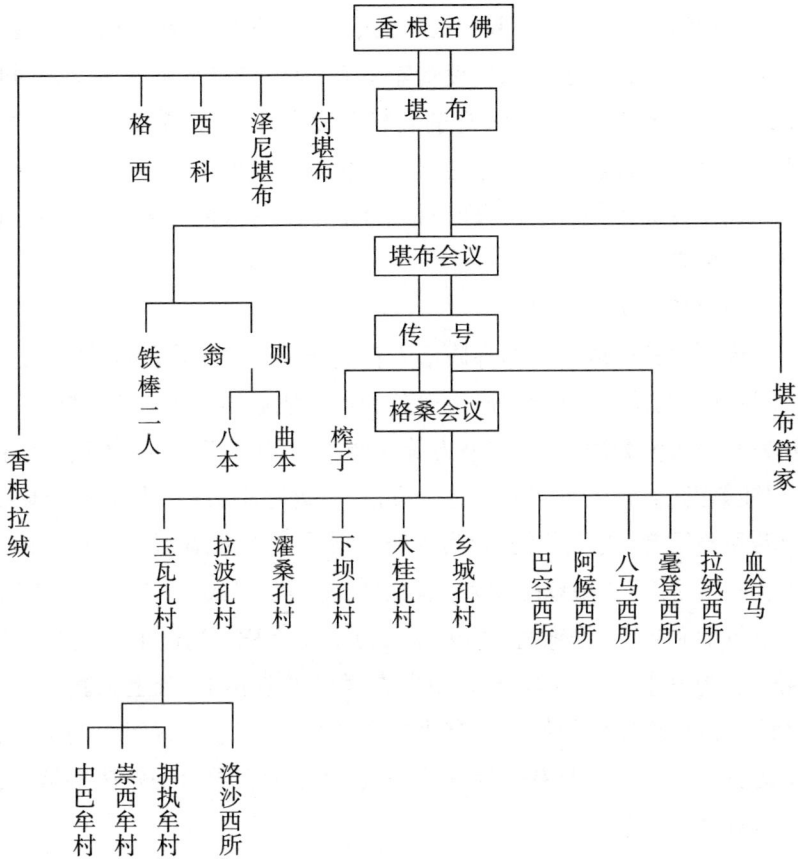

```
                          香根活佛
                             │
                           堪 布
  格   西   泽尼   付
  西   科   堪布   堪布
                           堪布会议
                             │
                           传 号
  铁棒   翁   则      格桑会议
  二人        │     榨子
            八本  曲本
香                玉瓦  拉波  濯桑  下坝  木桂  乡城    巴空  阿候  八马  毫登  拉绒  血给
根                孔村  孔村  孔村  孔村  孔村  孔村    西所  西所  西所  西所  西所  马
拉
绒                中巴  崇西  拥执  洛沙                                        堪布管家
                  牟村  牟村  牟村  西所
```

说明：

① 西所、拉绒、血给马、榨子均为经济机构。

② 八本管理宗教法器，曲本在念经时负责揉糌粑。

年;铁棒2人,任期1年,掌管寺内纪律;翁则1人,大殿诵经头。

由上述人员组成全寺"堪布会议",是理塘寺最高权力机关,决定寺内一切重大事宜。其下设"格桑会议",由各孔村的格桑18人组成,管理孔村事务;"榨子"一处,设管家1人,掌管全寺的财务收支,孔村是理塘寺最基层组织单位,有的孔村还设牟孔,设格桑2至5人,每任5年,格桑可以参加"堪布会议",是格桑会议的主要组成人员。另外寺院还设有各种管家,管理香根活佛、堪布等人的私人财产。其组织系统见表。

2. 寺庙僧伽等级制度

藏传佛教形成庞大的寺庙僧人社会集团。这个集团同世俗社会集团一样,因其内部也有分工,而分为不同职业的僧人。有经常在寺外为群众的生老病死、吉凶婚丧等念经占卜,祈祷禳灾的,如阿巴、却吉、钝桑巴、盖桑巴等僧人。有杂役僧,专为寺庙服务,从事各种体力劳动和差役者。有工艺僧,专为寺庙佛殿从事雕塑、铸像、绘画、刻版、印刷和学习医药、星算的僧人。有兵僧,专门学习武术,为寺庙和僧官充当侍卫和打手,西藏称为"朵秃",拉卜楞寺称为"遐西"。有"贝恰瓦"(意为书生),专门学经,以争取在学经的阶梯上,升上宗教学位,从而取得僧官地位的僧人。有执事僧,即管理寺庙各级组织的行政、司法、财务、总务以及专门经商的僧人,其中大多数为一般执事僧,其余僧官又分若干等级。

藏传佛教的寺庙也是一个社会,其内部和世俗社会一样,等级森严,阶级对立分明。寺庙内部分为上层喇嘛和普通喇嘛。活佛、堪布、管家及各级担任重要职务的僧官喇嘛,是上层喇嘛,组成寺庙集团的当权派,约占喇嘛总数的4%。他们都出身于贵族、土司、封建主、牧主和富裕家庭,凭借家庭的政治经济地位,把持寺庙一切大权,享受更多的封建特权。他们对寺庙外的广大劳动人民和寺庙内的广大普通喇嘛,都是统治者。为了谋取寺庙的重要职位,有的不惜花费大量资财。如在哲蚌寺谋得一任堪布,需花1万余大洋的贿赂。一旦把职位弄到手,就可以对所属农奴进行横征暴敛,巧取豪夺,在寺内可以贪污布施,收受贿赂,敲诈勒索,为所欲为。哲蚌寺一个管家在任期间,仅藏银一项就搜刮了6万余品,合大洋20万元。寺庙内的各级职位(包括活佛、格西等),都可以通过贿赂取得。这就说明进入上层喇嘛阶层的只能是有钱有势的人。寺庙是他们升官晋爵,发财致富的场所。

占90%以上的广大普通喇嘛,大部分出身于贫苦家庭,是寺庙内的被统治者。他们进寺庙当喇嘛,有不同的社会原因。有的是迫于生计,来解决衣食问题,有的是为了逃差避债,求寺庙庇护;有的是代人出家或支扎差(即当喇嘛的差),被迫而来者占了绝大多数。据对拉萨哲蚌寺的两个康村387名喇嘛的调查,其中因年岁小被父母送来当喇嘛的有124人;因生活被迫,逃避差役、债务来当喇嘛的有126人;被寺庙派扎差来当喇嘛的31人。自愿来当喇嘛的只有6人,占调查人数的2%。普通喇嘛从一入寺就要对寺庙承担一系列封建义务和各种差役,寺庙规定这些封建义务和各种差役可以出钱代役或贿赂免役,贫苦喇嘛是无能为力的,只能终日为寺庙劳动,过着牛马不如的生活。如拉萨哲蚌寺规定,凡要免除"根差"的(三大寺规定凡入寺喇嘛要承担"宣差",意为青年人的差,就是各种强制性的劳役,期满后转入"根差",意为老资格的差,指康村提任格根等纯义务性的低级职务),要对本康村全体喇嘛布施茶饭一次,每人发放藏银3钱,捐赠康村基金藏银600两,合计三项开支约三四千两藏银,这对贫苦喇嘛是难以办到的事情。因此他们也永远逃脱不了各种差役的负担,是寺庙的终身奴隶。

寺庙内森严的等级,都和各种特权和义务联系在一起,起决定作用的是一个喇嘛的出身和经济力量。凡有地位和财力的喇嘛,在入寺后就可以通过送礼、捐赠、布施、宴客、贿赂等办法,逐级上升,最后取得一个公认的特权地位,享受种种的优待和特权,从衣着服饰、住处、座席、学经年限,到分享寺庙收益和布施的分额等等都有不同程度优待。在这僧侣阶梯上,每爬上一级,都需花费大量金钱。等级愈高,数目愈大,有时大到惊人。等爬上统治地位,就可大肆搜刮,积累私产。而一般普通喇嘛,永远无此财力爬上统治地位。就以三大寺的一个普通贝恰瓦来说,从入寺到考"格西"需要 20 多年,但在寺庙等级制度之前,一个单凭学业精进而不具备足够社会地位和经济地位的贝恰瓦,是难以考上"格西"的。据估计,单考取"格西"前后的一笔花费,在有的寺庙即达四五万两藏银,这绝不是普通喇嘛能办到的。所以说,一个喇嘛原来的阶级和财产即决定了他进寺庙后的地位、待遇和前程。农奴主和农奴的子弟从一入寺开始,即属两个截然不同的僧人等级,并从此越走距离越远。随着封建制度的发展,在藏传佛教中形成与之相适应的封建教阶制,换句话说,寺庙内的等级区分,不过是世俗社会上的阶级划分的直接反映,或者是它的广延。

3. 寺庙的封建特权统治

藏传佛教寺庙一方面是僧人聚集学佛修行的圣地,另一方面又是当地的政治经济的据点,权力的象征。除小寺外,大、中寺庙不仅占有作为剥削手段的大量生产资料,而且拥有起着国家机器作用的政治特权,可以设立法庭、监狱等一套统治机器,甚至有自己的武装,对属地直接委派官吏,下达政令、派差、征税、管理民刑事诉论等,对所属农奴和贫苦喇嘛进行直至生杀予夺的统治。

寺庙为了保证喇嘛的来源,规定农牧民子女,须按"二丁抽一"、"三丁抽二"、"四丁抽三",送子入寺,有的寺庙还规定"叔死侄继"、"舅死甥继"的继承制度和"乳名喇嘛"(即婴儿出生第二天向寺庙登记,几年后入寺,遇有死亡需补缺)等办法,西藏地区还采用"支差"、"强征"等手法迫使劳动人民子女入寺当喇嘛。如哲蚌寺阿巴扎仓1949年在所属18个谿卡强征100人到该寺扎仓当喇嘛,并规定一切费用全由家庭负担。贫苦喇嘛一进寺院就承担了繁重的苦役,终日不得温饱。

寺庙为了巩固其统治,都设置了刑堂、监狱和各种骇人听闻的刑具,有数不清的成文和不成文的清规戒律,从衣食住行到言语行动各方面把贫苦喇嘛束缚得紧紧的,稍有触犯,就构成罪名,遭受酷刑,以致残废和致死。三大寺和塔尔寺、拉卜楞寺,计有"比丘戒"253条、"沙弥戒"36条。四川大金寺教规为280条,扎什伦布寺对贫苦喇嘛规定了290个不准。其他寺庙的教规亦在百条以上。这些清规戒律,从讲经说法,到行止举动,吃喝穿戴,以至睡觉到大小便等,都应有尽有。但这些条文只是为一般喇嘛而立,对上层当权喇嘛并不生什么效力,充分反映了寺庙内的不平等。贫苦喇嘛稍有触犯,轻则罚款,重则投入寺庙的监狱,遭受毒打和残酷的折磨。

寺院上层在奴役贫苦喇嘛的同时,对其属寺百姓也是任意欺压,随意侵害,进行野蛮的统治。寺庙对其所属地区都有权直接委派代理人管理当地的一切事务。如三大寺的各级组织和活佛、堪布等的拉让①,对所属谿卡、牧场都由寺庙和私人直接委派谿堆巴和牧场头人。甘南拉卜楞寺对所属部落派"郭哇"(系嘉木样派驻部落的代表,是派驻所在部落的最高统治者,3年一任)直接统治。如三大寺在西藏各地的属寺共有990余座(哲蚌寺有640座,色拉寺340座,甘丹寺18座),通过主寺委派的堪布、强佐等以寺庙农奴主身份,按其意志统治属民。甘南拉卜楞寺是通过"更察布"(嘉木样驻属寺的特别代表,是

---

①活佛和大僧官的私人官邸,安多区称为"囊欠"。

所驻寺院的最高统治者)直接统治。他们除在经济上对属民进行压榨外,在政治上有权设监狱、法庭、受理民刑诉讼,实行人身奴役和生杀予夺。哲蚌寺洛色林扎仓派驻属寺日喀则基宗的白那噶东寺的某堪布,据不完全统计,一年之内,因受理诉讼所得哈达就有1000多条,被罚款、关监狱、赶出黔卡、没收财产、打成残废的无辜受害者达31人之多。在德钦宗有3300余农奴挨过寺庙的毒打,其中被打致残的有300多人。

寺庙在受理民刑事案件中,贿赂公行,若是牵涉到寺庙喇嘛利益,那就更是一头官司,往往用常人难以想象的残酷手段来折磨摧残人民。很多人因而成为残废,颠沛终身。

上述事实充分说明,寺庙的黑暗统治就是世间的地狱道。

三 "活佛转世"制度

"活佛转世"制度是藏传佛教的主要特点之一。它是宗教寺庙僧伽集团,为解决其宗教首领的继承问题,以佛教灵魂转世说和寺庙经济利益相结合为基础而建立起来的一种特殊的宗教传承制度,在"政教合一"制度形成后,正式确定下来。

所谓活佛转世,按藏传佛教说法,是指大喇嘛和活佛(阿拉合)生时修佛已达到了断除妄惑业因,证得菩提心体,生死之后,能不昧本性,不随业而自在转生,复接其前生的职位。最初确立可以转世的活佛,一般都是具有一定威望的高僧大喇嘛,转生办法是在大喇嘛死后通过降神、占卜的签示,寻得和喇嘛圆寂时间相近而生下的灵童,继其法位。"活佛转世"创始于噶玛噶举派。在活佛转世创立前,藏传佛教各派的传承,有的采取家族世袭,有的师徒衣钵相传。如萨迦派是款氏家族创立的教派,其宗教领袖(法王),在该贵族中按世袭制传承,使宗教和政治、喇嘛和贵族家族的统治利益结合起来,有利于教派之间的竞争,巩固家族的统治。公元 13 世纪中叶,噶举派为了跟萨迦派进行斗争,维护本派利益,取得政治权力,便创立了活佛转世。元至元十九年(公元 1283 年),噶玛拔希死后,噶玛噶举派承认噶玛拔希是该派创始人都松钦巴的转生,于是都松钦巴为噶玛巴第一世活佛,噶玛拔希为第二世活佛,第三世让迥多吉便以第二世活佛转世而继承,以后即世代转生。①

　　从此,其他各派相继仿效,如法炮制,但是,"活佛转世"形成为制度,广泛地在各地寺庙沿袭相承,是在黄教创立之后。

　　公元 15 世纪初,宗喀巴对佛教进行改革,依靠帕竹噶举政权的支持,创建了黄教。但在发展中,黄教改变了以往各教派只和单一地方封建势力紧密结合的局限,而广泛地与各个地方封建势力建立联系,争取整个农奴主阶级对它的支持,所以发展迅速。但它的迅速发展,不能不与各地方封建势力发生经济权益方面的矛盾。到公元 16 世纪中叶,黄教寺庙的势力发展到阿里、康、甘、青一带,经济实力已经十分强大,形成了一个庞大的寺庙集团。其中势力最为雄厚的是拉萨哲蚌寺,掌握着黄教寺庙的实际领导权。宗喀巴"改革"佛教,不准僧人娶妻生子,采取师徒传承,以继法嗣,并没建立转世制,直到黄教寺庙经济膨胀后,才仿照噶玛噶举,采取转世办法。其时如何保持和继承黄教寺庙集团既得的经济利益,与其他宗教封建势力特别是与噶玛噶举派的仁蚌巴、藏巴汗政权抗衡和角逐,是当时迫切需要解决的问题。在此情况下,黄教寺庙集团需要有一个稳定、统一的首领人物来主持解决,当明嘉靖二十五年(公元 1546 年)哲蚌寺法台宗喀巴的弟子根敦嘉措死后,上层当权喇嘛从前藏堆龙地方找来了年仅 3 岁的索南嘉措(公元 1543—1588 年),作为前任法台根敦嘉措转世灵

---

　　①参见《贤者喜宴·噶玛巴史》。

童,作为黄教寺庙集团的继承首领。这是黄教采取活佛转世制度的开始。明万历六年(公元 1578 年),俺答汗(蒙古土默特部首领,明朝封为顺义王)赠予索南嘉措以"圣识一切瓦齐尔达喇达赖喇嘛"尊号。以后,黄教寺庙集团便按此称号追认宗喀巴的弟子根敦主巴为第一世达赖喇嘛,根敦嘉措为第二世达赖喇嘛,索南嘉措是根敦嘉措的转世活佛,为第三世达赖喇嘛,至今已传十四世。

公元 17 世纪中叶,第五世达赖喇嘛阿旺罗桑嘉措在固始汗的支持下,使黄教寺庙集团在政治、经济和宗教上取得优势地位,于公元 1653 年(清顺治十年),清朝封他为"西天大善自在佛所领天下释教普通瓦赤喇怛喇达赖喇嘛",于是"达赖喇嘛"这个称号便正式确定下来,为举世所知,以后该转世活佛一直沿用此称号至今。这是格鲁派的第一大活佛转世系统。

五世达赖之师罗桑却吉坚赞是日喀则扎什伦布寺的主持人,被人尊称为"班禅"(意为大学者),因他为黄教寺庙集团翦除敌方势力有功,于公元 1645 年(清顺治二年),固始汗赠给罗桑却吉坚赞以"班禅博克多"(博克多是蒙古人对智勇兼备人物的尊称)名号。他死后,五世达赖为他选定转世灵童罗桑益希(公元 1663—1737 年),建立了黄教的另一个转世系统。罗桑却吉坚赞被称作第四世班禅,罗桑益希为罗桑却吉坚赞的转世,为第五世班禅,追认罗桑却吉坚赞以前的历辈师徒传承宗喀巴的弟子克主杰·格雷贝桑(公元 1385—1438 年)为第一世班禅,索南乔朗(公元 1439—1504 年)、罗桑敦珠(公元 1505—1566 年,又称完萨巴)为第二世和第三世班禅,至今已传十世。

达赖喇嘛和班禅转世制度都得到清政府的确认,并受封勒。转世制度的建立,标志黄教寺庙集团的形成。此后,黄教各主属寺都效法相习,采用活佛转世制度。一些并非佛法高深的僧人,争相挤入僧人贵族的行列，于是各地出现了不同等级的大大小小的活佛。

在第五世达赖时，黄教又建立了另外两大活佛转世系统。一是外蒙古的哲布尊丹巴，一是内蒙古的章嘉。这两个系统均被清朝封赐，分别掌握该两地区的藏传佛教事宜。哲布尊丹巴转生至八世，于1924年死去，活佛转世系统遂告终绝。章嘉活佛转世系统，第一世系青海互助县红崖子张家人，名扎巴悦色，其后转生活佛均称章嘉（张家），清康熙四十四年（公元1705年），受封为"灌顶普善广慈大国师"呼图克图，并赐掌管漠南蒙古佛教事务，成为内蒙古佛教寺院的活佛转世系统，到清末传六世而终绝。

佛教的"灵魂不灭"说发展为活佛转世制，说明佛教越来越世俗化。事实上，这个制度是寺庙封建制度的组成部分。从达赖、班禅到一般活佛都是农奴主阶级的代表，尤其达赖喇嘛是全西藏的政治领袖，是僧俗农奴主阶级的总代表，不仅他自己及其家族占有大量生产资料，拥有无限的封建特权，更主要的是他代表着整个农奴主阶级的利益。就是一般活佛也都有"拉让"或"囊欠"，占有巨量财富和奴隶。极为微妙的是转世活佛几乎全部出生在当权的农奴主贵族之家。一家贵族往往连出几个活佛。如贵族拉鲁家出了两辈的达赖，十四世达赖一家出了4个大活佛，有的活佛甚至被规定要转世在某一贵族之家。活佛转世制，既然是为僧俗统治者的政治、经济的需要而创设的，也就必然为他们所操纵，成为彼此争夺权势的工具。这种流弊，在八世达赖时就已很严重，一些大活佛的转世，也"皆以兄弟叔侄姻娅遞相传袭"，"所生之呼毕勒罕，率出一族，斯则与世袭爵禄何异！"[1]尽管也有转世于劳动家庭的，然而这只是少数的例外。当他一朝跃登活佛地位之后，也就改变其阶级地位，自然成为封建贵族。在社会上，活佛地

---

[1]见《卫藏通志》卷首。

位极其尊荣,受到极高的信仰。正因为如此,世俗农奴主为了争夺此一职位,不惜重金捐买格西、堪布,以求转世,由是,造成活佛转世的泛滥。转世制度也就成为僧俗统治之间争权夺利,进行权力再分配的一种手段。如公元1705年,拉藏汗为了巩固其在西藏的统治,废掉六世达赖仓央嘉措,另立意希嘉措为六世达赖,以及九世、十世的达赖在未亲政前就暴亡,和十一世、十二世达赖仅亲政一年就暴亡的事实足可说明。

关于"活佛转世"制度,清乾隆帝就说过:"此亦无可如何中之权巧方便耳……盖佛本无生,岂有转世?但使今无转世之呼图克图,则数万番僧无所皈依,不得不如此耳……又从前哲布尊丹巴呼图克图圆寂后,因图舍图汗之福晋有娠,众即指以为哲布丹巴呼图克图之呼毕勒罕,及弥月,竟生一女,更属可笑,蒙古资为谈柄,以致物议沸腾,不能诚心皈信。"①后又有六世班禅的同母异父兄噶玛红帽系十世和仲巴呼图克图兄弟为争夺财产而发生内讧,并引致廓尔喀入侵西藏之事。于是,在公元1792年(清乾隆五十七年)颁布"金瓶掣签"法,由清廷制金瓶两个,一藏拉萨大昭寺,一贮北京雍和宫。凡西藏、蒙古大活佛,如达赖、班禅和哲布尊丹巴、章嘉等转世时,均需将觅得的若干灵童的名号写在象牙签上,置签金瓶中,分别由驻藏大臣在大昭寺、理藩院尚书在雍和宫,监督掣签,决定转世灵童。废除按旧例由乃穷寺纳穆吹忠作法降神,擅自指定的办法,以防蒙藏贵族操纵转世,"私相传袭"。但是用抽签法"解决"活佛转世中的争执问题,也不过是另一种方式的"权巧","不得不如此耳"。因为活佛转世制对于清朝统治者兴黄教,"辑藏安边","安众蒙古"有根本利害关系,仍是不能废除而要利用的工具。

①见《卫藏通志》卷首。

第七章　藏传佛教的寺庙经济

新中国成立前,在藏传佛教传播的藏、蒙古等各民族地区,寺庙和上层喇嘛都拥有大量土地、牧场、农奴、高利贷资本和商业资本,除进行地租、畜租、高利贷和商业盘剥外,还通过寺庙封建特权进行种种剥削,其剥削程度是十分惊人的,寺庙经济是封建农奴制经济的组成部分。

一　寺庙的经济占有及其来源

各大藏传佛教寺庙和上层当权喇嘛,都是当地的封建农奴主,他们占有大量的土地、牧场、牲畜和其他生产资料。

仅西藏一地共有大小寺庙 2500 余座,占有实耕土地约 180 万克(1 克土地约合内地 1 亩),占西藏实耕土地的 39%;占有牧场 400 余个;占有农奴 9 万余人。拉萨三大寺(哲蚌寺、色拉寺、甘丹寺)最为典型,是西藏寺庙领主的主体,根据不完全统计,共占有谿卡(庄园通称)300 余个,土地播种面积共为 97.4 万余克;占有牧场 200 余个,共有牲畜 16 万头;占有高利贷本粮 236 万余克(每克合 25 市斤,折合粮食 5910 余万斤),占有高利贷本银 174 万秤(折合大洋 580 余万元);占有农牧奴 7.5 万余人;房屋 4.9 万余间;占有拉萨市房屋 90 余院和各种林卡 160 多个。

必须指明,这些只是三大寺的寺产。如加上三大寺的上层喇嘛个人的私产,更为惊人。例如:属哲蚌寺的功德林活佛拉让(活佛的私产)就占有谿卡 50 个,土地播种面积 1500 克,牧场 3 个,牲畜 8000 余头(只),高利贷本粮 1.5 万克(合 37.5 万斤),高利贷本银 4 万秤(合大洋 13.6 万元),商业资本 4000 秤(合大洋 13.6 万元),农牧奴

3.5 万人,农具 450 套,农村房屋 1000 间,城市房屋 16 所 650 间,还占有汽车 3 辆、马车 5 辆等。像这样的拉让,属于三大寺的不下 10 个。至于磋钦、扎仓的活佛人数更为众多,仅哲蚌的磋钦、扎仓就有活佛 128 人,他们都占有不同数量的私产,可见其总数之庞大。

甘、青、川、滇等藏传佛教地区,寺庙和上层喇嘛占有生产资料的情况同样严重。据甘孜地区 7 个(大金、甘孜、理塘、灵雀、惠远、寿灵、日库)较大寺庙调查,共占有土地 2.1 万亩。木里大寺占有耕地万亩以上。云南迪庆地区的归化寺所占的土地就相当于该地区耕地面积的 34%。甘南夏河县十三庄的 95%以上土地被拉卜楞寺占有。青海喇嘛寺共占有土地 34.8 万亩,约占全省总耕地面积的 5%(1955 年统计)。其中塔尔寺占有 10.2 万余亩,东科寺(青海涅源县)在 1948 年前占有 10 万亩以上土地,占该县耕地面积的 31%。

寺庙和上层喇嘛在占有土地、牧场的同时,还占有大量的"神山禁地",划定范围,把土地上的一切据为己有。

寺庙占有的土地、草山、牧场和森林除一部分是历代封建王朝的封赠,长期世袭者外,大部分是地方封建政权和土司的赏赐。此外还有贵族、富商的布施和绝嗣户的遗产。

公元 1642 年后,达赖五世规定全藏所有寺庙的僧数,由西藏地方政府拨给一定数目的黎卡,作为寺产(藏语称"曲谿"),并给初建寺庙大量封地,如拉孜的曲岱寺在最初兴建时,达赖五世一次就封给 11 个曲谿和 1 个牧场。有些寺庙的土地就是这样逐步扩大起来的。

为了说明寺庙的土地来源及其意义,试举下面两则史例:

哲蚌寺贡玛扎仓给西藏地方政府的一件题为"贡玛扎仓 3000 余喇嘛的生活来源"文件中称:"由政府及施主先后捐助的黎卡、田地人、房租、地租、粮租、酥油等,以及山南藏北牧场、山上原有的水果、树木、牧场、羊圈,政府重新派人肯定我扎仓的全部主权,不胜铭感。"

下面接着写到了贡玛扎仓的全部谿卡、牧场等名称。在同一文件中还特别提到"无论在什么地方和什么情况下,主权不能受丝毫损失"。可见寺庙的土地大部分来源于封建政权的封赐。

色拉寺申请要求领有当雄地区时,给西藏地方政府上书称:"原来当机(即当雄机巧办事处所属 8 个部落)与我寺像一家人一样……中间发生了陆军之战(赶赵尔丰),都说色拉寺为藏政府效劳甚多……故请将当雄地区的百姓、收入等赐予我们。"复文中说:"在战争中你们确出力不小,为此,批准你们直接管理当雄地区。……望常记藏政府对你们的恩情,为政教很好服务。"

在甘、青、川、滇土司统治地区,寺庙土地的占有来源,绝大部分由土司赠与。据德格县调查,全县 35 座大小寺庙,共占有土地 6800 余亩,占当地可耕地的 24%(有的高达 34%),除部分是绝嗣户产外,全为土司赠与。个别寺庙是通过封建特权掠夺而来,如青海东科寺,1736 年在湟源县霍尔干地区建寺,将附近一条条山川圈为己有,迫使农民开荒种地,所有权归寺院,到 1948 年时已有 10 万亩以上土地。

寺庙及上层喇嘛还占有大量的动产(包括金银财宝等物)。这些财富也是中央朝廷、各地蒙、藏封建领主赠赐的。如清康熙规定,在打箭炉(康东各县)税收下,每年拨给达赖白银 5000 两,作为僧众赡养,另给班禅茶叶 50 包作为扎什伦布寺熬茶用。清乾隆时规定,年给理塘寺喇嘛衣单银 600 两、杂粮 1754 石,大小牛 472 头,酥油 958 斤,麦子 400 克,糌粑 423 克。又如西康甘孜寺得到土司资助,麻书土司规定,凡领土司份地的差民每年须交酥油 16 斤,大洋 5.5 元,青稞 2 斗,柴 1 驮,作为甘孜寺念经费用,如无力缴纳,算作欠该寺的高利贷。此外,群众布施和吃绝嗣户也是寺庙经济的一个来源。寺庙和上层喇嘛将这些财产又转化为商业资本和高利贷资本,进行再剥削。

二 剥削形式和剥削程度

寺庙的经济剥削是十分残酷的,名目繁多,花样无穷,手段出奇。

1. 封建地租和畜租剥削

高额的封建地租和畜租,是寺庙主要剥削形式。拉萨三大寺每年在其所辖曲谿和牧场剥削收入的粮食为35.5万余克（合844.1万余斤）,占三大寺粮食总收入的44%,酥油5.2万克（合130万斤）,占三大寺酥油总收入的80%,青海塔尔寺1956年调查,仅青稞一项收取50万斤。

土地租贷关系上各地略有不同。在西藏一般有3种形式,即"差巴"、"薄马"和"谢"。其中"差巴"为主要形式,由寺庙派人担任"谿本"（头人）直接经营寺庙"曲谿",系纯劳役地租形式。农奴种一岗份地（一岗等于12克左右）最少要出1个劳动力终年为寺庙自营地进行无偿劳动。此外,还要支付大量人、畜的乌拉差役。

"薄巴"和"谢"是寺庙将土地先租给贵族和富有喇嘛等二地主,由他们剥削农奴后向寺庙交定额地租（即"薄马"）,或者与寺庙平分当年的收成（即"谢"）。少量土地也直接租给农奴,地租每克土地约收3至10克不等,其剥削量占农奴全部收获的60%以上。

其他藏区,寺庙的土地以"租佃形式"出租,租率为50%左右。甘孜地区实行"科巴制"（寺庙的农奴）。科巴除缴纳上述比例的实物地租外,还要付一定时间的劳役和数目不等的贡赋。

青海塔尔寺,每亩地租为28.38斤小麦,凡租地3亩以上的每亩要交酥油1两,租地在7亩以上的,每亩要交夏羊毛半斤,每亩地要交草租20斤,并要为寺庙服各种无偿劳役。

在牧区,寺庙和上层喇嘛占有大量牲畜和部分牧场,绝大部分采用出租方式经营。畜租额为:一头犏母牛一般年租为30~40斤酥油,牦母牛 10 斤左右,占牧民全年收入的 70% 左右。在西藏,寺庙通过"不生不死制"(藏语称"节美其美",简称"其美"),即寺庙依仗封建特权把一些公、老、病、阉的牛羊强迫放给牧奴,每年定额收取酥油。一头母牛年收 2 到 4 克酥油,公牛收半克牛毛,绵羊收 1/4 克羊毛,这租额年年缴纳,世代不变,即所谓"不死",母畜生小畜归牧奴算"不生"。但强放给牧奴的牲畜,死亡率极高,而生的可能性很小,有的根本没有得到牛羊,或尚未领回即死于途中,而租额依旧不变。如 1805 年那曲地区赤巴如哇部落被地方政府和色拉寺强放 "其美" 860 头,驮牛 71 头,羊 2380 只。历年租额除已交部分,到 1955 年尚欠酥油 2660 克。

"有生有死制"(藏语称"其约吉约",简称"约"),即寺庙把牧畜交予牧奴放牧,牲畜的繁殖和死亡全归寺庙负担,但牧畜的死亡必须有证明,否则由牧奴赔偿,租额大致是:凡当年生小牛的奶牛,年收酥油 3.5 克到 4 克;连年生小牛的奶牛,年收酥油 2 到 3 克,头年生而当年不生的奶牛,年收酥油 2 克。母绵羊收酥油 3 娘嘎(1 克等于 20 娘嘎)和全部羊毛。公牛、羊只收牛羊毛,剥削率达 50% 以上。

从上述情况可以看到,寺庙和上层喇嘛不仅吞掉农牧民的全部剩余劳动,而且攫取了大部分必要劳动。

2. 高利贷剥削

藏区的所有各地寺庙都占有大量的高利贷资本,对广大的农牧民进行重利盘剥,面广量大是其特点之一。据统计,西藏欠债的农奴要占农奴总数的 90% 左右,其中寺庙放债约占 4/5,三大寺放的债几乎遍及全藏。以哲蚌寺为例,发放高利贷粮食约 1070 万斤,高利贷藏银折合 1000 万元,如果把近百年的旧债一并计算,估计是 1.6 亿多斤,1 万多亿,分摊在该寺所属的 5000 户农牧奴身上,平均每户欠 3.2 万斤粮债,2 万元大洋,这是多么惊人的数字。青海隆务寺的高利贷资本 120 万元,新寺是一小寺,也有高利贷粮 12 万斤,高利贷酥油 680 斤,高利贷钱 6800 余元,债户 297 户。

寺庙和上层喇嘛私人的放债,都设有专门机构专施其事,利率之高,剥削之惨是惊人的。一般借一还二,利率 100%;借二还三,利率 50%;借三还四,利率为 34%;借四还五,利率为 25%。但多数是春借秋还,年利率实则倍之。农牧民借债前要向寺庙送礼,礼品中有鸡蛋、哈达、钱、肉等。有的还要交出超过或与所借价值相当的抵押品,抵押品从衣服、首饰、家具,直到牧畜、青苗和土地,有的寺庙还采取先扣债利的手段,借出 100 斤粮,只给 80 斤,仍按 100 斤债粮收利。寺庙还规定几家联保的借债手续,一旦借债人破产逃亡,债务就全部加在联保户身上。

除上述债务外,寺庙和上层喇嘛还利用"神权"向农牧民强迫放债。美其名曰"向神认债",可以"消灾抵难",出现了"万年债"(只准付息,不准还本),"不死债(所借债款久远还不清),"空头债"(借故强迫未借债的农牧民年年给寺庙送一定的"利息"),如青海玉树地区寺院向每户硬派高利贷 8 元,年息为青稞 410 斤,果洛地区寺院通过千户、百户向群众摊派高利贷,年息为 50% 至 100%。

广大的农牧民在这利率奇高,名目繁多的债务盘剥下,欠债的时间有的长达二三百年,债额有的多至数万斤粮食。甘丹寺的一户农奴,1941 年向该寺借了 100 克粮食,还了 18 年,已经付息 3000 克,探询这项债务什么时候还清时,回答是:"什么时候乌鸦头上长了白毛,就可以算还完了。"再如甘孜州德格县更庆乡的一户人家,借更庆寺 8 斗青稞,还了一辈子未还清,儿子又接着还,父子两人还了 23 年,仍未还清,最后寺庙派人将其家产全部夺走。这样的事在藏区不乏其例。正像群众所说,"为了一克粮,欠下子孙债"。

3. 商业剥削

寺庙和上层喇嘛都占有一定数目的商业资本，有专门经营商业的僧人，往来蒙藏地区，远至内地京津沪和国外印度、尼泊尔等地，进行商业活动。据四川省 8 个寺庙（大金、甘孜、灵雀、理塘、寿灵、惠远、更庆、竹节）的调查，共占有商业资本 780 余万元（银元），每年取得利润为 390 余万元，其中大金寺的商业利润占全寺总剥削量的 70%以上。其手段是廉价搜刮羊毛、皮张、药材及其他农牧产品，高价销售茶叶、布匹、糖及日用品，并征用差役运输，不花一分运费，坐获暴利。此外以强制性的摊派，把货物分给农牧民，作为实物贷款，规定利率，所获利润超过原有资金的许多倍。

4. 超经济剥削

寺庙和上层喇嘛依仗大量生产资料，对农牧民进行盘剥的同时，还利用宗教迷信，通过布施、捐赠、念经、卜卦、求神问事、求神降雨、防灾挡雹、治病驱灾、吃绝业等等手段，聚敛财富。其剥削量占寺庙总收入的 20%至 40%。有的群众，由于虔诚信仰，甘愿倾家荡产，施舍给寺庙。以哲蚌寺为例，年布施收入即达粮食 3.29 万斤，酥油 21.25 万斤，藏银 310 万两，白银 20.4 万余元。青海隆务寺 1956 年甲吾地区一次取得布施合人民币 36 万元。尖扎县德贝寺每年布施收入为 49793 元，占总剥削量的 57%。又据兴海县赛宗寺募化布施的主要收入有：1952 年在贵南 15 天化布施 8 万元，1953 年在岗察县通过千户、百户向群众摊派布施白洋 16 万元，牦牛 400 头，犏牛 100 头，马 170 匹，共折合 30 万元。募化布施，从粮食、金银、牧畜、兽皮、绸缎、布匹、氆氇到酥油、曲拉、茶叶等什物，不一而足。

寺庙还采用强迫性的手段，把名目繁多的所谓防雹、防风、求雨、平安等等 100 多种念经费摊派给牧民。如西藏阿米谿卡共 100 户居民，种 500 克地，规定每年交 207 克的念经费，约占全部土地收入的

10%左右。青海同仁县隆务寺每年八次大小念经费达4.66万余元。玉树结古寺规定每年要念15种经,仅其中的一项就要群众供酥油260余斤(藏秤),牛后腿24个,大茶4包、炒面4桶、曲拉两袋、青稞30桶。兴海县阿曲乎部落,1957年由千户请赛宗寺活佛念经,其开支全部摊派于群众,共花费现金2.4万元,酥油1000斤、炒面100斤、曲拉500斤、烧柴700驮。各大寺均规定了"吃绝业"制度,人死后,全部财产布施给寺庙或上层喇嘛,还要捐赠一定数目的粮食、牧畜和土地。此外,寺庙还以出售"灵丹"、"妙药",卖"护身符"、"经包"等等骗取农牧民钱财。

寺庙还利用宗教迷信对农牧民强派乌拉。寺庙的背水、打柴、扫雪、驮运、修缮等,均派群众无偿进行。哲蚌寺的当巴村13户农奴,平均每年每户要给寺庙支差150天以上。哲蚌寺共占有农奴5000户左右,按最低数字算,每年每户有1人经常支差(有的是2人或3人),支差时间按150天计算(有的高达300天以上),总计有75万多天。仅乌拉差役一项,农奴就被压得喘不过气来。理塘寺在1947年新修寺院时,除榨取24万元外,还强派1800多农牧户乌拉,驮运达40天之久,使用牦牛1万头以上。

西藏地区的各大寺庙,还享有封建政权津贴的收入。仅三大寺的1.65万名喇嘛每年要由西藏地方政府的"拉恰勒空"(大昭寺)拨款补助。每年传大召时的两万多名喇嘛,传小召时的3000多名喇嘛,共33天的饮食全由地方政府供给,并给每个喇嘛4~6秤藏银的布施。人数较少的甘丹寺每年由地方政府补助的常年布施(每日早晨向喇嘛放4碗茶),就达茶50驮,酥油200驮。这些名为宗教费用,实则是地方政府以差税形式转嫁于农牧民身上。据一般估计,各宗政府送交寺庙费用的实物,要占全宗全年收入的50%至60%。

此外,寺庙还以宗教寺建特权,巧立名目,苛派许多捐税,约有几十种之多：如出身税、销名税、人役税、支差税、过路税、交易税、洋芋税、萝卜税……应有尽有。如西藏三大寺规定寺属农奴出生后要交哈达两条、藏银 10 两的出生税，1~15 岁每年要交人头税 1~3 两藏银，16 岁至 60 岁每年交 1~100 两藏银，有的高达 375 斤青稞。

寺庙僧人一律不参加生产。90% 以上的一般喇嘛的生活除了依靠寺庙发给的少量布施之外，主要靠其家庭接济。因此寺庙的全部剥削收入，绝大部分归入上层喇嘛为私产，这一只占僧侣人数 4% 左右的特权贵族阶层，过着奢侈的人间天堂的生活。

三 "神权"下的社会经济生活

长久以来，寺庙经济的寺建占有制及其残酷剥削，严重束缚了社会生产力的发展，加以思想意识上的"神权"统治，许多宗教迷信的禁忌，也是生产发展的严重障碍。如春耕秋收必须经寺庙喇嘛打卦卜问日期，因而贻误播种和收割。对于疾病、风、雪、雹等自然灾害，只能让喇嘛作法驱禳，求神庇佑，因而贻误时机，助长灾害蔓延。寺庙还严禁杀害虫蚁和除兽害，让病虫害危害庄稼和草原。许多肥沃的土地，茂密的森林，畅通的河渠被寺庙定为"神山"、"神水"不准利用来发展农牧业生产。

在"神权"统治下，藏族的青壮年男子几乎半数入寺为僧。寺庙并规定僧尼不准参加生产，夺去了大量精壮的社会劳动力。解放初西藏僧尼约有 12 万之多，占西藏总人口的 10%。四川省的喇嘛约有 9.98 万人，占该地区藏族总人口的 14.5%，有的县高达 45%。这些能够创造社会财富的劳动力，变成了社会的寄生者，加之藏区的频繁的宗教活动，还要白白浪费许多劳动力和时间，耗费大量财富。据青海省同仁县多瓦村调查，每人每年从事宗教活动平均为 84 天。占每人年平均劳动日的 28%。同仁县浪加的宗教活动，全年大小共 94 次，需 182

天,占全年总天数的 50%,占每人每年平均 300 个劳动日的 60%多。大量社会劳动力被如此惊人的浪费,社会经济自然处于极端落后的状态。生产工具简单,耕作技术低下,无力抵御灾害、疾病,牧畜繁殖率非常低。遇上天灾,粮食颗粒无收,畜群大量死亡,造成人口递减,土地荒芜,牧畜减少,村寨冷落的境地,社会长期停滞不前。

在这样的社会里,物质生产是非常低下的,整个社会生活日益贫困化,而有限的物质资料又高度集中的寺庙、贵族和官家,呈现宝塔形。如达赖家族就占有庄园 27 个,牧场 30 个,拥有农奴 6170 人,家奴 102 人。平均每年在农牧奴身上榨取粮食 3.3 万克,合 83.5 万余斤,酥油 2300 余克,合 6.3 万余斤,藏银 200 多万两,牛羊 200 余头(只),氆氇 100 余卷。达赖的副经师就占有大庄园 7 个,拥有农奴1000 余人,粮仓 10 个,有粮 5 万克,合 125 万斤。高利贷银 24 万品,合 60 万元,年收利息 37 万余大洋,高利贷粮 4 万余克,合 100 万斤,年收利粮 50 余万斤。商业资本 2000 余万元,动产 400 余万元(三大寺的财产尚未计算在内)。他在拉萨占有许多住宅,室内摆设奢侈豪华。仅以他在甘丹寺的住宅为例,房顶有约值万余元的宝盖,地上铺有很多价值几千元一块的西藏彩色地毯,床上枕、被、褥都是丝缎制品,桌上摆设着金碟玉碗,黄金元宝等。广大的贫苦农牧民(包括贫苦喇嘛),则过着家无隔夜粮,身无御寒衣,吃的猪狗食,住的小窝棚,干的牛马活的悲惨生活。到解放前,这些地区生产凋敝,村落萧条,不仅广大农牧民在死亡线上挣扎,无力支付一切负担,就是寺庙的香火也渐趋衰落,一般僧人和贫苦扎巴的生计也日见艰难,难以继续维持下去了,事物的发展走向了自己的反面,宗教本身也不能不呈现出一片不景气现象。

第八章　藏传佛教的思想文化影响

一　藏传佛教思想及社会意义

佛教传入西藏,形成诸种派别,已如前述。这些派别各自标榜,有的专持密咒,不守律仪,如宁玛哇。有的提倡戒律,尊尚净行,如噶当巴。有的显密融合,注重讲说,如萨迦巴。有的精修密法,尤重师传,如噶举巴。有的厉行律仪,由小(乘)到大(乘),兼容并包,以密为极,如格鲁巴。这些各自的差别,概括起来,主要是在传承和修持方法上,至于信仰的教义内容则是一致的,都属于佛教大乘空宗和密宗。长久以来,佛教思想在藏、蒙等少数民族的社会意识形态中占统治地位。

佛教的宗教哲学是唯心主义的。以龙树中观宗为基本思想的藏传佛教,宣扬"法无自性,缘起性空"的理论,全力反对客观物质世界的真实性。它认为世界上的万事万物(即所谓"法")都是"幻象",不是真实的存在,所谓"诸法无我",就是否认世界上有物质性的实在自体(即所谓"我")。这是佛教的根本思想之一。为了"论证"世界是"空",中观论《中论》有一段话比较集中地论述了这个思想。"众因缘生法,我说即是空,亦为是假名,亦是中道义。未曾有一法,不从因缘生,是故一切法,无不是空者",就是说,一切客观存在的事物,都是"因缘(条件)和合"所构成的假象,它本身并不是独立存在的实体,都"无自性",所以它也就是"空"。中观论者明明知道事物的客观存在决不是简单地予以否认,或装作看不见,就可以起到骗人的作用的。因此,他们制造了一套理论,即所谓"中道"论,把人的认识分为"世俗谛"和"第一义谛"。"为世俗谛故,说有众生,为第一谛故,说众生无所有"。表面上他们承认宇宙万物的多样性和差别性,这事物的多样性皆由因缘和合而生,又由因缘力尽而灭。它们的"有"是依靠人(认识者)用假名强加给的,不是自己形成的"有",只是一种假用的称号(假名)。但它出现在人们的面前,还得承认这个"有",不过它又是"幻有"。这些"幻有"展现在人们眼前,是森罗万象,历历在目,不能说是假的,佛家把这种认识叫世俗谛(即世俗的真理)。也就是说,佛教承认宇宙的千差万别的现象,但所有现象都不反映客观真实体。因为它们都是由因缘和合而生,如房子是由栋梁椽柱等集合而有的,森林是树木集合而成的,没有栋梁椽柱,就没有房子,所以房子本身不是真实体。同样,构成房子的因缘树木,也是由种子、阳光、水、土等因缘而生的,不是独立存在的实体,所以因缘自身也是空。以此类推,一切客观事物都是"幻有","是故一切法无不是空者"。为了防止人们如实地认识世界的物质性,他们对持有唯物主义认识的,即客观真实体是存在的,指为是对"幻象"的执着迷误,是世俗凡夫堕入妄见,因此就要作业受果,永远陷于生死流转的苦海之中。所以在佛教看来,世俗谛不能认识宇宙的真理,只有第一义谛(即真谛)才能达到认识真理的境界。为此他们提出所谓"不生不灭"、"不常不断"、"不一不异"、"不来不出"的四对"八不"的中道论,来破除人们对客观世界的唯物主义认识论。他们把人们承认客观世界的真实性横加以"迷见"的罪名,而把宇宙万物的产生发展和消亡的变化(即佛家的所谓"生、天、断、常、一、异、来、出")一律用"不"字加以否定,只有对客观世界的认识达到了"八不"的神秘境界,就是说认为一切法毕竟都是空才是真谛。既然宇宙万物皆是"空",那么有没有实相呢? 实相又在哪里呢? 佛教认为只有精神世界才是宇宙万物的实体,而物质世界不过是佛性或佛国的投影。所以"一切法,无不是空者",空的是物质,而非精神,只有佛性涅槃,空才是真实体,是常住的,不生不灭的。如果由"法无自性"而至否认一切诸法,否认因果报应、生死轮回以至涅槃佛性,就是犯了"断见"。其危险正如《中论》中所说的："若此悉皆空，应无生无灭，则诸四圣谛，于汝皆应无"，就是把佛教的根本理论全部推翻了，与"诸法无我"同时并论的，还有"诸行无常"，就是说一切事物由因缘生，瞬息万变，始终处在生起、变异、坏灭的过程中，迁流不停，绝无常住性，一切都无恒久存在的实体，而是随时要毁灭的。所谓"诸行无常"是用唯心主义不可知论，从另一方面来否定世界的物质性，仍然是用以论证"性空"的。

综上所述，以佛教大乘空宗为主要内容的藏传佛教，尽管采取了神秘主义的手法来自圆其说，也仍然丝毫不能掩饰其唯心主义的破绽。说"缘起"，是为了论证"性空"，为了破"我"，就是说为了论证客观事物皆是"幻现"（假象）。这个"假象"，和唯物主义通常说的假象是完全不同的概念，后者所说的是从事物本体产生的，属于客观事物的"本质的一个规定"、"一个方面"，而前者是抽掉了事物的物质基础的假象，因而它是从根本上否定真正存在的物质世界。所谓"众因缘"，"诸法"，表面上看似乎是讲客观的存在，但实际上这个客观是受主观支配的非独立自在之物，即"三界所有，皆心所作"，"一切从心生"。所谓缘起即性空，性空即缘起，空有相成，二者融合，就是把客观统一于主观，物质统一于精神。因此佛教中观论的"性空"义，是空物质世界的一切现象，是为了肯定他们的宗教核心"涅槃"、"佛性"，即精神的实有，建立其宗教唯心主义的宇宙观，从而为佛教的出世说寻找理论根据。

和其他宗教一样，佛教也有一套关于宇宙构造的模式图，如天堂、地狱和欲界、色界、无色界等的说教，这都是以否认物质世界为目的的对宇宙的解释，都属信仰主义的体系。

佛教的基本思想是以人生问题为中心而展开的，它的核心是前后世，放弃今生，追求"来世"。它认为现实的世间"一切皆苦"，而虚幻的精神世界（涅槃）则是"常乐我净"。这一苦乐观正是建立在上述的"一切皆空"、"诸行无常"、"诸法无我"的宇宙观的基础上。

以苦为根据的人生观，集中表现在释迦牟尼所传基本教义的"四谛"的说教中。所谓"四谛"，即苦、集、灭、道。按照佛经所说，"谛"是"真理"。佛教认为人世间的一切都是苦的。它宣扬人的一生沉溺在苦海中，没有丝毫乐趣，即是有乐，也是极暂时的，也是一种变相的痛苦，还有生老病死等八大苦，故叫"苦谛"。产生苦的原因是"业"和"烦恼"，叫"集谛"。要想解脱苦果，只有消除"烦恼业因"，而达到"寂灭"的"涅槃"境界，这叫"灭谛"。而要达到"涅槃"境界，就必须修"道"，叫"道谛"。"四谛"用宣扬现实的世间是苦的轮回的世界，掩盖社会的阶级压迫苦，而把虚无的另一个世界（所谓佛国）说成是永远幸福、不生不灭的，要人们以有限的生命去追求神秘的无限生命，放弃现实生活的理想去追求佛国幸福的慰藉。这是佛教对世界的解释在人生观上的反映。

佛教还把婆罗门的某些教义吸收到自己的教义中，如灵魂不灭、业因果、轮回等都贯穿在"四谛"的教理中，成为佛教教义的重要组成部分。

按照佛教的说法，众生从无始来，即生死轮转，灵魂本身永远不会消灭。人死亡后还有灵魂，并且这个灵魂还要"投胎"、"转生"。转生到何处呢？据说转生到"六道"，即地狱道、畜生道、饿鬼道、人道、阿修罗道、天道。就是说一切有生命的东西，如果不求"解脱"就永远在六道中生死相续，如同车轮旋转不停。做了"坏事"，死后就会变畜牲、饿鬼或堕地狱；行了"善"，死后就转生人道、阿修罗道、天道。凡是不行佛的人，要永远在六道中轮回升沉，不得解脱。因为有轮回，又造出三世的说教，所谓前世死了转今生，今生死了转来生，轮回不已，无有穷尽。而生死流转，深沦苦海，皆非偶然，是由业因果所致。所谓"业"就是自己做的事情,由自己做的事情为因,而产生来世的果。佛教用这纯属宗教虚构的三世轮回和业因果论来解释一切社会现象,把人们阶级的不平等,贫富的悬殊、祸福的不同,皆说成是自作业,自受果。广大劳苦大众受剥削压迫之苦,不是由于反动阶级所致,而应归咎于自己,由于自己前生未做好事,今生应受苦报,是自做自受,不能怨天尤人,不能起来造阶级压迫剥削的反。黄教祖师宗喀巴就说:"因为自己的业力,自然要招致别人对自己迫害,这是自己招来的,不应当怨恨别人。"认为世界一切事物,不论是好是坏,都是自然的,也是合理的;人类的一切苦难和阶级压迫,和现实的社会制度无关,因而不必与现实社会的任何不合理现象进行反抗。但是被灾难痛苦折磨得喘不过气来的广大劳动人民,要求摆脱苦难,向往幸福的愿望,却是真的,怎么办呢? 他们的出路何在呢? 以慈悲为怀,以救苦救难、普渡众生自命的佛教,不能不对此作出解答。他们的救世良方,就是把"对一切已使人受害的弊端的补偿搬到天上,从而为这些弊端的继续在地上存在进行辩护"。①他们宣扬现实生活中的一切苦乐都不过是暂时的,是造业的果报,无法改变,不要去计较他,只有到另外的佛国就可以得到补偿。但是必须修福行善,"积集福德资粮",为来世造善业。即是要人们授受佛教的宣传,对现实的压迫剥削逆来顺受,并把自己的财富供养给寺院喇嘛,以求来世得到好报,而最好是按照喇嘛的教导去修行,依靠"三宝"的引渡,来生还可以成佛,永远脱离生死轮回的苦海。因此,三世轮回,业因果论显然是为整个阶级压迫剥削制度辩护说教,对劳动者给予所谓来世幸福的安慰,廉价地售给进入佛国的门票,佛教之所以获得统治阶级的保护和支持,原因就在于此。

---

①马克思:《"莱茵观察家"的共产主义》,《马克思恩格斯全集》第 4 卷,北京:人民出版社,1965 年 10 月,第 218 页。

二 从密教看佛教的社会影响

密教据说创始于公元 2 世纪印度的龙树,但到 6 世纪始见流传。藏传佛教注重密教,故有西密之称。龙树是一个博学的婆罗门教徒,幼年时期读完婆罗门全部经典,出家前品行不端,名声很坏。出家以后他用几个月时间读完小乘佛教经典,又读大乘经典,感到佛理还未阐述透彻,需要补充。于是创造理论经典,一身兼显密二教的倡导,被称为大乘的祖师。佛教发展到大乘密教的形式,已经降为迷信巫觋的邪术了,也就日趋衰败没落了。

密教尊奉最高的神叫大日如来(即毗卢遮那佛),按宗教说法,大日与释迦同为一佛,大日是法身,释迦是应身。[①]密教奉的神,很多与古印度的婆罗门教的神同名。大日如来很可能是事火外道的尊神,既然自称是佛教,自然要拉扯释迦的关系。所谓法身、应身纯属为了传教方便而假设的。

所谓密教,就是法身(大日)佛对自己的眷属说的奥秘大法,都是秘密传授,藏语称为"桑俄",又称"真言宗"、"密咒"、"金刚乘"。

密教的修行,以注重仪式为主旨,其根本思想仍本于佛教,但除经、律、论三藏外,还有仪轨,只要合乎修行方法,即可成佛,所以密教最注重仪式。自诵咒以至供养、设坛等种种修行仪式都有一定规范,不得任意妄为,而且必须经传法师(阿阇黎)传授,即由传法师给受法人举行"灌顶仪式",才能正式入教。所谓灌顶,就是用清水浇灌受法人的头顶,意思是说去无始以来身心的无明烦恼之垢秽,引出本来生

---

①法身、应身,均为佛身。所谓法身,是指以佛法成身(身),或身(体)具有一切佛法;所谓应身,指佛在说法时为各种需要而变现之身,此处指释迦牟尼之生身。

得的自性清净心；然后授以真言、秘印(手势)、秘明(咒语)。这样依佛教的真言而修行，可以即身成佛，十分快速，推行快速成佛法，这是佛教在衰落的情况下，吸收婆罗门教——印度教的内容，以一种主观的、神秘的信仰主义代替那些烦琐的宗教教条，是大乘佛教和印度教的混合物。佛教密宗传入西藏，结合西藏的社会特点，其巫咒幻术仪式比较符合原有"重鬼右巫"的本教传统信仰的心理，较易被人们所接受；特别是其"即身成佛"的说教，对于阶级尖锐对立，等级十分森严，生产非常落后的西藏社会，起了巩固统治秩序的重要作用。对于希望永远过着荒淫侈糜剥削生活的奴隶主和奴隶主阶级是十分需要的，对于遭受地狱般苦难的被压迫阶级来说，他们亟欲摆脱现实的苦难，这种不必累世修行的"即身成佛"也是他们乐于接受的。密宗比小乘和教理繁琐的显宗是进入佛国较为简易方便的途径，因此，一直成为藏传佛教的主要内容，各个教派都把它列为重点，而成为藏传佛教的特点之一。

密教还有一个重要的特点是它尊奉多神。这些神、佛多是从婆罗门教转来的，传入西藏后，又掺杂了一些原始的本教的神，其数量之多，比原来佛教的神不知多了多少倍，而且千奇百怪。如观音这个神，在西藏密教中，有红观音、白观音、四臂观音、千手千眼观音等，又从观音分化出 21 个女神叫度母，用 21 种颜色来表示。还有所谓供修行者观修的本尊佛，如大威德是牛头，马头金刚是马头，金刚亥母是猪头。还有双身男女合抱的所谓欢喜佛，如上乐金刚和金刚亥母就是双身佛。主佛之处，还有各种各样的护法神，是难以具体统计的。立神立佛的目的，无非是把人们控制在神权之下，要人们俯首贴耳地接受现实君王的统治。但在藏传佛教中更为突出，把神、佛和统治者合并为一种东西，即"神佛为一"，就是所谓的"转世君王"(国王佛化)。在藏文史籍中把松赞干布说为观音菩萨的化身，赤松德赞被说成文殊菩萨的转生,赤热巴巾是金刚手的化身。"转世"和"化身"一词同义。在赤热巴巾和唐穆宗的甥舅和盟碑中,称赤热巴巾为"转世君王"。以后又发展为"转世佛",就是说有那么一些人是"佛"的化身,死后继续"转世",即通称的"活佛"。而活佛被说成至高无上,神圣不得了的。可见在喇嘛上层中这个特殊阶层的地位之高及其社会影响之大。活佛转世制,除了藏传佛教外,其他佛教都没有。这是佛教的一个特殊创造,是西藏农奴制社会封建教阶制的特殊形式。

格鲁派僧人严禁娶妻生子,但在学习显宗之后,到继修密宗阶段,不禁男女关系,说什么密徒受用女人,是为道助,非同俗人娶室。这当然是一种自我解嘲的说法。在修密宗过程中,利用男女关系实行所谓"双修",既能满足现世的欲望,又能将来成佛作祖,确是便宜万分。正以此故,给社会造成了不好的影响和后果。习密教者大抵要熟悉魔术,擅长咒语和诳话。密教的一套神秘的密咒教法,落后的祭神仪式,崇奉的神像,是统治者用来作为巩固农奴制度的得力工具。

三 藏传佛教寺庙对文化教育的影响

在藏传佛教盛行的广大地区,以宗教神学为中心的封建文化占着统治地位。无论是教育、文学、艺术、自然科学以至生活习俗,无不受到宗教的影响。公元7世纪,松赞干布的文臣顿米桑布扎创造了藏文。藏文的创造为佛教的译传提供了条件,而藏文最早的作用也就是翻译佛经。吐蕃王室派出大批青年到印度、迦湿弥罗、泥婆罗和内地唐朝学习语言文字,返藏后,开始翻译佛经事业。佛教的传入,不仅给西藏带来了宗教神学思想,也带来了文字学、逻辑学、医药学、工艺学以及天文历算等自然科学,无疑对当时比较落后的西藏文化起了启蒙的作用。大批的佛经译成藏文以后,除了给藏地引进了新的思想和理论,也给藏语文带来了不少新的语汇,增添了许多新的表现形式,使原来不那么科学、规范的藏文通过"厘订译语"的运动,规定了新的正字法规范原则。同时还编制了梵藏佛教术语辞典《翻译名义大集》和两卷本《词语集》。这是公元 826—827 年之间进行的一件大事。

藏传佛学,前期以翻译梵文原著为多,后期以整理著述为多;前期偏重显乘,后期偏重密乘。到了公元 12、13 世纪之间,那塘寺的主持觉丹日贝热赤和他的弟子卫巴洛赛以八思巴的萨迦寺藏书为基础,搜集不同的版本,编纂出第一部藏文《大藏经》,分为甘珠尔部、丹珠尔部,藏于那塘寺,这就是藏区最早的佛教经论的总集。之后,在藏区形成了拉萨、那塘、德格、塔尔寺、拉卜楞寺、禅定寺等几个印刷中心,除了藏文《大藏经》以外,还有藏人撰述的刻本传世。

佛教再度在藏区弘传以后,寺院垄断了文化教育。喇嘛是社会的知识分子,对文化的传播起过重要作用。若说佛教徒在前期是以翻译介绍外来文化为主,此时就着重于创作了。如夏鲁派的布顿·仁钦珠于公元 1322 年著《佛教史大宝藏论》,蔡巴·贡嘎多吉公元 1346 年著《红史》,后藏萨迦人索南坚赞公元 1388 年著《西藏王统记》,管译师童祥于公元 1476 到 1478 年著《青史》,噶举派巴俄祖拉陈瓦公元 1564 年著《贤者喜宴》,五世达赖阿旺罗桑嘉措公元 1643 年著《西藏王臣记》等,都是论述藏史的专著。在文学方面,如萨迦四祖贡噶坚赞著有《萨迦格言》,桑吉坚赞于公元 1488 年著成的《米拉日巴传》等著作传世,都是研究西藏历史和文学的宝贵遗产。但是在寺庙中,仍然只有少数喇嘛通习经论,多数仅能背诵几句简单经文,为人念经祈福以糊口,甚至连藏文也不认识的,亦所在多有。

寺庙不仅是知识分子集中的地方,也是汇集和保藏历史文化典籍和文物的地方。一切藏文书籍都由寺庙印经院印刷出版。甘南卓尼禅定寺、德格更庆寺、拉萨布达拉宫和日喀则等地均设有印经院。尤以德格印经院规模较大,藏有各种藏文典籍书版 20 余万块。寺庙所藏典籍大多是宗教经典，如《甘珠尔》、《丹珠尔》及各派各宗的宗教史。在大寺庙里，经橱栉比，鳞次珍藏。经文除印刷者外，还有用金、银汁书写的，内包绸帕，外护木板，装潢很精美。佛教的所谓"五明"——内明（佛教哲学）、因明（论理学）、声明（文字学）、医方明（医药学）、工巧明（工艺学），大多集中在寺院内，各种哲学、文学、诗歌、工艺、地理、历史、天文、历算、医药等大都包括在宗教经典书籍中，掺杂着佛理佛事，或被笼罩上宗教迷信的烟雾，就是一般的喇嘛也难以去研究它。但是在它们中保存的有价值的知识和史料，对于研究藏族、蒙古和青藏地区的历史及文化遗产，仍是宝贵的资料。

以宗教神学为内容的寺庙经堂教育，在这些地区居于统治地位，寺庙之外几乎没有什么学校。寺庙的经法教育，是几乎唯一的教育内容。在布达拉宫还曾设过一所僧官学校和一所俗官（贵族子弟）学校，其教育内容也仍是宗教的，增加的不过是些封建官场中的礼仪、公文、算术等应用知识而已。在官宦贵族之家也有设私塾家馆的，也只是在教佛经中，初学些藏文而已。

高大的佛教寺庙经殿、佛塔和鳞次栉比的僧舍，在以居住帐幕为主的荒漠高原上，显得格外雄伟而有肃穆神秘的气氛。寺庙建筑的技巧和艺术，都是各族劳动人民的血汗结晶，具有很高的成就。如古老的大昭寺，规模最大的哲蚌寺，富丽堂皇的扎什伦布寺都是闻名于世的。尤以政教中心的布达拉宫，巍然耸立于拉萨平地突兀的孤山上，由山麓到山巅，宫殿层层叠叠而上，耸立云端，高达13层，近200米，房屋近千间，气势雄伟壮观，确是古建筑的杰作。

藏传佛教寺庙内的绘画雕塑，如绚丽的壁画绢画，小如核桃，大至数十丈高的金、银、铜、泥等佛像雕塑和"酥油捏像"，其色调的鲜艳，笔法的工细，神态的逼真，技艺之精美，达到了令人惊叹的境界。虽然它们是以佛教为内容，但却是各族劳动人民的艺术智慧之光，许多都成为今天存在的珍贵文物。历史上佛教寺庙是当地文化、贸易、交通和政治中心,僧人们到四面八方进行传教活动,信徒们为求佛朝圣,频繁往来,甚至不辞数千里之劳,曾经对加强各地区和各民族之间在政治、经济和文化上的联系,起过历史的作用。

由于上述那些具有科学性和人民性的文化,受到宗教神学的严重束缚,在长期历史中不能得到重大发展,而佛教神学体系却由于封建农奴主统治的需要,反而得到重视和提倡。通过寺庙僧侣向人们灌输宗教神学思想,把敬神修佛作为一生的寄托,堕入"来世"幸福的幻想之中,社会生活无不打上宗教的烙印,广大藏族人民未能充分发挥其聪明才智,社会停滞不前。

四 寺庙经法教育制度

藏传佛教寺院,在封建农奴制社会具有多重功能,它是宗教中心、政治中心、经济中心,也是教育中心。就后者而论,一个寺院犹如一个大学,或者专门学校。但寺院的经法教育制度因各派教旨、寺院规模及其社会背景等的不同而有差别,比较完备的当推格鲁派。以位于甘肃省夏河县的拉卜楞寺而论,就是以甘青交界的安多藏区的最高佛教学府。拉卜楞寺有6大学院,其中最大的是显教的闻思学院,其余5个属于密教,包括两个神学院,即续部下院(居曼巴扎仓)、续部上院(居多巴扎仓);两个天文学院,即欢喜金刚学院(委多扎仓)、时轮学院(丁科扎仓);还有一个医学院(曼巴扎仓)。显教注重论辩习,如大学教育;密教注重修持,如技术或专门教育。按照格鲁派先显后密的学经程序,入寺分科分三种办法:一是先入显宗学院,毕业后转入密宗学院学习再毕业,仍不失为是显宗学院博学的学者;二是先入任何密宗学院,不得转入显宗学院;三是专在显宗学院学习,不再入密宗学院。显宗为正常的基本教育,由显入密,比较自由,密宗注重修持,是一种权宜教育的捷径,所以由密入显,就绝无仅有了。

显教学院学经程序,主要是次第学习"五明"的"内明学"五部经论,即因明学、般若学、中观论、戒律学、俱舍论。按此程序学完大约需要 15 年至 20 余年。修完这些经论,就算是显宗学院毕业了,称为"噶仁巴"(相当大学毕业),就可考取不同等级的"格西"。如拉萨三大寺所考"格西"分为"拉然巴"、"磋然巴"、"噶卜居巴"和"多然巴"四等。凡是取得"格西"学位的,其出路有三:一是出任大寺院扎仓或中小寺院的堪布;二是转入密宗学院修习密宗,继续深造,习研密宗四续部,即:事部、行部、瑜伽部和无上瑜伽部。灌顶受戒,修研数年(由显院入密院的学僧一般要学 3 年以上,直接入密院者一般要学 10 年以上)期满,就可考取密宗学位,成绩合格者授予"昂仁巴"(相当于硕士或博士)学位,这种学位名额太少,拉卜楞寺上下密院每年只考取 1 名。取得"昂仁巴"学位后,就可以派往他寺任堪布、住持等。至于由密院而升到最高法位的甘丹赤巴的,则是难乎其难,不是鬓发皤然,就是年寿不待。三是住寺清修,或收徒传法。

格鲁派寺院经法教育的特点有三:一是严格的学程,固定的教材(经论),严谨的学制。这是按照宗喀巴创立的佛学体系而制定的,把在西藏流传的显密教法组成一个由显入密,注重实践和修证,按部就班,次第整然的体系。一个学僧入显宗学院研习经论,以拉卜楞寺为例,一般都要经过十个班级的学程,15 年以上的学习,以五部经典为主,其他经论为辅。任何黄教寺院的学经制度都是如此。二是严格的考试制度和独特的教学方法。除"转生"的活佛外,凡寺院学僧的升进都得经过严格的考试。有学问的高僧大德、堪布等重要人物,都是经过考试选拔而来。学僧学习经论,考核成绩,晋升学位的唯一方法就是讲辩。师生以讲辩方式教授僧徒,僧徒之间在讲辩中进行学习。凡考取任何等级的"格西"学位,都必须立宗答辩,还要经几十,甚至几百僧人的击掌问难。在众目睽睽之下,相互问答场面森严,气氛紧张,答辩者必须按照"因明"的格式引经据典,旁征博引,口若悬河,对答如流,方可通过难关,获得学位。这种教学方法可以产生两种结果:一使经典的义蕴不致误解,可以得到明确精细的认识;二使自己的认识发为著述,可以得到大众许可的公论;三是注重专精和背诵。所谓专精,如研究因明,即专研因明,不涉旁的经籍,以分散精力,纵然有所参考,也只限于因明范围。要达到经典真正领悟,必须背诵。义由词显,词如不牢记心中,义就无所属从。只有词义背得烂熟,辩论之时,才能收到左右逢源,口若悬河之效。

其他各派经学,内容各不相同。萨迦派大体与格鲁派同,但学修次序有别,一般是先学因明,后学道果法。比较大的萨迦寺院,设经学校一所,但没有什么学位。噶举派僧人,一般注重修行,不重教义,故无修学制度。宁玛派主要是修密法,也无一定学制,在个别大寺庙中,也有讲经院和修法院,但不如格鲁派那样严格。

第九章　新中国成立后的藏传佛教

千余年来,藏传佛教经历着由兴而盛而衰的历史过程。近代以来,随着时代脚步的移动,藏传佛教呈现出不可逆转的日益衰退的趋势。如掌管藏传佛教的大活佛转世系统,其中掌管外蒙古藏传佛教的哲布尊丹巴传至八世,到 1924 年转世系统遂告断绝;掌管内蒙古藏传佛教的章嘉呼图克图到清末传至六世,也再未转世了,到新中国成立前,只有在西藏还保留着达赖和班禅两大活佛系统,但因整个社会经济的衰落,寺庙僧伽的生计日见艰难,香火日形冷落,也是非昔日可比了。

从中华人民共和国成立之日起,我国各民族进入了新的社会主义历史时期,随着国内社会制度的根本改变,作为上层建筑的宗教之一的藏传佛教也要发生历史性的变化,这是一个曲折、复杂而激烈的变革过程,它是社会政治、经济变革的必然结果,是不以人们的意志为转移的历史运动。

在新的历史条件下,佛教中许多与封建农奴制的世俗社会相结合的宗教制度,与时代前进的步调相距越来越远了。

直到 1958 年反封建斗争前,在西藏、青、甘、川等佛教地区,一直保持着政教合一制度,寺庙宗教上层仍然拥有私设法庭监狱,受理民刑案件,镇压群众的特权;向所属教区群众派款、派差、派经、派饭、派乌拉和其他劳役,勒索群众;继续以其占有的大量生产资料,收取地租、畜租和税款,放高利贷等。总之,宗教寺庙拥有和社会主义制度不相容的政治特权,封建剥削和干涉文化教育的权力。十分清楚,这一矛盾不单是意识形态上唯心主义和唯物主义的矛盾,更主要的是生产关系上寺庙封建主所有制与社会主义所有制的矛盾,政治上宗教封建特权压迫制度和社会主义民主制度的矛盾,这一矛盾由于封建农奴主阶级坚持宗教封建统治而变得越来越激化了。这一宗教是藏蒙等少数民族信仰的宗教,宗教问题和民族问题固然是两个不同的问题,但却有一定的联系。民族反动派和帝国主义、扩张主义者利用这一具有广泛群众性的信仰,早就打起"宗教"和"民族"这两面旗帜,挑拨民族关系,破坏我国统一。新中国成立初,这种情况并未改变,使这一矛盾尖锐化了。

中国共产党在宗教问题上的基本原则是政教分离,信仰自由。根据宗教的发展规律,对人民的宗教信仰问题,党的一贯政策是保护宗教信仰自由,信仰宗教是自由的,不信仰宗教、宣传无神论也是自由的,都受到国家的法律保护。对喇嘛僧人正当的宗教生活和群众的信仰活动,不加干涉,允许自愿进行。对宗教中的问题,则从宗教问题对经济政治问题毕竟处于从属地位这点出发,分别不同情况,予以谨慎对待。直到 1958 年前,党和政府对寺庙上层僧人的财产、原有的政治地位和经济剥削行为从宽对待,让其维持现状,未予变革,说服人民群众,采取耐心等待的态度。对民族、宗教上层人士按照党的爱国统一战线政策,争取他们站到民族团结、祖国统一、爱国守法这方面来。当然改革终究是要实行的,否则社会生产力得不到解放,民族不能发展。但在什么时候,用什么方式改革,则可由宗教上层人士和人民群众协商。随着民族地区各项工作的开展,当汉族地区三大改造基本完成,大部分少数民族地区的改革也正在进行,少数民族人民群众纷纷提出废除宗教寺庙压迫剥削制度的要求,不少地区的群众抗租、抗债、抗差,直接起来反抗封建主统治的时候,党和政府仍然采取耐心等待的态度,和宗教界的代表人物反复协商,进行教育,争取用和平的方式,实行改革,使劳动人民获得翻身,使寺庙宗教上层有出路。只是后来宗教寺庙中的反动封建势力,顽固地坚持其特权和压迫剥削制度,发动武装叛乱,使西藏民主改革的时间提前。

现实深刻地教育了人民,黑暗、反动的农奴制已经走尽了它自己的历史途程。广大人民群众为推翻封建农奴制,已经起来进行斗争,任何以保护宗教为名,或者以什么新的宗教形式为旗帜,来煽惑群众,抗拒社会改革的图谋,都是徒劳的。在党的领导下,广大农牧奴日夜热切霓望的、一场以废除宗教寺庙的封建特权和压迫剥削制度为内容的反封建斗争,于 50 年代末在川、滇、甘、青、藏等地先后轰轰烈烈地展开了。这是一场社会改革把宗教信仰与寺庙封建特权压迫剥削制度加以区别的政策,对前者坚持保护,对后者坚决废除,实行政教分离,使宗教真正成为个人的私事。这场斗争是执行群众路线,依靠群众的自愿来进行的。同时又坚持对宗教上层的统一战线工作,继续争取团结、教育宗教界爱国人士,争取上层的大多数站到群众这方面来,赞成改革。为了贯彻党的宗教政策,在改革中实行宗教信仰与寺庙特权和压迫剥削制度的区别对待、宗教制度与民族风俗习惯的区别对待,一般的宗教活动与寺庙喇嘛上层对群众的非法作恶和勒索的区别对待;对爱国宗教上层,对寺庙文物采取保护政策,等等。把信教与不信教的群众团结在一起,保证了这一改革的完全胜利。这场改革废除了寺庙的一切封建特权,如设立法庭、监狱、刑罚、征税、派差、派款、干涉民事,委派部落头人,私藏武器,组织非法武装,干涉文化教育事业等特权,全部废除,彻底实现政教分离;废除了寺庙生产资料所有制,寺庙土地分配给劳动人民和贫苦喇嘛,寺庙的牧场、森林、草原、荒山等一律收归国有;废除了寺庙的高利贷;解放了寺庙的奴隶娃子;禁止寺庙敲诈勒索群众财物,宗教活动不得妨碍社会生产和违犯国家政策法令;宗教信仰完全自由,不许寺庙强迫群众当喇嘛,喇嘛有还俗自由,也可留在寺院,继续出家;废除寺庙内的封建统治制度,如管家制度、喇嘛等级制度、打罚制度和奴隶制度等,寺庙实行民主治理;废除阻碍生产发展的各种旧理旧规,如不许修水利、不许挖药材、不许打猎打渔等均予废除。在改革中,也发生过扩大化的错误,但改革的结果,摧毁了农奴制度的最后一个封建堡垒,使民主改革取得彻底胜利,解放了社会生产力,为这些地区向社会主义过渡准备了条件。当然宗教仍然存在,正当的宗教活动依旧受到法律的保护,只有在这时,人们群众才真正有了宗教信仰的自由,不再受到强迫和干涉。

随着寺庙封建经济的瓦解和政治特权的消失,宗教寺庙从此失去了它作为反动阶级的一种统治手段的物质基础,随着社会主义政治、经济和文化教育、科学技术事业的发展,许多新兴的、现代化的城镇、学校成批出现,它们取代了喇嘛寺庙作为原来藏区政治、经济、文化教育中心的地位,成为新的政治中心、商业中心、教育中心了。喇嘛寺庙变为名符其实的纯宗教活动场所了。这不能不是藏传佛教史上的一个历史性的变化，但是宗教及其思想政治影响还是存在的。喇嘛寺庙是受到国家法律保护的。只要宗教还一日存在，我们就必须认真贯彻保护宗教信仰自由的政策，同时对利用"宗教"旗帜，来掩盖其反社会主义活动的，也不能放松警惕。但在"文化大革命"的十年动乱期间，由于"极左"思潮的干扰，使党的宗教政策遭到破坏，一度出现压制人民群众的宗教信仰自由，迫害宗教界爱国人士，一些列为国家文物保护单位的寺庙遭到破坏，经典被焚毁，历史上"灭佛"的愚蠢事件，又在中国重演。粉碎"四人帮"后，经过拨乱反正，正本清源，落实党的宗教政策等一系列工作，纠正了"左"的错误，许多寺庙古迹被修缮一新，有的开放为旅游胜地，宗教文物受到保护；信教群众可以自由地进行宗教活动；宗教爱国人士得到党和政府的安排和关怀，继续发挥他们在社会主义建设中的积极作用；调整和改善了信教和不信教群众之间的关系。

现在，我国正处在社会主义建设的新时期。为了实现新时期的总任务，全面宣传和贯彻党的宗教政策，对于促进少数民族地区的社会主义现代化建设，有重要的意义。

在宗教问题上，有人常常诽谤我们"消灭宗教"，攻击我们没有信仰自由。但广大人民群众完全懂得那种违犯宪法和法律的非法活动和宗教信仰是根本不同的两回事，他们实际上是破坏宗教信仰自由的，人们也完全懂得反对那些非法活动是为了保护社会主义，保护人民利益，保障真正的宗教信仰自由必不可少的。对于群众的宗教思想信仰和一般的宗教活动，如敬佛、信神、信天命，以及为此而进行的祈祷、烧香、叩头、念经等纯宗教活动，是完全自由而受到国家法律保护的。对于人民群众的宗教信仰问题，只能用耐心说服、教育的方法，用通过群众参加改造自然，改造社会的实践活动的方法，不断认识宗教的根源和实质，才能逐步解决。实际生活也是这样，人们信仰宗教是在矛盾之中的，一方面似乎是在不自觉地、盲目地相信神、佛和命运，另一方面在意识上又自觉不自觉地不得不怀疑宗教迷信，因为生活的实践总是和宗教的说教相矛盾的。当人们在社会实践中，一旦把这种生活实践同宗教迷信的矛盾，由意识上、行动上的不自觉变为自觉之后，头脑里的宗教迷信也就不存在了。我们必须按照马列主义、毛泽东思想慎重地对待宗教问题，始终坚持从不同时期的历史任务出发，从对群众教育最大的具体实际出发，领导群众努力于变革现实（改造自然和社会）的革命实践，在实践中逐步地、自觉地抛弃宗教迷信思想。从土地革命战争年代以来，我们党处理宗教问题的经验反复证明，克服宗教迷信乃是经济斗争和政治斗争自然而然的结果，那种超革命的口号、超现实的反宗教的做法是极为有害的，更是背离马克思主义关于宗教问题的基本观点的。在人民内部，社会主义的共同的根本利益，远远高于信教和不信教的意见分歧，大家曾经不分宗教信仰共同推翻了三大敌人，又不分宗教信仰一起废除了寺庙封建特权和压迫剥削制度，进行了社会主义革命，在目标一致的共同斗争中，思想信仰上的距离不是在扩大而是在逐渐缩小，这已经为现实所证明了的。为了实现新时期的总任务，建成社会主义现代化强国，我们必须继续全面正确地贯彻党的宗教政策，以团结一切可以团结的力量，调动一切积极因素，共同投入到这一伟大事业中去。

（民族出版社，1991 年 2 月）

附录

丁汉儒教授主要成果列目

（一）教材及著作

《民族理论与民族政策》（试用教材）（主要编写人、主要统稿人），国家民委教育司编印，1983 年 6 月；此书于 1985 年由民族出版社正式出版。

《宗教词典》（主要编写人之一），上海辞书出版社，1981 年 12月。

《藏传佛教源流及社会影响》（合著），民族出版社，1991 年 2 月。

《中华各民族谁也离不开谁的故事》（副主编），青海人民出版社，1995 年 12 月。

《中国宗教理论和政策纲要》（编著），兰州大学出版社，2006 年 6月。

《兰州市志·民族宗教志》（主编），兰州大学出版社，2007 年 3月。

（二）主要论文及重要会议发言稿

《论"民族问题"的实质是阶级问题》，载于《西北民族学院学报》1979 年第 1 期。

《对"民族问题"的一点理解》，载于中国民族理论研究会办公室编辑的《民族问题理论论文集》，1981 年 1 月。

《喇嘛教形成的特点问题》，载于《世界宗教研究》1981 年第 2集。

《宗喀巴宗教思想探讨》，载于《世界宗教研究》1982年第1期。

《民族的形成问题》，载于《甘肃民族研究》1982年第3期。

《学习马克思民族理论的几个问题》，载于《民族理论研究通讯》1983年第1期。

《民族和社会——兼及民族问题方法论》，载于《云南社会科学》1986年第3期。

《改革开放中的民族关系问题》，载于《甘肃社联通讯》1987年第4期。

《民族问题和商品经济》，载于《西北民族研究》1989年第2期。

《红军长征与党的民族政策》，载于1990年10月29日《贵州民族报》第3版。

《民族学院在高等教育中的地位及其方针任务》，载于《甘肃高教发展战略研究》1991年第3期。

《从苏联解体谈民族问题》，载于《西北民族研究》1993年第2期。

《西部大开发战略的民族因素》，载于中国民族理论学会第六届理事会、第七次全国民族理论学术讨论会暨第九次顾问座谈会论文集，2000年6月。

《回顾与展望——民族理论讨论会上发言稿》，载于第七次全国民族理论研讨会会议论文集，2004年6月。

《论宗教问题》，载于唐景福主编《西北宗教论丛》第一辑，甘肃人民出版社，2006年11月。

《陇上学人文存》已出版书目

第一辑

《马　通卷》马亚萍编选　　　《支克坚卷》刘春生编选

《王沂暖卷》张广裕编选　　　《刘文英卷》孔　敏编选

《吴文翰卷》杨文德编选　　　《段文杰卷》杜琪　赵声良编选

《赵俪生卷》王玉祥编选　　　《赵逵夫卷》韩高年编选

《洪毅然卷》李　骅编选　　　《颜廷亮卷》巨　虹编选

第二辑

《史苇湘卷》马　德编选　　　《齐陈骏卷》买小英编选

《李秉德卷》李瑾瑜编选　　　《杨建新卷》杨文炯编选

《金宝祥卷》杨秀清编选　　　《郑　文卷》尹占华编选

《黄伯荣卷》马小萍编选　　　《郭晋稀卷》赵逵夫编选

《喻博文卷》颜华东编选　　　《穆纪光卷》孔　敏编选

第三辑

《刘让言卷》王尚寿编选　　　《刘家声卷》何　苑编选

《刘瑞明卷》马步升编选　　　《匡　扶卷》张　堡编选

《李鼎文卷》伏俊琏编选　　　《林径一卷》颜华东编选

《胡德海卷》张永祥编选　　　《彭　铎卷》韩高年编选

《樊锦诗卷》赵声良编选　　　《郝苏民卷》马东平编选

第四辑

《刘天怡卷》赵　伟编选　　《韩学本卷》孔　敏编选
《吴小美卷》魏韶华编选　　《初世宾卷》李勇锋编选
《张鸿勋卷》伏俊琏编选　　《陈　涌卷》郭国昌编选
《柯　杨卷》马步升编选　　《赵荫棠卷》周玉秀编选
《多识·洛桑图丹琼排卷》杨士宏编选
《才旦夏茸卷》杨士宏编选

第五辑

《丁汉儒卷》虎有泽编选　　《王步贵卷》孔　敏编选
《杨子明卷》史玉成编选　　《尤炳圻卷》李晓卫编选
《张文熊卷》李敬国编选　　《李　恭卷》莫　超编选
《郑汝中卷》马　德编选　　《陶景侃卷》颜华东　闫晓勇编选
《张学军卷》李朝东编选　　《刘光华卷》郝树声　侯宗辉编选